Die Rechtsgrundsätze

des

Königl. Preußischen

Ober-Verwaltungsgerichts.

Nach den gedruckten Entscheidungen zusammengestellt
und mit Rücksicht auf die fortschreitende und auf die neuen Provinzen
ausgedehnte Verwaltungsgesetzgebung erläutert

von

K. Parey,
Königl. Verwaltungsgerichtsdirektor a. D.

Ergänzungsband 1890.

Enthaltend Band XVII und XVIII der
Entscheidungen.

Berlin 1890.
J. J. Heines Verlag.

Druck von Albert Koenig in Guben.

Inhalt.

Anm.: Das Fehlen einzelner in dem Inhaltsverzeichnisse des **Stammwerkes und der beiden bis** jetzt erschienenen Ergänzungsbände **vorkommenden Rubriken erklärt sich aus dem Umstande, daß** zu diesen neue Rechtsgrundsätze **aus dem** XVII. **und** XVIII. **Bande der „Entscheidungen"** nicht zu verzeichnen waren.

Erste Abteilung.

Angelegenheiten der Kommunal- und staatlichen Verwaltungsbezirke.

	Seite
I. Provinzialverbände	
A. Wahlangelegenheiten . .	1
II. Kreise.	
A. Wahlangelegenheiten . . .	2
B. Kreisabgaben	6
F. Zwangsetatisierungen . . .	11
III. Städte.	
A. Städtische Gemeindeabgaben	12
C. Verhältnisse der städtischen Kommunalbeamten .	26
D. Städtische Wahlen	27
IV. Amtsverbände	32
V. Landgemeinden und Gutsbezirke.	
A. Gemeindeabgaben und Dienste, Gemeindevermögen	33
B. Disziplinarangelegenheiten der Gemeindebeamten	39
F. Rechte und Pflichten der Gemeindevorsteher und Schöffen . .	40
G. Armenangelegenheiten	40
VI. Gemeindeholzungen . . .	40

Zweite Abteilung.

Kirche, Schule und Personenstand.

IX. Die Schule.	
B. Heranziehung zu Abgaben und sonstigen nach öffentlichem Rechte zu fordernden Leistungen, welche der allgemeinen Schulpflicht dienen	42
C. Schulbauten	46
XI. a Staatsangehörigkeit	48

Dritte Abteilung.

Polizeiliche Angelegenheiten.

XII. Polizeiliche Verfügungen im Allgemeinen, auch Zwangsmittel . .	50
XIII. Die Jagd.	
A. Jagdscheine	52
B. Jagdbezirke und Jagdverpachtung	52
XVI. Das Wasser	55
XVIII. Die Wege .	56

		Seite
XIX.	**Das Gewerbe.**	
	A. Die Gast- und Schankwirtschaft	63
	E. Hebeammen- und Entbindungsanstalten	64
	F. Aerzte und Apotheker	64
	H. Wandergewerbeschein	65
	I. Gewerbliche Anlagen	65
	L. Innungen	66
XX.	**Krankenversicherung der Arbeiter und eingeschriebene Hilfskassen**	67
XXI.	**Das Bauwesen**	69
XXII.	**Ansiedlungen und Kolonien**	71
XXIII.	**Versicherungen**	72
XXIV.	**Die Handelskammern**	72

Vierte Abteilung.

Der Verwaltungsprozeß.

XXVI.	**Das Streitverfahren**	72
XXVII.	**Instruktionelle Verfügungen über das Streitverfahren**	72
	Chronologisches Register	75
	Alphabetisches Register	84

Erste Abteilung.

Angelegenheiten der Kommunal- und staatlichen Verwaltungsbezirke.

I. Provinzialverbände.

A. Wahlangelegenheiten.

(Einzuschalten auf S. 4 des Stammwerkes.)

Nr. 6. Endurteil des II. Senats vom 6. November 1888 (Entsch. Band XVII. S. 1).

Der § 24 der verschiedenen Provinzial-Ordnungen (Hessen-Nassau § 21) giebt die Klage gegen die nach Maßgabe des § 23 (20) gefaßten Beschlüsse des Provinziallandtages betreffend die Wahlen der Provinziallandtagsabgeordneten. Dies Klagerecht steht aber dem beteiligten Kreistage nicht zu. Die Wahlen geschehen nicht durch den Kreistag als solchen, sondern nach § 1 des Wahlreglements durch die aus den Mitgliedern des Kreistages bestehende „Wahlversammlung“, welche sich in so wesentlichen Punkten von dem Kreistage unterscheidet, oder doch so wesentlich anders zu verfahren hat, daß sie als identisch mit diesem nicht angesehen werden kann. Dies ergiebt sich aus folgenden Umständen:

1) Der Kreistag darf nur beschließen, wenn mehr als die Hälfte der Mitglieder anwesend sind (§ 121 der altländischen Kreisordnung, Hannover § 77, Hessen-Nassau § 78, Westfalen und Rheinprovinz § 65, Schleswig-Holstein § 188); dagegen schreiben die Wahl-Reglements für die Wahlhandlung, bei welcher Beschlüsse seitens der Wähler überhaupt nicht gefaßt werden dürfen, die Anwesenheit einer bestimmten Anzahl von Mitgliedern nicht vor.

2) Die Wahlreglements verbieten in § 2 das Stattfinden von Diskussionen im Wahllokale und sieht Diskussionen, sowie Beschlüsse eines besonders im Wahltermine gebildeten Wahlvorstandes vor; diese Bestimmungen gelangen für die gewöhnlichen Kreistagsverhandlungen nicht zur Anwendung.

3) Für den Fall der Stimmengleichheit gelten hinsichtlich der Kreistagsverhandlungen nach den oben angezogenen Kreistagsbestimmungen andere Vorschriften, als hinsichtlich der Wahlen nach § 8 des Reglements.

4) Der § 23 (20) der Provinzialordnung gewährt jedem Mitgliede der Wahlversammlung das Recht des Einspruches gegen das stattgehabte Wahlverfahren, dagegen wird bei Beschlüssen des Kreistages einem in der Minderheit gebliebenen Mitgliede ein Anfechtungsrecht nicht zugestanden.

5) Das Resultat des Wahlaktes beruht nicht eigentlich auf der Thätigkeit des Kollegiums als solchen, sondern auf den Willenserklärungen der einzelnen Wähler. Diese Wahlversammlung hat aber nach Vornahme der Wahl zu fungieren aufgehört und kann daher selbstverständlich Klage nicht mehr erheben.

6) Nach § 116 der altländischen Kreisordnung (Hannover § 73, Hessen-Nassau § 74, Westfalen und Rheinprovinz § 61, Schleswig-Holstein § 103) hat, falls ein Einspruch gegen die in diesem Paragraphen vorgesehenen Wahlen erhoben wird, darüber und zwar endgültig der Kreistag selbst zu entscheiden, welcher auch in diesem Falle nicht als gewöhnliche Kreisversammlung, sondern als besonders konstituierte Wahlversammlung die Wahl gethätigt hat. Daraus folgt, daß der Kreistag hinsichtlich der Streitigkeiten, die über die von ihm vorgenommenen Wahlen entstehen, überhaupt nicht die Stellung einer Partei einnimmt.

7) Sollte dem Kreistage in diesem Falle ein Klagerecht zugebilligt werden, so würde ein nicht gerechtfertigter Unterschied zwischen den Wahlen des Absatz 1 und 2 in § 14 der Provinzialordnungen (Hessen-Nassau § 11) entstehen, indem bei Vereinigung zweier Kreise zu einem Wahlbezirke die beiden Kreistage als solche mit der Angelegenheit jedenfalls nicht befaßt sind und ihnen daher unter allen Umständen ein Klagerecht versagt werden muß.

II. Kreise.

A. Wahlangelegenheiten.

(Einzuschalten auf S. 3 des zweiten Ergänzungsbandes.)

Nr. 44. Endurteil des II. Senats vom 6. November 1888 (Entsch. Band XVII S. 4).

1) Wenn Ergänzungswahlen zunächst im Verbande der Landgemeinden und sodann im Wahlverbande der größeren Grundbesitzer vorgenommen werden sollen, so muß zwischen den beiden Wahltagen ein Zeitraum von mindestens 8 Tagen offen bleiben. Dies ergiebt sich aus § 108 der altländischen Kreisordnung (Hannover § 64, Hessen-Nassau § 65, Westfalen und Rheinprovinz § 52, Schleswig-Holstein § 94) und aus Artikel 14 der ministeriellen Instruktion vom 10. März 1873 (Min.-Bl. d. i. V. S. 81).

2) Der Grundsatz, es bestehe in Beziehung auf das Wahlverfahren ein prinzipieller Unterschied zwischen gesetzlichen und instruktionellen Vorschriften dahin, daß zwar die Befolgung der ersteren unbedingt geboten, die Nichtbeachtung der letzteren aber ebenso allgemein gestattet sei, wenn nicht hier gleichzeitig der Nachweis erbracht werde oder es an sich ersichtlich sei, daß das Wahlresultat bei Beobachtung der Instruktion ein anderes gewesen wäre — dieser Grundsatz kann in dieser Allgemeinheit als richtig nicht anerkannt werden, weil die fragliche Instruktion in Gemäßheit des § 200 der altländischen Kreisordnung (Hannover § 122, Hessen-Nassau § 121, Westfalen und Rheinprovinz § 104, Schleswig-Holstein § 157) erlassen ist. Hiernach erscheint es nicht thunlich, diese Instruktion ohne Rücksicht auf den Inhalt der bezüglichen Bestimmungen im Gegensatze zur Kreisordnung selbst grundsätzlich als minderwertig zu behandeln. — Vergl. das Endurteil vom 5. September 1878 — Entsch. Band IV S. 8, Angelegenheiten der Kreise, Wahlangelegenheiten, oben Nr. 12 —; vergl. auch Entsch. Band VI S. 154 und Band VIII S. 119; über die letztere Entscheidung siehe diese Rechtsgrundsätze. V. Landgemeinden und Gutsbezirke. E. Gemeindewahlen Nr. 8.

Nr. 45. Endurteil des II. Senats vom 25. September 1888 (Entsch. Band XVII S. 9).

1) Es muß als gesetzlich durchaus unzulässig bezeichnet werden, eine Mehrheit von Individuen, ohne Prüfung der Frage, ob ihnen für ihre Person ein Klagerecht beiwohnt, zur Erhebung der Klagen im Verwaltungsstreitverfahren zu verstatten, sie als Partei bei dessen Durchführung zu beteiligen und schließlich ihren Klageanträgen Folge zu geben, auch den Gegner zum Ersatze der ihnen erwachsenen baaren Auslagen zu verurteilen, letzteres unter der Annahme, daß dergleichen nicht entstanden sein werden, im übrigen lediglich deshalb, weil neben ihnen mit dem gleichen Anspruche eine zu dessen Erhebung für berechtigt angesehene Person auftritt. Das Recht zur Klageerhebung im Verwaltungsstreitverfahren bedarf in allen Fällen und für jeden, der davon Gebrauch macht, auch ohne dagegen aufgestellten Einwand, der besonderen Untersuchung; deshalb ist es unerläßlich, daß der Verwaltungsrichter zu der vor ihn gebrachten Frage der Legitimation auch in Ansehung etwaiger Mitkläger ausdrücklich Stellung nimmt.

2) Nach § 69 der Hannoverschen Kreisordnung vom 6. Mai 1884 (altländische Kr.=O. § 112a, Hessen=Nassau § 70, Westfalen und Rheinprovinz § 57, Schleswig=Holstein § 99) steht nur den „Beteiligten" ein Recht der Klage zu gegen die daselbst erwähnten Beschlüsse. Damit sind aber nicht die sämtlichen Kreisangehörigen gemeint, vielmehr kann eine Klageberechtigung immer nur da beansprucht und zugestanden werden, wo sie zur Beseitigung eines Eingriffs in subjektive Rechte des Klageprätendenten führen kann und soll, was wiederum zur unerläßlichen Voraussetzung hat, daß ein solcher Eingriff vorliegt.

3) Wird für einen Kläger die Zugehörigkeit zum Wahlverbande der Landgemeinde nachgewiesen, so ist damit zugleich das subjektive Recht dargethan, seinem Wahlverbande die volle, ihm gebührende Zahl der Abgeordneten gesichert zu sehen, so daß dieser Kläger als beteiligt und deshalb klageberechtigt zu erachten ist.

4) Nach § 68 des Landesverwaltungsgesetzes vom 30. Juli 1883 steht es den Parteien frei, ihre Erklärungen vor dem Termin schriftlich einzureichen. Das Duplikat solcher Erklärungen ist der Gegenpartei zuzufertigen, in dem Falle aber, wenn das nicht mehr ausführbar, der wesentliche Inhalt in der Verhandlung mitzuteilen.

Zweck dieser Vorschrift ist, die Gegenpartei des Erklärenden vor oder in dem Verhandlungstermin in den Stand zu setzen, sich zu äußern. Werden solche Erklärungen lediglich zu den Akten genommen und ist auch in dem Verhandlungstermin Niemand erschienen, so bleibt, wenn der Gerichtshof die neu behaupteten Thatsachen für erheblich erachtet, nur übrig, die Verhandlung zu vertagen und die Gegenpartei unter Mitteilung des Schriftstückes anderweit zu laden.

5) Von der Verteilung der Kreistagsabgeordneten auf die drei Wahlverbände der größeren Grundbesitzer, der Landgemeinde und der Städte handeln die §§ 45 u. 46 der hannoverschen Kreisordnung (vergl. altländische Kr.=O. §§ 89, 90, Hessen=Nassau §§ 46, 47, Westfalen und Rheinprovinz §§ 38, 39, Schleswig=Holstein §§ 75, 76). Wenn von den drei in dem Verzeichnisse der Wahlberechtigten stehenden Persönlichkeiten Niemand in dem Wahltermine erscheint oder bei keinem derselben im Momente der Wahl die früher vorhanden gewesenen Vorbedingungen des § 52 der hannoverschen Kreisordnung (altl. § 96, Hessen=N. § 53, Westfalen und Rheinprovinz § 44, Schleswig=Holstein § 82) anzutreffen sind, so verbleibt es gleichwohl bei dem Verteilungsplane und es tritt der Fall ein, daß der Großgrundbesitz keine Vertretung erhält und

die drei auf den Wahlverband verteilten Abgeordneten dem Verbande der Landgemeinden entgehen.

6) Wenn von den drei Wahlberechtigten nur einer im Termine erscheint oder nur einer in der Lage ist, dem § 52 (96, 53, 44, 82) zu genügen, so wählt dieser eine drei Vertreter. Sind von einem aus drei Personen bestehenden Wahlkörper die Abgeordneten zu wählen, so hat jeder Wähler aus eigenem Rechte nicht eine, sondern drei Personen zu wählen, die als Gewählte aus seiner Wahl hervorgehen, wenn er keinen Widerspruch findet, sei es, weil außer ihm Niemand anwesend ist oder weil die anderen ihm zustimmen. Erst wenn divergierende Meinungen hervortreten, entscheidet die Mehrheit.

7) Die angezogenen Vorschriften der hannoverschen Kreisordnung enthalten noch eine Reihe weiterer Bestimmungen, welche sich in den übrigen Kreisordnungen nicht finden. (Vergl. die synoptische Ausgabe dieser Kreisordnung von C. Bornhak, Berlin in J. J. Heines Verlag, 1887.) Unter die hier genannten „Wahlberechtigten" gehören alle diejenigen, zur Zahlung von Kreisabgaben verpflichteten Grundbesitzer mit Einschluß der juristischen Personen, Aktiengesellschaften und Kommanditgesellschaften auf Aktien, welche von ihrem gesammten auf dem platten Boden innerhalb des Kreises belegenen Grundeigentum die im § 42 a. a. O. (86, 43, 35, 72) Grundsteuerbeträge zu entrichten haben bezw. dann zu entrichten haben würden, wenn sie dazu nach Maßgabe des Gesetzes vom 21. Mai 1861 veranlagt wären — zuzüglich der im letzten Absatze besonders bezeichneten Gewerbtreibenden und Bergwerksbesitzer.

8) Mit dem Ausdruck „Wähler" werden in der Regel auch die „Wahlberechtigten" bezeichnet. Die Zahl der Großgrundbesitzer soll der bestimmende Faktor für die Zahl der Abgeordneten sein.

Nr. 46. Endurteil des II. Senats vom 2. November 1888. (Entsch. Bd. XVII. S. 24.)

1) Nach § 110 der altländischen Kreisordnung (Hannover § 66, Hessen-Nassau § 67, Westfalen und Rheinprovinz § 54, Schleswig-Holstein § 96) sollen für jeden Kreis alle drei Jahr vor jeder neuen Wahl der Kreistagsabgeordneten Verzeichnisse der zu den drei Wahlverbänden (der größeren Grundbesitzer, der Besitzer in den Landgemeinden und der selbständigen Gutsbezirke und der Landgemeinden) aufgestellt werden. Anträge auf Berichtigung dieses durch das Kreisblatt bekannt zu machenden Verzeichnisses sind binnen einer bestimmten Frist bei dem Kreisausschusse anzubringen, welcher darüber beschließt. Gegen den Beschluß findet die Klage bei dem Bezirksausschusse statt.

Hinsichtlich dieser letzteren Bestimmung ist nun grundsätzlich entschieden worden, daß in diesem Verwaltungsstreitverfahren nicht etwa derjenige als Beklagter anzusehen sei, dessen Name aus der Liste gelöscht werden soll, sondern allein der Kreisausschuß ist in diesem Verfahren als passiv legitimiert anzusehen.

2) Die Wahl zum Kreistage und Alles, was damit in unmittelbarem Zusammenhange steht, bildet eine Kommunalangelegenheit des Kreises, und sowohl der Kreistag als auch der Kreisausschuß, insofern sie mit der Besorgung der für die Wahl erforderlichen Geschäfte betraut sind, fungieren als Organe der Kreiskorporation. Ihre desfallsigen, in eigener Angelegenheit und nach eigenem Ermessen geführten Beschlüsse können daher, wenn sie angegriffen werden, nur von ihnen selbst vertreten werden.

Das Ausstreichen des Namens eines Grundbesitzers u. s. w. aus dem Verzeichnis kann schon deshalb eine Rechtsverletzung nicht darstellen, weil bei der Mitteilung eines von dem Kreisausschusse über einen Berichtigungsantrag gefaßten Beschlusses regelmäßig die Wahl noch bevorsteht und die Frage, gegen wen zufolge dieses Beschlusses Klage erhoben werden muß, nicht dadurch entschieden werden kann, ob in Zukunft eine Teilnahme seitens des betreffenden Grundbesitzers an der Wahl stattfinden wird oder nicht. (Vergl. E. vom 11. Juni 1883 — Entsch. X S. 44 - und vom 25. März 1886 — Entsch. XIII. S. 30. —)

3) Eine Beiladung zum Verwaltungsstreitverfahren bezweckt keineswegs, legitimierte Personen erst zu schaffen, deshalb kann sie auch nicht die Wirkung ausüben, daß zufolge derselben eine materielle Entscheidung der Sache zwischen dem Kläger und dem Beigeladenen zulässig wäre.

Nr. 47. E. des II. Senats vom 23. November 1888. (Entsch. Bd. XVII, S. 29.)

1) Das Recht der Beanstandung der Wahlen der Kreistagsabgeordneten und folgeweise auch der Wahlmänner steht (Min.-Erlaß vom 10. März 1873 — Min.-Bl. d. i. V. S. 87 —) nach § 113 der altl. Kreisordnung (Hannover § 70, Hessen-N. § 71, Westfalen und Rheinprovinz § 58, Schleswig-Holstein § 100) allein dem Kreistage zu.

2) So lange ein die Ungültigkeit der Wahl eines Wahlmannes aussprechender Beschluß des Kreistages nicht vorliegt, fehlt es auch an der Möglichkeit, die Neuwahl eines Wahlmannes in der betreffenden Gemeinde anzuordnen. Vergl. Altl. Kreisordnung § 108 (Hannover § 64, Hessen-N. § 65, Westfalen und Rheinprovinz § 52, Schleswig-Holstein § 94), Min.-Erlaß vom 10. August 1877 (Min.-Bl. d. i. V. S. 209).

3) Dem Wahlvorstande steht formell die Berechtigung nicht zu, einen Wahlmann von der Wahl auszuschließen, ist dies nun aber einmal geschehen, so begründet eine solche Ausschließung die Ungültigkeit der Wahl in dem Falle nicht, wenn die Teilnahme des Ausgeschlossenen die Wahl ungültig gemacht haben würde. War z. B. die Wahl des ausgeschlossenen Wahlmannes eine rechtsungültige aus § 100 der altl. Kreisordnung (Hannover § 56, Hessen-Nassau § 57, Schleswig-Holstein § 86), § 8 des Wahlreglements, Artikel 12 Nr. 25 der Instruktion vom 10. März 1873, so würde auch die unter dessen Teilnahme vorgenommene Wahl ungültig gewesen sein.

Nr. 48. Endurteil des II. Senats vom 13. September 1889. (Entsch. Bd. XVIII, S. 1.)

1) Nach § 96 der altländischen Kreisordnung (Hannover § 52, Hessen-Nassau § 53, Westfalen und Rheinprovinz § 44, Schleswig-Holstein § 82) ruht das Wahlrecht zur Wahl eines Kreistagsabgeordneten bezw. eines Wahlmannes während der Dauer einer wegen der dort vorgesehenen strafbaren Handlungen (z. B. Meineid) eingeleiteten gerichtlichen Untersuchung, so daß während dieser Zeit die zur Untersuchung gezogene Person nicht wählen darf. Wenn nun der § 106 a. a. O. (Hannover § 62, Hessen-Nassau § 63, Westfalen und Rheinprovinz § 50, Schleswig-Holstein § 92) vorschreibt, daß für die Wählbarkeit zum Wahlmanne und zum Abgeordneten die im § 96 u. s. w. für die Wahlberechtigung gegebenen Bestimmungen gelten, daß die betreffende Person während der kritischen Zeit nicht **gewählt** werden solle, so sind Wahlen, welche, entgegen diesem Grundsatze, vorgenommen werden, (d. h. aktiv oder passiv), ungültig und der gleichwohl gewählte gehört nicht zur Wahlversammlung, die Mitgliedschaft bei dieser letzteren ist aber die unerläßliche Voraussetzung zum Einspruche gegen das Wahlverfahren. (§ 113 der altl. Kreisordnung, Hannover § 70, Hessen-Nassau § 71, Westfalen und Rheinprovinz § 58, Schleswig-Holstein § 100.)

2) Die Eröffnung der Voruntersuchung wegen Meineides kann als „Einleitung einer gerichtlichen Untersuchung“ im Sinne des § 96 (u. s. w.) der

Kreisordnung nicht angesehen werden. Für die Bedeutung der dort gebrauchten Worte ist zunächst diejenige Gesetzgebung, welche zur Zeit des Erlasses der altl. Kreisordnung (1872) bestand, von Erheblichkeit, so daß es für das Gebiet der altländischen Kreisordnung vornehmlich auf die Verordnung vom 3. Januar 1849 (G.=S. S. 14) und das Gesetz vom 3. Mai 1852 (G.=S. S. 209) ankommt. Hiernach ist aber der Beschluß auf Eröffnung des Hauptverfahrens als derjenige Akt anzusehen, durch welchen die Einleitung der im § 96 (u. s. w.) der Kreisordnung bezeichneten gerichtlichen Untersuchung erfolgt. So lange ein solcher Beschluß nicht vorliegt, kann auch das aktive oder passive Wahlrecht nicht ruhen.

3) Die dem Kreistage hinsichtlich seiner Mitglieder zustehende Legitimationsprüfung kann sich nur darauf erstrecken, ob die Wahl Derjenigen, welche der Wahlvorstand für gewählt erklärt hat, als gültig oder als ungültig zu erachten ist. Geschieht letzteres, so darf der Kreistag nicht seinerseits eine Persönlichkeit, die nach seiner Ansicht hätte für gewählt erklärt werden sollen, einberufen; vielmehr hat dann eine Neuwahl stattzufinden. Vergl. die Endurteile vom 10. November 1877, vom 24. Januar 1881, vom 11. Mai 1885.

Nr. 49. E. des IV. Senats vom 18. Juni 1889. (Entsch. Bd. XVIII. S. 7.)

1) Der § 76 der westfälischen Kreisordnung vom 31. Juli 1886 (vergl. damit die abweichenden Fassungen im § 131 der altl. Kr.=O., Hannover § 88, Hessen=Nassau § 89, Schleswig=Holstein § 119) handelt von der Zusammensetzung des Kreisausschusses und verweist wegen der Wählbarkeit auf den § 50 derselben Kreisordnung. Dieser § 50 (vergl. § 106 der altl. Kr.=O., Hannover § 62, Hessen=Nassau § 63, Schleswig=Holstein § 92) unterscheidet in seinem ersten Absatze zwei Arten von Wahlverbänden, nämlich: die der Städte einerseits und die der größeren Grundbesitzer und der Amtsverbände andererseits. Für beide Arten werden völlig abweichende Erfordernisse hinsichtlich der Wählbarkeit aufgestellt. Dagegen werden im zweiten Absatze noch weitere Bedingungen hinzugefügt, welche für alle Wahlen zum Kreistagsabgeordneten gelten, es müssen also sämtliche Kreisausschußmitglieder denjenigen Bedingungen entsprechen, welche nach dem zweiten Absatze des § 50 bei den Kreistagsabgeordneten überhaupt vorausgesetzt werden. Die Bedeutung des § 76 kann deshalb nur die sein, daß, abgesehen von den aus dem zweiten Absatze des § 50 sich ergebenden Anforderungen ein Kreisausschußmitglied entweder die in Nr. 1 oder die in Nr. 2 des ersten Absatzes gedachten Eigenschaften besitzen muß.

2) Die Voraussetzung in der westfälischen Kreisordnung, daß ein Kreistagsabgeordneter kein besoldetes, der Aufsicht des Landrates unterstelltes Amt bekleide, ist nur für die Wahl in den Verbänden der größeren Grundbesitzer und der Amtsverbände, nicht aber für die Wahl in den Verbänden der Städte, ausgesprochen. In dem Verbande der Städte ist vielmehr jeder Einwohner wählbar, welcher sich im Besitze des Bürgerrechtes, bezw. wo Bürgerrecht nicht besteht, des Gemeinderechtes befindet; daß er kein besoldetes, der Aufsicht des Landrates unterstelltes Amt bekleiden dürfe, kann nicht verlangt werden.

B. Kreisabgaben.

(Einzuschalten auf S. 6 des zweiten Ergänzungsbandes.)

Nr. 124. Plenarbeschluß vom 6. Februar 1889. (Entsch. Band XVII, S. 37.)

1) In den Endurteilen des II. Senats vom 28. Juni 1886 (Entsch. Band XIII S. 144), vom 13. April 1885 (a. a. O. S. 149) und vom

18. Januar 1886 (a. a. O. S. 151) ist der Grundsatz ausgesprochen, daß die von Erwerbsgesellschaften auf Grund des Gesellschaftsstatuts an ihre Beamten und Arbeiter für pflichttreue Dienste ohne rechtliche Verpflichtung gezahlten Gratifikationen nicht zu den zur Erzielung des Ertrages „erforderlichen" Aufwendungen im Sinne des § 19a der Instruktion vom 3. Januar 1877 gehören und deshalb bei der Ermittelung des steuerpflichtigen Einkommens aus Handel und Gewerbe nicht in Abzug gebracht werden können. Dieser Grundsatz ist jetzt dahin geändert, daß die Abzugsfähigkeit solcher Zuwendungen, welche der Gewerbtreibende den zu ihm in kontraktlichen Dienst- oder Arbeitsverhältnis stehenden Personen über die vertragsmäßig zugesicherten Gehalts- und Lohnbezüge hinaus als Remuneration oder Gratifikation für geleistete Dienste gewährt hat, nicht abhängig sind von dem Bestehen einer rechtlichen Verbindlichkeit des Gewerbtreibenden zu deren Leistung. Diese neue Auffassung stützt sich auf die §§ 19 und 30 des Klassen- und Einkommensteuer-Gesetzes vom 1. Mai 1851 und 25. Mai 1873, aus welchen sich ergiebt, daß auch derartige Ausgaben zur Erzielung eines Ertrages oder Gewinnes aufgewendet werden, ganz gleich, ob dies seitens des Gewerbtreibenden auf Grund einer bestehenden Verpflichtung oder aus freier Entschließung geschah. Es macht ja auch für die Bestimmung des Reineinkommens nicht einmal einen Unterschied, ob die Aufwendungen wirtschaftlich zweckmäßig oder nutzbringend waren.

Das Wort „erforderlichen" ist nicht in dem prägnanten Sinne des „absolut Notwendigen" aufzufassen, sondern nur in dem Sinne, daß die Aufwendungen von dem Gewerbtreibenden zur Erzielung des Ertrages für erforderlich erachtet werden.

2) Hiermit steht es im Einklange, wenn in den Finanz-Ministerialerlassen vom 13. August und 5. September 1881 die ohne Rechtspflicht an Beamte und Arbeiter gezahlten Gratifikationen als solche Einnahme bezeichnet werden, welche in der Person der Empfänger zu besteuern sind.

3) Freiwillig und ohne Rechtspflicht gemachte Zuwendungen an Arbeiter und Beamte, mögen sie sich als Belohnung für pflichttreu geleistete Dienste oder als Ermunterung für künftige Leistungen darstellen, sind zweifellos nicht ohne Einfluß auf den Gewinnertrag des Unternehmens, ja sie können unter Umständen — insbesondere wenn derartige Gratifikationen in der Gegend oder bei ähnlichen Unternehmungen allgemein üblich sind — selbst die unerläßliche Voraussetzung für die Erhaltung eines tüchtigen Arbeiterstammes und damit für das wirtschaftliche Bestehen des Unternehmens ausmachen.

Nr. 125. Endurteil des I. Senats vom 2. März 1889 (Entsch. Band XVII. S. 51), und vom 2. Januar 1889 (a. a. O. S. 63).

1) Im Sinne des hannoverschen Gesetzes vom 28. April 1859 sind die danach gebildeten Amtsbezirke als juristische Personen anzusehen. Unrichtig ist die Behauptung, ein solcher Amtsbezirk könne keine juristische Person bilden, da dieser entweder aus einer Anzahl physischer Personen oder aus einem mit der Rechtsfähigkeit versehenen selbständigen Vermögen beständen, vielmehr baut das bestehende Recht die kommunalen, mit Korporationsrechten versehenen Verbände teils, wie namentlich die Gemeinden, auf der Grundlage von innerhalb eines bestimmten räumlich abgegrenzten Bezirkes zu einander durch Wohnsitz, Grundbesitz u. s. w. in rechtliche Beziehung tretenden Personen, oder auch, wie bei kommunalen Verbänden höherer Ordnung (Provinzen) auf der von kommunalen Verbänden niederer Ordnung auf. Diese Grundlagen liegen für die nach dem Gesetz vom 28. April 1859 organisierten hannoverschen Amtsversammlungen thatsächlich vor, es fehlt ihnen also auch nicht an den Voraus-

setzungen einer Korporation, obwohl ihnen diese Eigenschaft durch das Gesetz nicht ausdrücklich beigelegt ist.

2) Diese Amtsbezirke mit korporativen Rechten bestanden in Hannover schon längst, was sich ergiebt aus dem hannoverschen Gesetze vom 27. Juli 1852 (G.-S. S. 177) und aus dem § 30 der Wegeordnung vom 28. Juli 1851. (Vergl. hierüber das Endurteil des II. Senats vom 27. April 1886 — Entsch. Band XIII S. 45 —, §§ 23—25 des Gesetzes vom 27. Juli 1852 und §§ 28 ff. des Gesetzes vom 28. April 1859. § 29 Abs. 2 des preußischen Ausführungsgesetzes vom 8. März 1871 — G.-S. S. 130 —, §§ 111—113 der hannoverschen Kreisordnung vom 6. Mai 1884.) In allen diesen Vorschriften erscheinen die hannoverschen Amtsversammlungs- oder Amtsbezirke als die Träger von vermögensrechtlichen Rechten und Pflichten, welche auch, wie alle sonstigen Kommunalverbände mit dem Rechte der Besteuerung ihrer Angehörigen versehen sind. Das Gegenteil ergiebt sich auch nicht aus dem § 1 und §§ 28 ff. des Gesetzes vom 28. April 1859 (G.-S. S. 389).

3) Sogenannte „kommunalfreie" Grundstücke, welche weder einer Gemeinde angeschlossen sind, noch aber auch zu den in der Amtsversammlung vertretenen größeren Gütern und Höfen gehörten, können deshalb doch zu den vorher gedachten korporativen Verbänden gehören. Nach dem Gesetze vom 28. April 1859 betreffend die Abänderung des § 12 des Gesetzes vom 5. September 1848 muß (mit gewissen Ausnahmen) jeder Landeseinwohner, jedes Grundstück, jedes Haus in Beziehung auf die öffentlichen Verhältnisse einer Gemeinde angehören.

4) Es giebt zahlreiche öffentlich-rechtliche Korporationen, welche nicht allen ihren Gliedern die Teilnahme an der Vertretung oder deren Wahl gewähren, ohne dieselben doch dadurch von den aus der Zugehörigkeit zur Korporation entspringenden Pflichten zu entbinden.

5) Sind die auf Kosten der Amtsbezirke errichteten Anstalten (z. B. eine Spar- und Leihkasse) von dem Uebergange auf die jetzt eingerichteten Kreiskommunalverbände ausgeschlossen und den ehemaligen Amtsbezirken vorbehalten, so sind die Bestimmungen der neuen hannoverschen Kreisordnung über die Verteilung und Aufbringung der Kreisabgaben für die Regelung des Abgaben-Verteilungs-Maßstabes nicht formell maßgebend. Wird ein neuer Verteilungs-Maßstab beschlossen, so findet derselbe auch da Anwendung, wo mit den zu erhebenden Steuern vor der Aenderung des Maßstabes entstandene Verbindlichkeiten zu tilgen sind.

Nr. 126. E. des I. Senats vom 27. Juni 1888 (Entsch. Bd. XVII. S. 69.)

1) Für die Provinz Hannover besteht (wie auch in anderen Provinzen) ein Gesetz, nach welchem der Kreistag beschließen kann, die Unternehmer von Fabriken u. s. w. wegen erheblicher Abnutzung der Landstraßen mit Präzipualbeiträgen zur Unterhaltung derselben heranzuziehen. Dies Gesetz datirt vom 26. Februar 1877 (G. S. S. 18). Vergl. § 64 des Zuständigkeitsgesetzes vom 1. Juli 1883 und dazu den Kommentar von Studt und Braunbehrens, Ausgabe von 1889. S. 307. Daselbst befindet sich auch eine Zusammenstellung von den in anderen Provinzen geltenden ähnlichen Gesetzen. Letzteres ist aber zu ergänzen durch ein Gesetz für die Provinz Schlesien vom 16. April 1889 (G. S. S. 100).

2) Ist in der Provinz Hannover ein solcher Kreistagsbeschluß herbeigeführt worden, so bedarf der Kreisausschuß oder die mit der Verwaltung der Straßen beauftragte Kommission des Kreistages zur Geltendmachung derartiger Ansprüche im Verwaltungsstreitverfahren nicht noch einer besonderen Legitimation durch einen zur Anstellung der Klage ermächtigenden Kreistagsbeschluß.

Nr. 127. Endurteil des II. Senats vom 15. Oktober 1889 (Entsch. Bd. XVIII. S. 17.)

1) Kuxe des älteren Rechtes sind weder nach allgemeinen gesetzlichen Vorschriften, noch im Sinne des § 14 der Kreisordnung als Grundeigentum anzusehen.

2) Das verliehene Bergwerkseigentum, d. i. das Recht, die in der Verleihungsurkunde bezeichneten Mineralien innerhalb eines bestimmten Bergwerksfeldes mit Ausschluß Anderer zu gewinnen, gehört im Gebiet des Allgemeinen Landrechtes zu den unbeweglichen Sachen; dasselbe gilt von den Kuxen, d. h. dem Anteil an einem Bergwerkseigentum und an dessen Pertinenzien (§ 253 Tit. 16 Teil II A. L. R's. und § 228 des allgemeinen Berggesetzes vom 24. Juni 1865). Allein das Allg. Landrecht spricht nicht aus, daß dem gesammten unbeweglichen Vermögen Grundstücksqualität beiwohne, vielmehr ergiebt sich das Gegenteil aus §§ 6, 8 und 9 Tit. 2 Teil I Allg. Landrechts. Die Kuxe gehören also zu denjenigen Gerechtigkeiten, welche nicht gewissen Grundstücken ankleben, sondern für sich bestehen (Allgemeine Hypotheken-Ordnung vom 20. Dezember 1783 Tit. 1 § 14, § 1 der Subhastations-Ordnung vom 15. März 1869 — G. S. S. 421 —, Gesetz vom 5. Mai 1872 — G. S. S. 433 —, § 1 des Gesetzes vom 13. Juli 1883 — G. S. S. 131 —).

3) Der § 86 der altländischen Kreisordnung (Hannover § 42, Hessen-Nassau § 43, Westfalen und Rheinprovinz § 35, Schleswig-Holstein § 72) spricht nur von Besitzern von „Liegenschaften", die der Veranlagung von Grund- und Gebäudesteuern fähig sind und stellt diesen nur im Wege einer besonderen Vorschrift die Bergwerkseigentümer — einschließlich der Gewerkschaften und ausschließlich der Eigentümer von Kuxen — für einen bestimmten Fall gleich.

4) Für die gegenteilige Ansicht spricht auch nicht der § 15 der Kreisordnung in Verbindung mit § 28 Abs. 4 des Einkommensteuergesetzes vom 1. Mai 1851 (G.-S. S. 193), weil hier von der Einschätzung der Forensen die Rede ist, denn der § 15 handelt nur von der Art der Einschätzung, erweitert aber den Kreis der in § 14 bezeichneten Steuerpflichtigen nicht.

5) Kuxe werden im § 28 a. a. O. nicht erwähnt, dieselben können bestehen, ohne daß deren — die Gewerkschaft ausmachenden — Eigentümer im Besitze eines Berg- oder Grubenwerkes d. h. des Inbegriffs der zu Zwecken des Bergbaues hergestellten Anlagen sich befinden oder ein solches betreiben. Der Begriff des „Grubenwerkes", dessen Erträge nach § 28 bei der staatlichen Einschätzung in einem bestimmten Sinne behandelt werden sollen, deckt sich also nicht mit dem des Kuxes nach älterem Rechte, woraus sich ergiebt, daß der Besitz von Kuxen älteren Rechtes eine forensale Beitragspflicht zu den Kreislasten nicht begründet.

Vergl. hierzu das Endurteil des II. Senats vom 15. Juni 1885 (Rechtsgrundsätze von Parey und Wiedemann S. 11 Nr. 53).

Nr. 128. Endurteil des I. Senats vom 1. Mai 1889 (Entsch. Band XVIII S. 24).

1) So wenig wie die politischen, sind auch die Kirchengemeinden an sich kreissteuerfrei (§§ 14 und 17 der Kreis-O., §§ 165, 166 Tit. 11 Teil II A. L.-R.'s), nur die Kirchen-Gebäude sind nach § 174 a. a. O. von den gemeinen Lasten frei.

2) Selbst wenn hierdurch das ganze Einkommen der Kirchengesellschaften, welches aus den kirchlichen Gebäuden fließt, freigestellt wäre, so würde doch diese Befreiung durch § 199 der altländischen Kreis-O. (Hannover § 121, Hessen-Nassau § 120, Westfalen und Rheinprovinz § 103, Schleswig-Holstein § 156) insoweit beseitigt sein, als sie nicht durch die §§ 17 und 18 aufrecht erhalten

ist. (Endurteil vom 19. Januar 1880 — Entsch. Bd. VI S. 34 —.) Diese Paragraphen begründen aber nur die Freiheit von den dinglichen, die Grundstücke belastenden Steuern, nicht jedoch von der persönlichen, auf das Einkommen aus den Grundstücken gelegten Einkommensteuer (Endurteil vom 11. Oktober 1883 — Entsch. Bd. X S. 62 —).

3) Nicht jede Einnahme, zu deren Erzielung der Grundbesitz eine zufällige oder selbst eine notwendige Voraussetzung bildet, stellt schon deshalb ein aus Grundbesitz fließendes Einkommen im Sinne des § 14 der Kreis-O. dar. Stellgelder, welche nach Gewohnheit des Ortes für Begräbnisplätze auf den Kirchhöfen entrichtet werden, gehören zu den Kircheneinkünften (A. L.-R. II 11 § 667). Diese Bezahlung, welche die Kirche erhält (§ 762) wird zu den Abgaben, die Niemand der Kirchenkasse durch ein Privatbegräbnis entziehen kann (§ 187) gerechnet und wird in den §§ 458 ff. als „Gebühr“ bezeichnet. Gebühren sind aber Abgaben, welche von den Einzelnen als ein spezielles Entgelt der für sie zu öffentlichen Zwecken geleisteten Dienste oder Ausgaben in einer von der Staatsgewalt einseitig festgestellten Art und Höhe erhoben werden. Ihr Unterscheidungsmerkmal gegenüber den Steuern liegt allein in der speziellen Entgeltlichkeit und Kostendeckung für besonders beanspruchte öffentliche Leistungen gegenüber der generellen Entgeltlichkeit und Kostendeckung allgemeiner Leistungen des Staates, während den Gebühren mit den Steuern gemeinsam ist, daß sie aus öffentlich-rechtlichem Titel gefordert, in Ausübung der Staatshoheit befohlen werden, daß sie beide „Auflagen“ sind. Als solche stehen beide im Gegensatze zu den „erworbenen“, im Wege der Privatwirtschaft erzielten und aus privatrechtlichem Titel geforderten Einnahmen des Staates, wie z. B. aus den Forsten, Bergwerken, Eisenbahnen; denn bei diesen fehlt das den Gebühren wesentliche Moment, daß die Staatsgewalt einseitig über Art und Höhe der Gegenleistung entscheidet, selbst dann, wenn die fiskalische Betriebsverwaltung auch den Preis ihrer Leistung in Taxen, Tarifen u. s. w. veröffentlicht und so ihre Verkaufsofferte Jedermann zur freien Annahme bekannt gegeben haben mag.

4) Der rechtliche und wirtschaftliche Charakter der Gebühr wird dadurch nicht aufgehoben, daß der Staat sein Hebungsrecht nicht selbst ausübt, sondern an Korporationen oder Private, soweit diese öffentliche Zwecke erfüllen (z. B. beim Wegezoll), zur Ausübung übertragen hat. Die Gegenleistung für die Benutzung einer Gemeindeanstalt ist dann als Gebühr anzusehen, wenn sie gemäß der von der Staatsbehörde festgesetzten Normen und wenn sie zugleich lediglich kraft dieser Festsetzung dergestalt, daß etwaige Mängel des Vertragsschlusses oder der Leistung von der Zahlung nicht befreien, gefordert werden kann; denn das rechtliche Fundament für die Entstehung einer Gebührenforderung liegt eben nicht in einem Vertrage und dessen einseitiger Erfüllung, sondern in der auf den Hebeberechtigten übertragenen Machtbefugnis des Staates, die ihm unterworfenen Vermögen mit Auflagen zu belasten, mögen diese — wie die Steuern — für allgemeine Zwecke, oder nur aus einem besonderen Anlasse und für besondere Zwecke, bei der Inanspruchnahme einer besonderen Thätigkeit, einer speziellen Anstalt, fällig werden.

5) Daher ist auch die wirtschaftliche und rechtliche Quelle des in Form von Gebühren zufließenden Einkommens nicht der gewerbliche Betrieb dieser Anstalt oder das für diesen unentbehrliche Grundstück, sondern die staatlich verliehene Hebeberechtigung, demgemäß bei den Einnahmen aus Chaussee- und Brückengeld nicht das Grundstück, welches Weg oder Brücke trägt, sondern die Zollgerechtigkeit und das durch diese begründete Forderungsrecht. Steht die Zollgerechtigkeit einer Einzelperson zu, so wird diese von dem Ueberschusse

ihrer Einnahmen gemäß § 30 des Gesetzes vom 1. Mai 1851 Einkommensteuer an Staat und Kreis zu zahlen haben; die letztere Pflicht passiert aber jedenfalls dann, wenn das Heberecht einer juristischen Person zusteht, die nicht mit ihrem Gesammteinkommen, sondern nur an dem Einkommen aus Grundbesitz kreisabgabenpflichtig ist. Dies gilt auch von den Grabstellengeldern, sofern sich dieselben als Gebühren darstellen.

6) Die von den politischen Gemeinden erhobenen Grabstellenbeiträge sind als im öffentlichen Rechte beruhende Gemeindeabgaben anerkannt, wenn sie auf Grund einer obrigkeitlich festgestellten Taxe erfordert werden. (Endurteil vom 4. Januar 1889 — Entsch. Band XVII S. 210. —) Mangelt diese Voraussetzung, so kann die von einer politischen Gemeinde für Grabstellen erhobene Vergütung auch, wenn letztere in einem veröffentlichten Tarife abgestuft und fälschlich als Gebühr bezeichnet sein sollte, rechtlich als eine aus Vertrag entspringende Forderung und steuerlich als Einkommen aus Grundbesitz erscheinen und dementsprechend sind auch in einem Endurteile des II. Senats vom 13. Oktober 1884 die bezüglichen Einnahmen einer Stadt als kreisabgabenpflichtig erachtet, weil daraus die Parteien nur über die privatrechtliche Wirkung der Einräumung einer Begräbnisstelle stritten, bezüglich der von der Stadt bezogenen Gegenleistung aber nicht behauptet hatten, daß dieselbe als eine kraft öffentlichen Rechtes geforderte Abgabe sich darstelle. (!?!)

7) Das Grabstellengeld, welches die Kirche bezieht, ist ebenso, wie die Stolgebühr entstanden, wird auch in der Praxis ebenso, wie diese, als eine kirchliche Abgabe als eine Gebühr behandelt. Zu Neueinführung des Grabstellengeldes oder zur Abänderung desselben bedarf es eines übereinstimmenden Beschlusses des Kirchenvorstandes (Gemeindekirchenrates) und der Gemeindevertretung, außerdem aber der Genehmigung der staatlichen Aufsichtsbehörde (§ 21 Nr. 9, § 50 Nr. 6 des Gesetzes vom 20. Juni 1875 — G. S. S. 241 —, § 31 Nr. 7 der Synodalordnung vom 10. September 1873 — G. S. S. 417 —, Artikel 24 Nr. 4 des Gesetzes vom 3. Juni 1876 — G. S. S. 125 —). Das Allg. Landrecht hat das Grabstellgeld in §§ 818 Tit. 11 Teil II von den eigentlichen Nutzungen des Kirchhofes scharf unterschieden. (Erkenntnis des ehemaligen Obertribunals vom 23. Dezember 1847 — Archiv Band 3 S. 257 —).

8) Den Grabstellengeldern sind die Kirchstuhlgebühren gleichzustellen. (Allg. Landrecht II 11 § 678), dagegen ist die Grasnutzung von dem Kirchhofe doch etwas Anderes als die Einnahme aus den Grabstellengeldern.

Nr. 129. Endurteil des II. Senats vom 8. Oktober 1889 (Entsch. Bd. XVIII. S. 33).

Die Gegenleistungen, welche eine Aktien-Zuckerfabrik den Aktionären für gelieferte s. g. Aktien- oder Pflicht-Rüben und Ueber-Rüben gewährt, sind bei der Besteuerung des Fabrikeinkommens mit Kreisabgaben als Ausgaben nicht abzusetzen. Vergl. wegen des Begriffes des Reineinkommens das Endurteil vom 12. Februar 1885 (Entsch. Band XI S. 77).

F. Zwangsetatisierungen.

(Einzuschalten auf S. 46 des ersten Ergänzungsbandes.)

Nr. 7. Endurteil des I. Senats vom 9. Februar 1889. (Entsch. Bd. XVII. S. 33.)

1) Die Aufbringung der erforderlichen Besoldung der Kreisbeamten ist eine gesetzliche Pflicht der Kreise im Sinne des § 180 der altl. Kr.-O. (Hannover § 108, Hessen-N. § 109, Westfalen und Rheinprovinz § 96, Schleswig-Holstein § 144), allein der Kreisthierarzt steht mit dem Kreise nicht

in Beziehung, denn er ist ein ausschließlicher Beamter des Staates mit der Befugnis zu veterinärärztlicher Praxis, soweit es der öffentliche Dienst gestattet. Wenn es nicht blos zulässig, sondern im Interesse der Kreiseingesessenen auch angezeigt ist, daß der Kreis bei der Dotierung des Kreistierarztes mit seinen Mitteln eintritt, um seitens der Staatsregierung die Anstellung eines solchen Beamten zu erlangen, so ist hierfür doch keine gesetzliche Verpflichtung begründet, auch wenn der betreffende Beschluß des Kreisausschusses die Bestätigung des Bezirksausschusses erhalten hat.

2) Diese Bestätigung einer freiwillig übernommenen Leistung (§ 76 Nr. 6 der altl. Kreis=O., Hannover § 103, Hessen=Nassau § 104, Westfalen und Rheinprovinz § 91, Schleswig=Holstein § 91) behindert den Kreistag nicht, diese Leistung nach Ermessen einzustellen, sofern nicht etwa der Staat oder der Beamte gegenüber dem Kreise ein klagbares Recht auf die Zahlung des Zuschusses erlangt hat. Sollte dieser Fall eintreten, so könnte bei etwaigen Streitigkeiten nur der ordentliche Richter entscheidend eintreten, dagegen ist in solchen Fällen die Zwangsetatisierung gegen Kreise ausgeschlossen.

III. Städte.

A. Städtische Gemeindeabgaben.

Nr. 91.

(Einzuschalten auf S. 29 des Ergänzungsbandes für 1889.)

Endurteil des I. Senats vom 19. Dezember 1888 (Entsch. Band XVII. S. 129.)

1) Es war streitig geworden, nach welchen Grundsätzen und in welcher Höhe die einer Bergwerks=Aktien=Gesellschaft im Regierungsbezirk Wiesbaden an sich zugestandenen, durch die Verringerung der Substanz bedingten Abschreibungen bei der Einschätzung zu den städtischen Kommunalabgaben in Ausgabe zu stellen seien. Es handelte sich um die Auslegung des Absatz 2 in § 3 des Kommunalabgabengesetzes vom 27. Juli 1885:

> „Bezüglich des Reineinkommens aus Bergbau=Unternehmungen gelten die Einschätzungsgrundsätze der Staatseinkommensteuer mit der Maßgabe, daß die der jährlichen Verringerung der Substanz entsprechenden Abschreibungen zu den Ausgaben gerechnet werden.“

2) Der Bergwerkseigentümer, welcher eine Abschreibung beansprucht, muß auch die Angemessenheit der in Rechnung gestellten Abschreibungen darthun. Ist dies, wie z. B. bei den unerschöpflichen Kalisalzlagern unmöglich, so kann der Abzug nicht passieren; dieserhalb ist derselbe aber nicht da auszuschließen, wo der Zensit die Substanzverringerung in quali et quanto darlegt oder ziffernmäßig genau den Wert des Mineralschatzes, der in seinem Grubenfelde vorhanden ist, nachweist und ferner, welcher Teil davon jährlich absorbiert wird.

3) Als „Substanz“, für deren Minderung das Gesetz bei Bergwerksunternehmungen die Abschreibung zuläßt, ist, da das Bergwerkseigentum in der ausschließlichen Befugnis besteht, das verliehene Mineral im Verleihungsfelde aufzusuchen und zu gewinnen (§§ 50 und 54 des allgemeinen Berggesetzes vom 24. Juni 1865 — G.=S. S. 705 —) nur die Masse der verliehenen, unterirdisch lagernden Mineralien anzusehen. Die zu Tage geförderten Mineralien sind Substanzteile, und es ist in dem Erlöse für jene neben dem Ersatze der Förderkosten auch ein Surrogat für diesen Teil der Substanz enthalten, welches durch Zulassung der Abschreibung auch steuerlich als „zurückfließendes Kapital“ behandelt werden soll.

4) Die „Verringerung“ der Substanz wird nicht schon durch die Menge des geförderten Materials allein bezeichnet, denn jene ist eine realitive Größe. Bei Bergwerken kann die Verringerung daher nur durch einen Bruch ausgedrückt werden, dessen Zähler das im Betriebsjahre abgebaute Quantum und dessen Nenner das Gesammtquantum der Mineralsubstanz bildet. Als Gesammtquantum kann nur die zur Zeit der Steuerveranlagung thatsächlich vorhandene, nicht aber die zu einem früheren Zeitpunkte (z. B. vor Beginn der Ausbeute, bei der erstmaligen Besteuerung u. s. w.) vorhanden gewesene Mineralmasse in Betracht kommen. Die Höhe des Abzuges ist nicht lediglich „nach der ursprünglichen Reichhaltigkeit des Grundstockes“, sondern zugleich „nach dessen bereits mehr oder weniger eingetretenen Erschöpfung“ zu bemessen. Vergl. die Endurteile vom 11. Oktober und 12. November 1883 (Entsch. Band X S. 62 ff.)

5) Die Abschreibung muß, um der jährlichen Substanzverringerung zu „entsprechen“, in demjenigen Verhältnisse, welches der diese Verringerung ausdrückende Bruch anzeigt, zu dem Gesamtwerte der Substanz stehen. Nur dadurch wird die Absicht erreicht, das in dem Jahresgewinne enthaltene Geldäquivalent für die geförderten Substanzteile als zurückfließendes Kapital steuerfrei zu stellen. Dagegen ist es unrichtig, als drittes bekanntes Glied der Proportion den jährlichen Reinertrag anzunehmen, denn es ist möglich, daß gegenüber den Förderkosten und den Absatzpreisen ein Reinertrag gar nicht erzielt wird.

6) Der Wert der Substanz des unterirdisch lagernden Minerals ist, auch abgesehen von seiner allmäligen Erschöpfung, kein im Laufe der Zeit unveränderlicher. Vergl. Endurteil vom 7. Januar 1886 (Entsch. Band XIII S. 38). Derselbe besteht vielmehr in der Brauchbarkeit, welche die verliehene Lagerstätte für den Bergwerkseigentümer hat, das Mineral zu gewinnen und durch dessen Absatz sich ein Einkommen zu erwerben.

Nr. 92. Endurteil des II. Senats vom 4. September 1888 (Entsch. Band XVII S. 140).

1) Durch das Gesetz wegen Beseitigung der Doppelbesteuerung vom 13. Mai 1870 (B.-G.-Bl. S. 119) wird die Gemeindebesteuerung nicht berührt. Vergl. die Endurteile vom 11. Februar 1887 (Parey und Wiedemann, Rechtsgrundsätze, S. 27 Nr. 128 und 129), desgl. vom 13. September 1887 (Entsch. Band XV S. 98 ff.).

2) Die Auffassung, daß die Steuerberechtigung der Gemeinde nur ein vom Staate der Gemeinde abgetretenes Stück des staatlichen Steuerrechtes sei, kann als zutreffend nicht ohne Weiteres angesehen werden. Aber, wenn dies auch der Fall wäre, so würde die Anwendbarkeit des Gesetzes auf Gemeindesteuern ausgeschlossen erscheinen.

3) Wäre die Besteuerung des ausländischen Einkommens von Seiten der Gemeinde unbedingt verboten, so würde die Bestimmung im § 9 Abs. 2 des Kommunal-Abgabengesetzes vom 27. Juli 1885, wonach die Wohnsitzgemeinde unter allen Umständen ein Viertel des Gesammt-Einkommens für sich zur Besteuerung in Anspruch nehmen kann, gegenüber dem ausländischen Einkommen das Bundes- (Reichs-) Gesetz verletzen.

4) Der § 9 des Gesetzes vom 27. Juli 1885 beschränkt seine Anwendbarkeit auf die Einschätzung derjenigen physischen Personen, welche als Forensen in einer preußischen Gemeinde besteuert werden können.

5) Der Richter erscheint selbst gegenüber einer erkennbaren Absicht des Gesetzgebers nicht berechtigt, das Gesetz in einem weiteren Umfange, als dieser durch den klaren Wortlaut abgegrenzt ist, für anwendbar zu erklären.

6) Wenn der § 9 des Gesetzes vom 27. Juli 1885 bestimmt, daß bei der Einkommenbesteuerung der Forensen (§ 1 Abs. 3 a. a. O.) in ihren Wohnsitzgemeinden der aus außerhalb des Gemeindebezirks stattfindenden Gewerbe- u. s. w. Betriebe fließende Teil des Gesammt-Einkommens außer Berechnung zu lassen sei, so steht diese Bestimmung denjenigen preußischen Gewerbtreibenden, deren Betrieb nur im Auslande stattfindet, nicht zur Seite. Andererseits bleiben ältere, eine Doppelbesteuerung verhindernde Vorschriften unberührt. Dahin gehören: § 49 der rheinischen Städte-Ordnung vom 15. Mai 1856 (G.-S. S. 406) und § 69 des Gemeinde-Verfassungsgesetzes für Frankfurt a. M. vom 25. März 1867 (G.-S. S. 401).

Nr. 93. Endurteil des II. Senats vom 19. Oktober 1888 (Entsch. Band XVII S. 153).

1) Es entstand Streit über die Frage, ob bei einer Veränderung der Höhe des Grundkapitals einer Aktiengesellschaft (in diesem Falle einer Straßenbahn-Aktiengesellschaft) im Laufe der drei Jahre vor dem Steuerjahre die Berechnung des Steuerobjektes nach dem dreijährigen Durchschnitte zulässig oder unter gewissen Voraussetzungen und Umständen ausgeschlossen erscheint. Entscheidend ist nicht allein die Thatsache der Veränderung, sondern der in jedem Falle zu prüfende Einfluß, welchen die Erhöhung oder Herabsetzung des Grundkapitals auf die Gestaltung des Betriebes ausübt. Im vorliegenden Falle wurde die Frage, ob, der Regel des § 30 des Einkommensteuergesetzes vom 1. Mai 1851 entsprechend, in der That mit dem Durchschnittssatze der letzten drei Jahre zu rechnen sei oder lediglich mit dem Gewinne des letzten Geschäftsjahres mit Rücksicht auf die vorgenommene Reduktion des Aktienkapitals von 750 000 M. auf 250 000 M. zu Gunsten der Aktiengesellschaft entschieden.

2) Durch die Verminderung des Aktienkapitals waren die durch dasselbe in Höhe von 750 000 bedingten Abschreibungen nicht mehr notwendig, vielmehr wurden solche nur in erheblich geringerem Maße vorgenommen, so daß es unstatthaft erschien, den so erzielten Reingewinn gegen die durch jene höheren Abschreibungen herbeigeführten Verluste aufzunehmen.

3) Die Vorschrift jenes § 30 hat zur Voraussetzung, daß der Charakter und der Umfang des Geschäftes in den beiden der Vergangenheit und der Zukunft angehörigen Zeitabschnitten nicht wesentlich ungleichartige sind, wie z. B. bei einem Bankgeschäft, bei welchem das Betriebskapital im letzten Jahre eine Verdoppelung erfahren hatte. (Vergl. Endurteil vom 30. November 1885 — Entsch. Band XII S. 99. —)

4) Bei einem Bankgeschäfte ist das die Betriebsergebnisse ermöglichende und bedingende Kapital zweifellos in dem für den Umlauf bestimmten und verfügbaren Fonds zu erblicken, dasselbe wird aber bei einem Straßenbahn-Unternehmen nicht schon durch das gezeichnete und eingezahlte Aktienkapital, sondern zum wesentlichen Teil durch den Bestand der für den Betrieb erforderlichen, beschafften und genutzten Immobilien, Mobilien und Moventien dargestellt.

Nr. 94. Endurteil des II. Senats vom 15. Februar 1889 (Entsch. Band XVII S. 157)

1) Als Volksschulen im Sinne des § 4 der Städte-Ordnung vom 30. Mai 1853 sind nur solche Schulen anzusehen, zu deren Errichtung und Unterhaltung für die Schulgemeinden, Schulverbände, bürgerlichen Gemeinden u. s. w. eine allgemeine, durch die Schulaufsichtsbehörde erzwingbare, gesetzliche Verpflichtung vorhanden ist und deren Benutzung zugleich den Eltern oder deren Stellvertretern, sofern sie nicht anderweit für die Erteilung von Unterricht an ihre Pflegebefohlenen sorgen, als eine gesetzliche Pflicht obliegt. (§ 43 Tit. 12 Teil II. A. L.-R's., Artikel 21 Abs 2 der Verfassung vom 31. Januar 1850.)

Sobald es an einem, insbesondere aber an dem letztgedachten dieser Kriterien fehlt, haben die an der Anstalt angestellten Lehrer auf vollständige Freiheit von der Gemeinde-Einkommensteuer keinen Anspruch.

2) Im vorliegenden Falle handelte es sich um die Vorschule eines städtischen Realgymnasiums, deren Besuch kein obligatorischer ist, sondern von dem Belieben der Eltern abhängt. Dies ist ausreichend, um der Schule den Charakter einer solchen, welche der „allgemeinen Schulpflicht“ dient und deren Lehrerpersonal allein auf die streitige Vergünstigung Anspruch hat, zu versagen, so daß es auf die weiteren thatsächlichen Annahmen, es bilde die Schule, indem sie die Vorbildung für eine höhere Anstalt bezwecke, zugleich mit dieser ein organisches Ganzes, nicht ankommt.

Nr. 95. Endurteil des II. Senats vom 22. März 1889 (Entsch. Bd. XVII. S. 162).

1) Wenn die westfälische Städte-Ordnung vom 19. März 1856 im § 4 Abs. 12 die „Elementarschullehrer“ von den direkten persönlichen Gemeindeabgaben befreit, so sind unter diesem Ausdrucke nur die an eigentlichen Volksschulen beschäftigten Lehrer zu verstehen. Zu den Volksschulen in diesem Sinne gehören aber ausschließlich solche Schulen, zu deren Errichtung und Unterhaltung einerseits die Schulgemeinde, Schulverbände, bürgerlichen Gemeinden u. s. w. durch die Schulaufsichtsbehörde angehalten werden können und deren Benutzung andererseits den Eltern und deren Stellvertreter, soweit sie nicht anderweit für den Unterricht ihrer Pfleglinge sorgen, als eine gesetzliche Pflicht obliegt.

2) Ob eine bestimmte Schule den vorstehend gekennzeichneten Charakter an sich trägt, ist überwiegend eine nach den thatsächlichen Verhältnissen des einzelnen Falles zu beantwortende Frage. Eine Schule, an deren Spitze ein Rektor steht und welche eine organische Verbindung von vier Mittelschulklassen mit fünf Elementarklassen darstellt, kann in ihrer Gesamtheit als ein Ganzes betrachtet, als eine eigentliche Volksschule nicht angesehen werden, zumal die mit der Anstalt verbundene zweiklassige Selekta für Knaben und eine eben solche für Mädchen über die Ziele einer Volksschule erheblich hinausgehen.

3) Nicht zutreffend ist die Annahme, daß eine Schule, wenn sie nicht „neben einer Volksschule“ besteht, nach den allgemeinen Bestimmungen vom 15. Oktober 1872 auch nicht als Mittelschule angesehen werden dürfe und folglich eine Volksschule sein müsse, denn die von der Schulverwaltung angewendeten Bezeichnungen sind auf dem steuerlichen Gebiete nicht unbedingt maßgebend.

Nr. 96. Endurteil des II. Senats vom 19. Februar 1889 (Entsch Bd. XVII. S. 164).

1) Wenn Beiträge der an eine neue Straße (im Sinne des Gesetzes vom 2. Juli 1875) angrenzenden Eigentümer zu den Kosten der Freilegung d. h. der Grunderwerbskosten eingefordert werden sollen, so darf diese Einforderung keine provisorische sein, sie darf also nicht erfolgen unter dem Vorbehalt späterer anderweiter Normierung (Feststellung), sondern erst nach endgültiger Feststellung der Höhe des Beitrages.

2) Jene Beiträge sind als Kommunallasten anzusehen. Eine Veranlagung zu Gemeindesteuern mit dem Vorbehalte, daß der Betrag der Steuer demnächst anderweit berechnet werden solle, giebt es nicht, ebensowenig kann in dem Streite über die Heranziehung zu den Gemeindesteuern eine Entscheidung ergehen, welche zwar den Zensiten für zahlungspflichtig erklärt, aber den Betrag der Abgabe ungewiß läßt und seine endgültige Feststellung von erst künftig eintretenden Ereignissen oder Rechtsakten abhängig macht.

3) Unentbehrliche Vorbedingung für die Ausschreibung einer Steuer ist, daß den Pflichtigen der Betrag der Steuer bekannt gemacht werde.

Vergl. hierzu die Entscheidungen vom 15. Januar 1887 (Entsch. Bd. XIV S. 191) und vom 1. November 1887 (Entsch. Band XV S. 156).

Nr. 97. Endurteil des II. Senats vom 5. Oktober 1888 (Entsch. Band XVII. S. 172).

1) Die Straßenherstellungskosten, welche auf Grund von Ortsstatuten in Gemäßheit der §§ 12 und 15 des Gesetzes vom 2. Juli 1875 (G.=S. S. 561) von den angrenzenden Hausbesitzern erhoben werden, sind Gemeindelasten.

2) Wenn ein bisheriger Feld= oder Kommunikationsweg in eine städtische Straße umgewandelt wird, so haften die angrenzenden Eigentümer nur für die für diesen speziellen Zweck von der Gemeinde aufgewendeten Kosten, nicht aber auch für frühere Instandsetzungskosten des ehemaligen Feld= oder Kommunikationsweges.

3) Zu den Kosten der auf Grund eines Bebauungsplanes hergestellten städtischen Straßen können durch Ortsstatut nur die Eigentümer der zu dem Stadtbezirke gehörigen Grundstücke mit Beiträgen herangezogen werden. Siehe unten Nr. 8.

4) Bauten, welche zu einer Zeit errichtet sind, als eine neue Straße bereits in der Anlage begriffen war, fallen schon unter das Ortsstatut, die vor Erlaß des Ortsstatutes errichteten Gebäude kommen nicht in Betracht. Die Beitragspflicht der angrenzenden Eigentümer entsteht dann nicht, wenn die Straße erst nach Errichtung der Gebäude angelegt wird.

5) Die Kosten, zu deren Ersatz die Anlieger herangezogen werden sollen, müssen für die Anlegung der Straße aufgewendet sein. Nur solche Kosten können in Betracht kommen, welche erst, nachdem zur Anlegung der Straße geschritten ist, erwachsen sind, welche dazu gedient haben, um die städtische Straße als solche herzustellen. Das Gesetz bezieht sich eben nur auf die Anlegung von Straßen; in Folge dessen fallen alle Aufwendungen, welche für andere Wege gemacht werden, völlig aus dem Rahmen des Gesetzes heraus. Wer dieselben zu tragen hat, richtet sich nach den sonstigen für die Wegebaupflicht geltenden Bestimmungen. Der § 15 a. a. O. regelt diese Angelegenheit nicht, er greift erst Platz, wenn es sich um die Kosten für die Anlegung der Straße handelt.

6) Ausgaben, welche früher für einen einfachen Feldweg oder eine Landstraße geleistet sind, können wohl bei einer späteren Umwandlung der betreffenden Strecke in eine städtische Straße die zur Herstellung der letzteren erforderlichen Aufwendungen teilweise entbehrlich machen, auch kann vielleicht die bisherige Wegeanlage selbst oder wenigstens das dazu verwendete Material bei dem Ausbau der Straße benutzt werden, allein die etwa hierdurch herbeigeführte Verringerung der Kosten für die Straßenanlage kann die Gemeinde nicht berechtigen, jene früheren Ausgaben als Aufwendungen zur Anlegung der Straße zu behandeln.

7) Die „Anlage“ einer städtischen Straße beginnt erst mit dem Zeitpunkte eines hierauf gerichteten Beschlusses der städtischen Behörden, mit der Aufstellung des Bebauungsplanes und der Festsetzung der Fluchtlinien. Die Errichtung von einer verhältnismäßig geringfügigen Anzahl von Gebäuden an einem Wege reicht nicht aus, um einem Kommunikationswege den Charakter einer städtischen Straße aufzuprägen.

8) Ein auf Grund der §§ 12 und 15 des Gesetzes vom 2. Juli 1875 errichtetes Ortsstatut kann die Eigentümer von Grundstücken, welche zu dem Stadtbezirke nicht gehören, auch nicht verpflichten, Beiträge zu den Kosten für

Anlegung von Straßen im Stadtbezirke zu leisten. Ortsstatutarische Anordnungen (§ 11 der Städte-Ordnung vom 30. Mai 1853) regeln Rechte und Pflichten für „die Mitglieder" der Stadtgemeinde; unter diese Mitglieder fallen aber an sich nicht die Eigentümer von außerhalb des Stadtbezirkes belegenen Grundstücken.

9) Das Gesetz vom 2. Juli 1875 will den Gemeinden eine Erleichterung gewähren, indem es ihnen die Abwälzung der Straßen-Anlegungskosten auf die angrenzenden Eigentümer freistellt. Die Gemeinden werden damit ermächtigt, diese Kosten auf andere Weise, als die sonstigen Gemeindebedürfnisse, aufbringen zu lassen; die Straßenbaukosten sind aber an sich Gemeindelasten und bleiben dies auch dann, wenn sie gemäß § 15 denjenigen Gemeindegliedern auferlegt werden, welche einen besonderen Vorteil von der Straßenabgabe haben. Damit ist von selbst der Grundsatz gegeben, daß die Grundstücke, deren Eigentümer beitragspflichtig gemacht werden sollen, Teile des Gemeindebezirkes sein müssen. Denn die Heranziehung zu einer Gemeindelast, welche auf die Gemeindeglieder oder einzelne Klassen derselben verteilt werden soll, setzt immer eine persönliche oder dingliche Verbindung mit dem Gemeindebezirk voraus, und die hier notwendige dingliche Verbindung kann nur durch Zugehörigkeit des Grundstückes zum Gemeindebezirke hergestellt werden.

Nr. 98. Endurteil des II. Senats vom 16. November 1888 (Entsch. Bd. XVII. S. 181).

1) Nach § 1 des Berliner Ortsstatuts vom 19. März 1877 (mitgetheilt im Anhange zu Friedrichs Kommentar zu dem Gesetze vom 2. Juli 1875, Ausgabe von 1889) beschränkt sich bei der seitens der Stadtgemeinde erfolgenden Anlage einer neuen Straße die Verpflichtung der angrenzenden Grundeigentümer darauf, der Stadtgemeinde diejenigen Kosten zu „erstatten", welche ihr für die Freilegung, erste Einrichtung, Pflasterung und Entwässerung der Straße erwachsen. Danach erscheint es rechtlich unmöglich, daß eine Forderung gegen die Anlieger früher entstehe, als der Gemeinde selbst Kosten erwachsen sind.

2) Enthält die von der Gemeinde geforderte Summe auch den Anteil an denjenigen Kosten, welche die Gemeinde für den Grunderwerb hat aufwenden müssen, so muß nachgewiesen werden, daß die Gemeinde auch dergleichen Kosten verausgabt hat.

3) Wenn ein Eckhaus die eine Vorderseite einer Straße zukehrt, so wird dasselbe dadurch allein zu einem an dieser Straße belegenen Wohnhause. Der „Ausgang" ist nur für den Thatbestand des § 12, nicht für den des § 15 des Gesetzes vom 2. Juli 1875 wesentlich.

4) Der Beginn eines Baues vor erteilter Bauerlaubnis (Baukonsens) ist eine unerlaubte Handlung und kann nicht die Wirkung haben, dem Hauseigentümer Vorteile zu verschaffen, auf welche er ohnehin keinen Anspruch hat.

5) In vorliegendem Falle war das 1879 errichtete Gebäude bis 1887 in den Besitz eines Dritten übergegangen und zwar im Wege der notwendigen Subhastation. Von dem letzten Erwerber forderte der Magistrat 1887 einen Beitrag zu den Straßenanlegungkosten. Dies hatte der Bezirksausschuß für unzulässig erachtet und sich dabei auf ein Erkenntnis des Reichsgerichts vom 11. Juli 1881 berufen. Dies bezeichnete das O.-V.-G. nicht als zutreffend, denn jenes Erkenntnis handle lediglich von einem „Rückstande" einer zur Hebung gestellten Abgabe, während die streitige Forderung 1879 nicht zur Hebung gestellt war und deshalb auch nicht als „Rückstand betrachtet werden konnte.

6) Abgaben können von der steuerberechtigten Gemeinde immer nur zu einem bestimmten Betrage ausgeschrieben werden, eine Abgabe aber, deren

Entrichtung von dem Pflichtigen noch nicht verlangt werden durfte, war auch nicht im Subhastationstermine anzumelden.

7) Steuern werden erst dann fällig, wenn sie zur Hebung gestellt sind und können als rückständig erst dann behandelt werden, wenn die Zahlung verlangt aber nicht erfolgt ist (§ 8 des Gesetzes vom 18. Juni 1840 — G.-S. S. 140 —).

8) Die Gemeinde kann rechtlich nicht genötigt werden, den ihr gegen einen Straßenanlieger zustehenden Anspruch zu spalten und jedesmal, sofern die Feststellung eines Teiles möglich ist, denselben vorab zur Hebung zu stellen. Sie kann also auch eine Teilforderung bei der Subhastation anmelden.

9) Wenn die Gemeinde die Anlegung einer neuen Straße, deren Kosten von den Anliegern zu ersetzen sind, beschlossen hat, so handelt es sich bei den zur Ausführung erforderlichen Maßregeln nicht etwa um eine „Geschäftsführung" für die Anlieger, sondern lediglich um die Verwaltung einer städtischen Angelegenheit, welche von den Gemeindeorganen nach deren pflichtmäßigem Ermessen zu erledigen ist. Ob also über die für den Grunderwerb zu zahlende Entschädigung ein Prozeß geführt werden soll, hängt von der Entschließung der Gemeindeorgane ab, und die dadurch entstehenden Kosten gehören in gleicher Weise, wie alle sonstigen mit der Anlage verbundenen Aufwendungen zu den erstattungspflichtigen Gesamtkosten.

Nr. 99. Endurteil des II. Senats vom 4. Januar 1889 (Entsch. Band XVII S. 187).

1) Wenn die Bestimmung im Artikel 5 II § 7 des Zoll-Vereins-Vertrages vom 8. Juli 1867, nach welchem die Erhebung (Einführung) einer Abgabe von Branntwein für Rechnung der Kommune zugelassen werden kann, durch ein Ortsstatut verletzt ist, so ermangelt das letztere der rechtlichen Gültigkeit nach Artikel 40 der Reichsverfassung.

2) Die Gültigkeit einer durch Ortsstatut eingeführten Branntweinabgabe ist in erster Linie dadurch bedingt, daß die Erhebung einer Abgabe von Branntwein für Rechnung der Stadtgemeinde entweder bereits stattfand oder nach der bestehenden Gesetzgebung nicht versagt werden kann.

3) Eine früher einmal von dem Branntwein erhobene Accise ist nicht gleichbedeutend mit einer später zur Hebung gelangenden Konsumtionsabgabe von Branntwein, auch steht es nicht in dem Belieben der Gemeinde, die Erhebung der Abgabe außer Kraft zu setzen, dieselbe aber demnächst wieder in Wirksamkeit treten zu lassen.

4) Für die zweite Voraussetzung, d. h. daß die Einführung der Abgabe „nach der bestehenden Gesetzgebung nicht versagt werden konnte", war in diesem Falle der § 119 der revidierten hannoverschen Städte-Ordnung vom 24. Juni 1858 (G.-S. S. 141) maßgebend. Danach ist der vorstehend hervorgehobene Satz dahin zu verstehen: „soweit die Erhebung einer Abgabe von Branntwein nach der bestehenden Gesetzgebung zugelassen werden muß", d. h. soweit die bestehende Gesetzgebung dem Staate die rechtliche Möglichkeit zur Verhinderung der Abgabe nicht bietet.

5) Nach der Absicht des Zollvertrages sollte die Neueinführung einer Branntweinabgabe, soweit thunlich vermieden werden. Die Einzelstaaten zu einer Aenderung ihrer Gesetzgebung zu nötigen, hielt man nicht für angemessen, nur wollte man durch das Gesetz selbst feste Grenzen ziehen, darüber hinaus aber den Gemeinden keine Ansprüche zugestehen, vielmehr ist die Absicht die, überall da, wo die bestehende Gesetzgebung eine Versagung der Neueinführung zuläßt, hiervon auch Gebrauch zu machen. Hiermit stimmt überein der Ministerial-

Erlaß vom 6. Dezember 1868 (Min.-Bl. d. i. V. 1869, S. 15) und der § 73 der Kurhessischen Gemeinde-Ordnung vom 23. Oktober 1834, vergl. auch den § 16 Abs. 3 des Zuständigkeitsgesetzes vom 1. August 1883.

Nr. 100. Endurteil des II. Senats vom 28. September 1888 (Entsch. Bd. XVII S. 198).

1) Die Mitglieder der Gendarmerie (berittene und Fußgendarme) gehören zwar zu den Militairpersonen des aktiven Dienststandes, aber nicht zu den servisberechtigten Militairs (§ 10 des Gesetzes vom 30. Dezember 1820 — G.-S. 1821 S. 1 —, § 12 der V. vom 23. Mai 1867 — G.-S. S. 777 —). Damit sind die Verhältnisse in den neuen Landesteilen (V. vom 23. September 1867 — G.-S. S. 1648 —) denjenigen in den alten Provinzen (Gesetz vom 11. Juli 1822 — G.-S. S. 184 —) gleichgestellt, und die Gendarmen haben überall keinen Anspruch auf vollständige Freilassung ihres Diensteinkommens von den direkten Beiträgen zu den städtischen Gemeindelasten.

2) Der § 10e des Gesetzes vom 11. Juli 1822 ist durch den § 4 der Städte-Ordnung vom 30. Mai 1853 nicht aufgehoben (Min.-Erlaß vom 30. November 1855 — Min.-Bl. d. i. V. 1856, S. 3 —). Die preußische Landgendarmerie steht mit dem Reichsheere und deshalb mit dem stehenden Heere im heutigen Sinne nicht in einem solchen Zusammenhange, wie ihn der § 10e im Auge hat (§§ 1 ff. des Reichs-Militair-Gesetzes vom 2. Mai 1874 — R.-G.-Bl. S. 45 —). Die Gendarmen sind nicht „in Reihe und Glied" des Heeres befindlich, sie gehören zwar zu der „bewaffneten Macht" und zum Soldatenstande, aber sie sind den Führern der Armee nicht unterstellt, sondern sie stehen den Sicherheitsbehörden (von Militair und Zivil) zur Verfügung (Verordnung vom 30. Dezember 1820).

Nr. 101. Endurteil des II. Senats vom 1. März 1889 (Entsch. Bd. XVII S. 296).

1) Die Eigenschaft der Gendarmerie als eines „selbständigen" Korps und die Art der Anstellung und Pensionierung der ihnen angehörigen Offiziere (in diesem Falle handelte es sich um einen Gendarmerie-Hauptmann) spricht sicher nicht dafür, daß diese Offiziere beim stehenden Heere oder den Landwehrstämmen „in Reihe und Glied" befindlich sind und ebensowenig ist dafür die etwaige Verwendung von Gendarmerie-Detachements im Falle der Mobilmachung der Armee entscheidend, vielmehr kommt insoweit lediglich die Organisation der Armee einerseits und der Gendarmerie anderseits, sowie das etwa erkennbare Verhältnis beider in Betracht.

2) Die Stellung der Zivilbehörden hat nur Bezug auf die Mannschaften des Gendarmeriekorps, dagegen sind die Subordinationsverhältnisse der Offiziere in anderer Weise geordnet (§§ 18 ff. der V. vom 30. Dezember 1820), im Uebrigen wird aber ein Unterschied zwischen Mannschaften und Offizieren der Gendarmerie nicht gemacht.

Nr. 102. Endurteil des II. Senats vom 4. Januar 1889 (Entsch. Band XVII. S. 218). (Vergl. das Endurteil des I. Senats vom 1. Mai 1889 — Entsch. Band XXIII. S. 24. —)

1) Das charakteristische Merkmal eigentlicher Gemeindesteuern ist, daß dieselben bestimmt sind zur Bestreitung der allgemeinen wirtschaftlichen Bedürfnisse der Gemeinde ohne Rücksicht auf eine besondere Gegenleistung. Im vorliegenden Falle handelt es sich um eine städtische Kommunalabgabe, welche erhoben wurde für die Errichtung von Grabdenkmälern auf einen nicht kommunalen Kirchhofe. Es fehlte hier also das obige Merkmal, die Abgabe stellte sich also als eine Auflage dar, welche für die Benutzung einer öffentlichen Einrichtung und zwar als Entgelt bezüglich des durch diese Benutzung entstehenden Vorteils und als

Entschädigung hinsichtlich der dem Hebungsberechtigten entstandenen Ausgabe entrichtet werden soll. Sie gehört demnach zu der Klasse der Gebühren oder Gefälle und ist eine der Stadtgemeinde zustehende, des öffentlichen Charakters nicht ermangelnde Gebühr, welcher diese Eigenschaft auch nicht deshalb vorenthalten werden kann, weil die Anstalt, um deren Benutzung es sich handelt, nicht ein Unternehmen der zu deren Unterhaltung mitbeitragenden hebungsberechtigten Stadtgemeinde, sondern eine Einrichtung der Kirchengemeinde ist (die Stadtgemeinde hatte zur Vergrößerung des Kirchhofes Grundstücke angeschafft und der Kirchengemeinde überlassen).

2) Immerhin gehört aber doch diese „Gebühr" ebenso wie eine Gemeindesteuer zu den im § 18 Nr. 2 des Zuständigkeitsgesetzes vom 1. August 1883 bezeichneten Gemeindelasten, und hinsichtlich derselben muß der § 7 (§ 14) des Gesetzes vom 18. Juni 1840 (G.-S. S. 140) Platz greifen.

3) Die Forderung der Grabdenkmalsgebühr mußte in diesem Falle, weil eine Strafe für die Nichtentrichtung derselben nicht gesetzt war, binnen einem Jahre, von der Errichtung an, geltend gemacht werden, anderen Falles erschien nach § 10 des Gesetzes vom 18. Juni 1840 die Forderung als verjährt.

Nr. 103. Endurteil des II. Senats vom 8. Februar 1889 (Entsch. Band XVII S. 217).

1) Unter „Währschaftsgeld" versteht man eine von der Stadtgemeinde Frankfurt a. M. beanspruchte, sich an die Veräußerung von Immobilien knüpfende Abgabe.

Eine solche Abgabe hatte eine Aktiengesellschaft bezahlen müssen, sie forderte aber den Betrag demnächst zurück, weil die Abgabe, als ihre Einforderung erfolgte, in Gemäßheit des § 2 des Gesetzes vom 18. Juni 1840 bereits verjährt gewesen sei.

2) Das Klagfundament der erlöschenden Verjährung konnte nur in dem durch § 18 des Zuständigkeitsgesetzes vom 1. August 1883 geordneten Verfahren und folglich nur mittels einer Klage geltend gemacht werden, welche innerhalb zwei Wochen nach Zustellung desjenigen Bescheides angebracht worden, der auf den sich gegen die Heranziehung richtenden Einspruch ergangen war. Seit dem Inkrafttreten jenes Zuständigkeitsgesetzes sind die Verwaltungsgerichte zuständig, in dem für sie maßgebenden Verfahren über eine Klage auf Rückerstattung angeblich verjährter aber gleichwohl bezahlter städtischer Gemeindeabgaben zu befinden und die erhobene Klage abzuweisen, wenn sie nicht innerhalb zwei Wochen nach Zustellung desjenigen Bescheides angebracht wird, welcher den Einspruch gegen die Heranziehung ablehnt.

3) Die Frage, ob die bestehende Zuständigkeit der Verwaltungsgerichte eine ausschließliche und damit ihre Entscheidung eine endgültige ist, hat durch den § 160 des Zuständigkeitsgesetzes ihre Lösung finden sollen und gefunden. Es kam bei der Entstehung jenes § 160 nur darauf an, in Hinblick auf § 13 des deutschen Gerichtsverfassungsgesetzes vom 27. Januar 1877 die ausschließliche Zuständigkeit der Verwaltungsgerichte auch für diejenigen Fälle außer Frage zu stellen, in denen gewisse Streitpunkte nach der bisherigen Gesetzgebung speziell dem Rechtswege vorbehalten waren, wobei insbesondere auch der § 9 des Gesetzes vom 24. Mai 1861 in Betracht kam. Dadurch ist das in diesem § 9 behandelte Klagerecht vollständig beseitigt.

4) Außerhalb des durch § 18 des Zuständigkeitsgesetzes geregelten Verfahrens fehlt es zur Zeit an der rechtlichen Möglichkeit, im Wege der Klage die Rückerstattung einer bezahlten, angeblich verjährten Abgabe vor den Verwaltungsgerichten zur Geltung zu bringen.

5) Selbst wenn im vorliegenden Falle dem Erfordernisse eines Einspruches und eines Bescheides genügt ist, so kann dadurch doch ein bereits erloschenes Klagerecht nicht von Neuem zur Entstehung gebracht werden.

[Nachsatz des Verfassers: Ein Zustand der Schutzlosigkeit ergiebt sich aus dieser Rechtsdeduktion keineswegs, denn dem Betroffenen bleibt immer noch die Möglichkeit, den Beistand der Aufsichtsinstanzen auf Grund des § 50 Abs. 3 des Landesverwaltungsgesetzes vom 30. Juli 1883 anzurufen.]

Nr. 104. Endurteil des II. Senats vom 26. April 1889 (Entsch. Bd. XVIII S. 66).

1) Wenn eine Lebens-Versicherungs-Aktien-Gesellschaft nach ihren Statuten und den darauf abgeschlossenen Versicherungsverträgen verpflichtet ist, an die Versicherten eine gewisse Quote des Reingewinnes (Dividende) herauszuzahlen, so nimmt die Gesellschaft bei ihrer Veranlagung zur städtischen Gemeinde-Einkommensteuer mit Recht für jene Beträge die Steuerfreiheit in Anspruch.

2) Wenn bei einer offenen Handelsgesellschaft vertragsmäßig die Geschäftsleitung nur einem Teilhaber, jedem aber ein Kopfteil vom Reingewinn gebührt, so hat jeder nur seinen Anteil und keiner die Gewinnquote des anderen zu versteuern, und wenn sich Jemand an dem Betriebe des Handelsgewerbes eines anderen mit einer Vermögenseinlage gegen Anteil am Gewinne und Verlust beteiligt (Artikel 250 des Handelsgesetzbuches vom 24. Juni 1861), so bleibt derjenige Gewinnanteil, auf welchem diesem Dritten ein Rechtsanspruch zusteht, auch wenn man dem Dritten der Unsicherheit seines Anspruchs halber die Eigenschaft eines Gläubigers versagen wollte, dann steuerfrei, wenn es sich um die Besteuerung des Empfängers der Einlage handelt; für diesen ergiebt sich als Steuerobjekt das Gesammt-Reineinkommen erst nach Abzug des Gewinnanteiles jenes Dritten.

3) Es besteht auf diese Weise zwischen der Gesellschaft und den Versicherten ein sozietätsähnliches Verhältnis.

Nr. 105. Endurteil des II. Senats vom 21. Juni 1889 (Entsch. Bd. XVIII S. 70).

Diese Entscheidung betrifft denselben Gegenstand wie die vorhergehende.

Nr. 106. Endurteil des II. Senats vom 7. Mai 1889 (Entsch. Bd. XVIII S. 73).

1) In einer Stadt bestand eine Molkereigenossenschaft. Mitglied derselben war ein außerhalb der Stadt auf seinem Gute wohnender Besitzer. Derselbe wurde in dieser Eigenschaft seitens des Magistrats nach einem fingierten, seinem Anteile an dem Genossenschaftseinkommen entsprechenden Steuersatze zur städtischen Einkommensteuer herangezogen, jedoch auf entsprechende Klage für nicht steuerpflichtig erachtet. Die Genossenschaft war eine eingetragene und beschränkte sich in ihrem Betriebe auf den Mitgliederkreis.

2) Die Genossenschaften müssen mit den Aktiengesellschaften zu denjenigen Erwerbsgesellschaften gezählt werden, bei denen das Gewerbe — vorausgesetzt, daß der Geschäftsbetrieb der Genossenschaft im Gewerbebetriebe besteht — nicht durch die einzelnen Teilnehmer, sondern durch die Gesellschaft selbst betrieben wird.

3) Wenn die nur mit einer Vermögenseinlage beteiligten Mitglieder einer Kommanditgesellschaft für gemeindeeinkommensteuerpflichtig erklärt sind, so ist zu beachten, daß die Mitteilhaber des Handelsgeschäftes und des Handelsnamens ebenso, wie die Mitglieder einer offenen Handelsgesellschaft, für die Besteuerung seitens der Kreise durch den § 14 der Kreisordnung den Forensen gleichgestellt worden sind und daß eine Wiederholung dieser Bestimmung in dem Kommunalabgabengesetze vom 27. Juli 1885 nur deshalb unterblieben ist, weil eine solche

selbstverständlich und überflüssig erschien. Die hieraus folgende Steuerpflicht der genannten Personen darf hinsichtlich anderer Kategorien von Gesellschaftern, deren bei den bezüglichen legislatorischen Vorgängen nicht in der bezeichneten Art gedacht ist, keineswegs verwertet werden.

Nr. 107. Endurteil des II. Senats vom 22. März 1889 (Entsch. Bd. XVIII S. 80).

1) Den Vorschriften des Gesetzes vom 27. Juli 1885 gegenüber entbehrt der Artikel 14 des Preußisch-Oldenburgischen Staatsvertrages wegen Ausführung einer Eisenbahn von Leer nach Oldenburg vom 17. Januar 1867 (G.-S. S. 441), selbst wenn durch denselben eine Steuerfreiheit einer Eisenbahnstation zugestanden sein sollte, der Bedeutung.

2) Nach §§ 1 und 4 des Gesetzes vom 27. Juli 1885 war in diesem Falle der Oldenburgische Staat als eine juristische Person anzusehen, welche in Preußen eine Privateisenbahnunternehmung — im Gegensatz zu der einen, im § 5 a. a. O. bezeichneten Eisenbahnunternehmung des Preußischen Staatsfiskus — betreibt.

3) Falls mehrere Eisenbahnverwaltungen auf dem nämlichen Bahnhofe Transportgeschäfte abschließen, so hat jede derselben eine „Station" an dem betreffenden Orte, auch dann, wenn eine der Verwaltungen keinen eigenen Beamten auf dem Bahnhofe anstellt, sondern für Ausführung des Stations- und Expeditionsdienstes an die andere Verwaltung, deren Beamte den gedachten Dienst auch für sie besorgen, eine Pauschalvergütigung zahlt.

4) Das Reichsgesetz wegen Beseitigung der Doppelbesteuerung vom 13. Mai 1870 (B.-G.-Bl. S. 119) handelt nur von der Heranziehung zu den direkten Staatssteuern seitens der Bundesstaaten, die Ausdehnung derselben auf die Gemeindebesteuerung ist unzulässig. Siehe Endurteil vom 13. September 1887 (Entsch. Bd. XV S. 98).

Nr. 108. Endurteil des II. Senats vom 5. November 1889 (Entsch. Bd. XVIII S. 86).

1) In einem Endurteil vom 9. September 1887 (Parey und Wiedemann, Rechtsgrundsätze S. 36 Nr. 169) ist der Grundsatz ausgesprochen:

> „Das Kommunalsteuergesetz vom 27. Juli 1885 findet auf Gemeindebezirke nicht aber auf Gutsbezirke Anwendung. Bei Verteilung des Einkommens einer in mehreren Gemeinde- und Gutsbezirken Bergbau treibenden Gesellschaft nach dem Verhältnis der Ausgaben an Löhnen und Gehältern sind bei Ermittelung des Gesamtbetrages dieser Ausgaben die in den Gutsbezirken gezahlten Löhne nicht in Berechnung zu ziehen."

In dem nunmehr vorliegenden Falle handelte es sich hinsichtlich der Teilnahme an den städtischen Gemeindelasten um das Einkommen des Staates aus Eisenbahnbetrieb, welcher sich über mehrere Gemeinden und daneben über eine ganze Reihe mit Betriebsstätten, Stationen u. s. w. versehener inländischer Gutsbezirke erstreckte. Die auf diese Gutsbezirke entfallenden Gehälter und Löhne sollten nach der obigen Entscheidung außer Berechnung gelassen werden, wodurch der Erfolg eintritt, daß der gesamte Gewerbebetrieb der Gemeindebesteuerung unterworfen wird, zum Teil freilich zu Gunsten solcher Gemeinden, in denen das Reineinkommen nicht entstanden war; auch die den Ausgaben in den Gutsbezirken entsprechende Quote des Einkommens fiel den Gemeinden zu. Man war bei dieser Entscheidung von dem Satze ausgegangen, es sei unthunlich, in Auslegung des § 7 des Gesetzes vom 27. Juli 1885 die Gutsbezirke ohne Weiteres den „Gemeinden" völlig gleichzustellen und auf diesem Wege zu einer Berücksichtigung der dort erwachsenen Ausgaben zu gelangen.

Hieran wird auch jetzt festgehalten, weil der § 7 von Gutsbezirken überhaupt nicht handelt. Dagegen ist man jetzt zu der Ueberzeugung gelangt, daß die aus jenem Grundsatze gezogenen Folgerungen nicht aufrecht zu erhalten sind.

2) Selbständige Gutsbezirke und „kommunalfreie" *) Grundstücke stehen sich in Bezug auf Fälle der vorliegenden Art vollständig gleich. Einem Betriebe gegenüber, welcher sich über den Bezirk einer oder mehrerer Gemeinden hinaus zugleich örtlich auf selbständige Gutsbezirke oder kommunalfreie Grundstücke erstreckt, fällt bei jeder Unternehmung, nicht etwa nur beim Eisenbahnbetriebe, zufolge der ausdrücklichen Vorschrift des § 1 der „Gemeinde" oder der mehrerer Gemeinden zusammen nur der in ihr oder in ihnen dem Pflichtigen zufließende Teil des Gesamteinkommens zur Besteuerung zu.

3) Die zur Ermittelung der bezüglichen Quote unerläßliche Vorschrift ist in den für analoge **) Fälle gegebenen Bestimmungen der §§ 2 und 7 zu erblicken.

4) Ein für die Besteuerung erheblicher Betrieb ist nur da zu statuieren, wo sich die im § 2 a. a. O. näher angegebenen Voraussetzungen vorfinden, welche, wenn innerhalb der Gemeinde anzutreffen, zu Gunsten der letzteren eine Abgabenpflicht begründen. Hiernach bleibt zur Ermittelung des auf diese Stelle entfallenden Einkommenteiles nur der sich aus § 7b ergebende analog (!?) anzuwendende Teilungsmaßstab.

5) Deshalb sind bei einer Konkurrenz von Gemeinden und Gutsbezirken einmal die gesamten Ausgaben an Gehältern und Löhnen, die innerhalb und außerhalb der Gemeinden, und sodann die innerhalb der Gutsbezirke allein erwachsenden Gehälter und Löhne festzustellen; derjenige Bruchteil, welchen die letzteren von der Gesamtausgabe bilden, ist von dem Gesamtreineinkommen abzusetzen; der Rest und nur dieser verbleibt der Gemeinde oder den Gemeinden zur Besteuerung event. nach vorgängiger unter einander vorzunehmender Teilung in Gemäßheit des § 7 b a. a. O.

Nr. 109. Endurteil des II. Senats vom 2. April 1889 (Entsch. Band XVIII S. 92).

1) Eine Versicherungsgesellschaft, welche mit ihrem Sitze in S. zugleich in der Gemeinde Berlin einkommensteuerpflichtig war, hatte bei der Berechnung ihres in Berlin zu versteuernden Reineinkommens die gesamten Eingänge aus den von ihr abgeschlossenen Rückversicherungsverträgen der Bruttoeinnahme der Sitzgemeinde zugezählt. Der Gemeindevorstand hielt dies für unzulässig, allein der Bezirksausschuß war der Ansicht, die von den Rückversicherern gezahlten Summen wären als Einnahmen, und, da ein Zusammenhang derselben mit den in B. abgeschlossenen Geschäften nicht erhelle, zugleich als nur in der Sitzgemeinde zu berücksichtigende Teile der Bruttoeinnahme anzusehen und bestimmte demgemäß nach der von ihm aufgestellten, in ihrem Zahlenmaterial unstreitigen Verhältnisrechnung die zu zahlende städtische Gemeindeabgabe. Die hiergegen eingelegte Revision wurde verworfen.

2) Die Geldbeträge aus Rückversicherungsgeschäften gehen thatsächlich über in das Vermögen der Gesellschaft, sie haben also als „Einnahmen" zu gelten; sie bilden ein „gewerbliches Einkommen."

---

*) Der Ausdruck „kommunalfrei" ist nach dem Endurteile vom 26. März 1881 (Entsch. Band XII S. 177) als ungeeignet bezeichnet worden.

**) Ueber die Bedenken gegen die Anwendung des Grundsatzes der „Analogie" habe ich mich bereits ausgesprochen; vorkommenden Falles hat die Aufsichtsbehörde nach freiem Ermessen über die Ausfüllung von Lücken im Gesetz Bestimmung zu treffen. Der Verf.

3) Eine Einnahme hört deshalb nicht auf, eine solche zu sein, weil sie zur Deckung einer speziellen Ausgabe bestimmt ist, auch dann nicht, wenn ihr Eingang von vorn herein zu dem Zwecke sichergestellt ist, jene Ausgabe daraus zu bestreiten.

4) Die Einnahmen aus Rückversicherungen werden nicht schon durch den Gewerbebetrieb des Versicherers an sich, sondern erst dadurch „erzielt" (§ 7a des Gesetzes vom 27. Juli 1885), daß er Rückversicherungen nimmt und die bezüglichen Verträge abschließt.

Nr. 110. Endurteil des II. Senats vom 7. Dezember 1888 (Entsch. Band XVIII S. 96.)

1) Der § 11 des Gesetzes vom 27. Juli 1885 trifft im ersten Satze Bestimmung über die nicht aus Grundeigentum oder aus Pacht-, Gewerbe-, Eisenbahn- oder Bergbaubetrieb fließenden Einkommen solcher Personen, welche wegen eines mehrfachen Wohnsitzes oder eines den Zeitraum von drei Monaten übersteigenden Aufenthaltes in mehreren Gemeinden beizutragen verpflichtet sind und zwar dahin, daß sie in jeder dieser Gemeinden nur von einem der Zahl derselben entsprechenden Bruchteile ihres Einkommens herangezogen werden dürfen, wobei jedoch diejenigen Wohnsitzgemeinden, in welchen der Abgabenpflichtige beziehungsweise dessen Familie sich im Laufe des Jahres überhaupt nicht, oder kürzere Zeit als drei Monate aufgehalten haben, nicht mitgezählt werden.

2) Wenn Jemand in einem Orte innerhalb des Steuerjahres einen Aufenthalt von über drei Monaten gehabt hat, so hat er dort sein auswärtiges gewerbliches Einkommen nur dann und insoweit zu versteuern, als ihm diese Pflicht in dem Falle obläge, wenn er in dem betreffenden Steuerjahre Gemeindeeinwohner in jenem Orte gewesen wäre, wo an sich nichts von dem fraglichen Einkommen der Besteuerung unterliegt. [Etwas anders, als dieser sehr dunkle Satz läßt sich aus der Entscheidung nicht herauslesen; auch das Gesetz selbst ist so unklar, daß damit ein positives Resultat nicht festzustellen ist.]

Nr. 111. Endurteil des II. Senats vom 21. Mai 1889 (Entsch. Band XVIII S. 102.)

1) Das Einkommen, welches einer der Gesellschafter aus dem von der Handelsgesellschaft betriebenen Geschäfte auf Grund des geschlossenen Gesellschaftsvertrages bezieht, ist ein Einkommen aus Gewerbebetrieb ohne Rücksicht darauf, nach welchen Grundsätzen die Höhe des Einkommens sich richtet. Ob der eine oder der andere Gesellschafter keine persönliche Thätigkeit in dem gemeinschaftlichen Geschäfte ausübt, erscheint gleichgültig, denn ebenso, wie nach feststehendem Prinzip der Kommanditist, ungeachtet der in Art. 158 Abs. 2 und 167 Abs. 3 des Allgemeinen Deutschen Handelsgesetzbuches vom 24. Juni 1861 enthaltenen Vorschrift ein Gewerbe betreibt, geschieht dies auch seitens desjenigen persönlich haftenden Gesellschafters, welcher von der Vertretung der Gesellschaft (Artikel 86 Nr. 4 a. a. O.) und von der Geschäftsführung (Art. 99 a. a. O.) ausgeschlossen ist.

2) Entscheidend bleibt immer, ob Jemand als persönlich haftender Gesellschafter einer offenen Handelsgesellschaft in das Handelsregister eingetragen ist. Ein solcher treibt ein Handelsgewerbe und sein Einkommen aus diesem Betriebe ist ein gewerbliches. Hat derselbe eine Summe zum Geschäft eingezahlt, so bildet dieselbe einen Teil des gemeinschaftlichen Betriebskapitals, so daß sie eine Einlage im Sinne der Art. 91 und 92 a. a. O. darstellt und nicht eine Schuld der Gesellschaft. Der Verlust der Gesellschaft trifft ihn insofern,

als er den wirklichen Gesellschaftsgläubigern für deren sämtliche Forderungen mit seinem ganzen Vermögen haftet, auch kann er seine Einlage erst dann zurückerhalten, wenn die Gesellschaftsgläubiger sich zuvor aus dem Gesellschaftsvermögen befriedigt haben.

Nr. 112. Endurteil des II. Senats vom 24. September 1889 (Entsch. Band XVIII S. 106).

1) Die Gerichtsvollzieher gehören zu den Subalternbeamten mit dem Range der Gerichtsschreibergehülfen (§ 29 der Gerichtsvollzieherordnung vom 23. Februar 1885 — Justiz.-Min.-Bl. S. 55, 68 ff. —). Dieselben haben nach Reichs- und Landesrecht die Eigenschaft öffentlicher Beamter und zwar unmittelbarer Staatsdiener.

2) Die Gerichtsvollzieher gehören zu den „besoldeten" Beamten im Sinne des Gesetzes vom 11. Juli 1822 (G.-S. S. 184) und der Verordnung vom 23. September 1867 (G.-S. S. 1648). Die Gesamtheit der den Gerichtsvollziehern von der zur Regelung ihrer Dienstverhältnisse nach allen Richtungen berufenen Stelle aus überwiesenen Bezüge stellt dasjenige dar, was der Staat diesen in seinen Dienst stehenden Beamten als Entgelt dafür zu einem standesgemäßen Lebensunterhalt gewährt, daß dieselben sich ihm mit ihrer Person und Arbeitskraft zur Verfügung stellen. Diese Gesamtheit bildet die „Besoldung" oder das Diensteinkommen. Dasselbe besteht also nicht blos aus dem vom Staate gewährleisteten Mindesteinkommen von 1800 Mk., sondern das Gesamteinkommen, einschließlich der nicht aus der Staatskasse fließenden Parteigebühren. (Vergl. das Endurteil vom 20. Mai 1882 — Entsch. Band IX S. 34 —).

Nr. 113. Endurteil des II. Senats vom 11. Oktober 1889 (Entsch. Band XVIII S. 110).

Ein von seinem Truppenteile mit Zivilversorgungsschein entlassener Militäranwärter, welcher bei einer Zivilbehörde zur Probedienstleistung angenommen ist, hat von seinem Diensteinkommen nach dem Gesetze vom 11. Juli 1822 Kommunalabgaben nicht zu entrichten. Derselbe gehört zu den „servisberechtigten Militärpersonen des aktiven Dienststandes", denn er ist zum Zivildienst nur „kommandiert" oder „beurlaubt", und fortdauernd besteht die Möglichkeit seiner Zurückberufung zum Heere, auch bezog derselbe im vorliegenden Falle einen Teil seiner Besoldung noch von dem Truppenteile, es handelte sich also jedenfalls zum Teil um ein Militäreinkommen. In demselben ist auch die Entschädigung für das nicht gewährte Naturalquartier — Servis — mit eingeschlossen und daraus folgt der Fortbestand der Servisberechtigung.

Nr. 114. Endurteil des II. Senats vom 8. Oktober 1889 (Entsch. Band XVIII S. 115).

1) Nach § 4 der Städte-Ordnung vom 30. Mai 1853 sind auch die Geistlichen hinsichtlich ihres Diensteinkommens von den direkten, persönlichen Gemeindeabgaben befreit. Zu diesen Geistlichen sind auch diejenigen zu rechnen, welche als Seelsorger bei den Gefangenanstalten ein Amt bekleiden. Im vorliegenden Falle handelt es sich um einen evangelischen Anstaltsgeistlichen bei einer Königlichen Strafanstalt.

2) Vergl. das Endurteil vom 30. November 1885, (Entsch. Band XII S. 138), welches jedoch nichts enthält über die Tragweite des § 59 Tit. 11 Teil II des Allg. Landrechtes. Diese Vorschrift spricht von einer Kirchengesellschaft (Kirchengemeinde) was aber nicht mit dem Begriffe einer Parochie ohne Weiteres zu identifizieren ist. Die Züchtlinge bilden allerdings keine solche Parochie aber doch eine Gemeinde im Sinne des § 4 der Städte-Ordnung und des § 10 des Gesetzes vom 11. Juli 1822.

III. Städte.

C. Verhältnisse der städtischen Kommunalbeamten.

Nr. 5.

(Einzuschalten auf S. 59 des ersten Ergänzungsbandes.)

Endurteil des II. Senats vom 25. Oktober 1889 (Entsch. Band XVIII S. 55).

1) Nach § 56 Nr. 6 der Städte-Ordnung vom 30. Mai 1853 soll die Anstellung der Gemeindebeamten, welche nicht zu vorübergehenden oder mechanischen Dienstleistungen bestimmt sind, auf Lebenszeit erfolgen. Diese Vorschrift erscheint aber nicht auf einen Beamten anwendbar, welcher überhaupt noch nicht definitiv angestellt worden ist.

2) Es ist schwierig, den Begriff der „Anstellung" erschöpfend und allgemein gültig zu fixieren, im vorliegenden Falle genügt es, festzustellen, daß jedenfalls die Begründung eines dauernden Dienstverhältnisses bezweckt, und hierauf der Wille der Beteiligten erkennbar gerichtet sein muß. Niemals kann sich eine „Anstellung" ohne oder gar wider den Willen der Letzteren — ihnen unbewußt — vollziehen. Mag immerhin das Beamtenverhältnis nur in gewissen Richtungen nach den Grundsätzen des Privatrechtes zu beurteilen sein und im Uebrigen dem öffentlichen Rechte angehören — immer ist rechtserzeugender Faktor der ausdrücklich erkärte oder doch sonst erkennbare Wille; wo er fehlt wird eine Anstellung nicht existent.

3) Generelle Bestimmungen, welche den Zweck haben, dem Beamten-Personal die Wohlthat des Gesetzes vom 11. Juli 1822 (V. vom 23. September 1867) zu sichern, sind — abgesehen von der Rechtsgültigkeit solcher Vorschriften — nicht geeignet, den für die Anstellung erforderlichen Willen des Anzustellenden zu ersetzen.

4) Wird ein Dienstverhältnis bei seinem Beginne ausdrücklich nur als ein vorübergehendes, jeden Augenblick von beiden Teilen — wenn auch unter vorgängiger Aufkündigung — lösbares eingegangen, so ist der bloße Zeitablauf für sich allein nicht darnach angethan, die Natur dieses Verhältnisses zu ändern und einem der Beteiligten die Befugnis beizulegen, nunmehr eine dauernde Aufrechterhaltung zu erzwingen. Aber auch der an sich schon gewagte Schluß, es sei, weil von dem Auflösungsrechte kein Gebrauch gemacht worden, die Herstellung eines dauernden Verhältnisses „gewollt" ist unstatthaft, wenn die Gründe, aus welchen das Verhältnis festgesetzt, und der Zweck, welcher dabei verfolgt werde, klar erhellen und eine andere Absicht dokumentieren.

[Zusatz des Verfassers: In neuerer Zeit wird vielfach die Ansicht verbreitet, daß sich eine von Anfang an nicht definitive Anstellung durch den Ablauf von 10 Jahren in eine definitive und pensionsberechtigte verwandle; diese Ansicht ist eine irrtümliche, ist auch als leitender Rechtsgrundsatz nirgends ausgesprochen worden.]

5) Die für die gegenteilige Ansicht in Bezug genommenen Erkenntnisse: des Ober-Verwaltungsgerichts vom 26. September 1885 (Entsch. Band XII S. 48), des vormaligen Ober-Tribunals vom 15. September 1873 (Strieth. Archiv Band 90 S. 220) und des Reichsgerichts vom 6. Dezember 1888 (Wochenschrift „Selbstverwaltung" Jahrgang 16, S. 230) sind in diesem Falle nicht maßgebend, denn in ihnen wird in mehr oder minder speziell motivierter Weise und in Anlehnung an gewisse Thatsachen vorab festgestellt, daß eine „definitive Anstellung", die „Uebertragung eines Gemeindeamtes" stattgefunden

habe und daß die Abrede der Kündigung, welche neben der Hauptsache — der definitiven Anstellung — als eine Nebenabrede qualifiziert wird, der Gültigkeit entbehre.

Nr. 6. Endurteil des I. Senats vom 1. Dezember 1888 (Entsch. Band XVII S. 444).

Im Geltungsbereiche der Städteordnungen für die östlichen Provinzen und für Westfalen sind die dirigierenden Bürgermeister befugt, gegen die Mitglieder der Magistrate Warnungen und Verweise als Disziplinarstrafe zu verhängen (§§ 58, 80 der östl. Städte-Ordnung vom 30. Mai 1853 und §§ 58, 82 der westf. Städte-Ordnung vom 19. März 1856, § 20 des Zuständigkeitsgesetzes vom 1. August 1883).

Nr. 7. Endurteil des Disziplinarsenats vom 30. Oktober 1889
(Entsch. Band XVIII S. 429).

1) Ein disziplinarisch Angeschuldigter kann nicht gleichzeitig wegen Verletzung amtlicher Pflichten und wegen Dienstunfähigkeit im Wege der Dienstentlassung aus seinen Aemtern entfernt werden.

2) Das Gesetz unterscheidet scharf zwischen

a. Entlassung aus dem Dienste und

b. Versetzung in den dauernden Ruhestand.

Die erstere zieht den Verlust des Titels und der Pension nach sich (§ 16 Abs. 2 des Gesetzes vom 21. Juli 1852), letzteres geschieht nicht bei der Versetzung in den Ruhestand (§ 20 des Pensionsgesetzes vom 27. März 1872, §§ 89 ff. und 95 des Gesetzes vom 21. Juli 1852).

3) Vergl. § 20 des Zuständigkeitsgesetzes vom 1. August 1883.

Nr. 8. Endurteil des II. Senats vom 30. November 1888 (Entsch. Bd. XVIII S. 432).

Der § 78 des Disziplinargesetzes vom 21. Juli 1852 (G.-S. S. 465) enthält wegen der Einleitung des förmlichen Disziplinarverfahrens Vorschriften, welche durch § 20 Nr. 3. des Zuständigkeitsgesetzes vom 1. August 1883 außer Kraft gesetzt sind.

III. Städte.

D. Städtische Wahlen.

Nr. 11.

(Einzuschalten auf S. 30 des Ergänzungsbandes 1889.)

Endurteil des II. Senats vom 22. Januar 1889 (Entsch. Band XVII S. 79).

Im Gebiete der rheinischen Städte-Ordnung vom 15. Mai 1856 (G.-S. S. 406) sind die Stadtverordneten zu Mitgliedern des Stadtausschusses nicht wählbar. Die Stadtkreise der Rheinprovinz sind thatsächlich sämtlich solche, in denen der Bürgermeister allein den Gemeindevorstand bildet (§ 38 des Landesverwaltungsgesetzes vom 30. Juli 1883, §§ 28 ff. und §§ 66 ff. der vorher gedachten Städte-Ordnung, § 15 des Zuständigkeitsgesetzes vom 1. August 1883, Minist. Erlaß vom 31. Mai 1888 — mitgetheilt in den gedruckten Entscheidungen des Oberverwaltungsgerichts Band XVII S. 82 in der Anmerkung — daselbst S. 81 ist auch der Inhalt eines hier interessierenden Endurteils vom 21. Dezember 1888 mitgeteilt).

Nr. 12. Endurteil des II. Senats vom 18. Dezember 1888 (Entsch. Bd. XVII S. 90).

1) Wenn der Gemeindevorstand im Bereiche der Hannoverschen Städte-Ordnung gegen Beschlüsse der Gemeindevertretung, betreffend die Einsprüche gegen die Richtigkeit der, nur für eine einzelne bestimmte Bürgervorsteher-Wahl, aufgestellten Wählerliste Klage erhebt, so darf eine Entscheidung darüber (§§ 10 und 11 des Zuständigkeitsgesetzes vom 1. August 1883) nicht abgelehnt werden, weil die Wahl auf Grund dieser Listen bereits stattgefunden hat; denn die in diesem Falle gegebene Klage hat keine aufschiebende Wirkung.

2) Bestehen bleibt das Recht des Gemeindevorstandes, die Gültigkeit der Beschlüsse der Gemeindevertretung in Verwaltungsstreitsachen anzufechten. Darnach hat der Gesetzgeber mit der dem Gemeindevorstande übertragenen Klage im öffentlichen Interesse einen Weg eröffnet, um einen Ausspruch der Verwaltungsgerichte über die Gesetzmäßigkeit der Beschlüsse der Gemeindevertretung bezüglich der Gestalt der Wählerliste herbeizuführen. Es ist nicht anzunehmen, daß derselbe Gesetzgeber, indem er die Ausführung auch der angefochtenen Beschlüsse und den Fortgang des Wahlverfahrens zuließ, von dem Momente ab, wo die Klage gegen die Wahl wach wird, jenes Kontrolrecht hat wiederum beseitigen und es damit hat gänzlich illusorisch machen wollen, wenn die Wahl, ungeachtet der Ungesetzlichkeit der Wählerliste, aus anderen Gründen unanfechtbar ist.

Nr. 13. Endurteil des II. Senats vom 23. Oktober 1888 (Entsch. Band XVII S. 94).

1) Aktiengesellschaften sind in Gemäßheit des § 4 Abs. 3 der Städte-Ordnung vom 30. Mai 1853 gleich den juristischen Personen steuerpflichtig, folglich auch nach § 8 Abs. 2 a. a. O. wahlberechtigt.

2) Bei Erlaß der Städte-Ordnung besaßen die Aktiengesellschaften gemäß §§ 1 und 8 des Gesetzes vom 9. November 1843 (G.-S. S. 341) die Eigenschaft juristischer Personen, aber auch nach neuerem Rechte hat der rechtliche Charakter der Aktiengesellschaften, soweit derselbe im vorliegenden Falle in Betracht kommt, keine Aenderung erfahren, vielmehr kann man auch gegenwärtig noch alle Merkmale, welche das Wesen der juristischen Personen ausmachen, bei den Aktiengesellschaften vorfinden. Was die Selbständigkeit des durch die Aktiengesellschaft ins Leben gerufenen Rechtssubjekts und die Organisation der Gesellschaft betrifft, so unterscheidet sich die Aktiengesellschaft von anderen auf diesem Gebiete vorkommenden, ähnlichen Gestaltungen — Genossenschaften, offenen Handelsgesellschaften u. s. w. — erheblich.

3) Der § 8 Abs. 2 der Städte-Ordnung stellt als Erfordernis für die Wahlberechtigung nicht auf, daß die juristische Person in der betreffenden Stadt domiziliert sei.

4) Fiskus ist nicht wahlberechtigt, weil er in der Stadt überhaupt keine Staatssteuern entrichtet (vergl. Endurteil vom 18. Januar 1887 — Entsch. Band XIV S. 44 Nr. 4).

5) Als „besteuert" im Sinne des § 8 Abs. 2 der Städte-Ordnung kann nur derjenige bezeichnet werden, welcher zu einer Steuer herangezogen, gegen den eine Steuerforderung erhoben wird. Bei der Ausübung des Besteuerungsrechtes kann zwischen den verschiedenen Maßnahmen des Steuerberechtigten unterschieden werden; zunächst findet eine Veranlagung des Pflichtigen zu der Steuer statt, dann folgt die Heranziehung desselben, beginnend mit der Aufforderung zur Entrichtung der Steuer und endigend entweder mit der freiwilligen Zahlung des geforderten Betrages oder mit der zwangsweisen Beitreibung. Eine „Besteuerung" liegt aber jedenfalls dann nicht

vor, wenn nichts weiter, als die Veranlagung vorgenommen ist, und vor Allem kann eine Veranlagung, welche nicht zu dem Zwecke erfolgt, um darauf eine Steuerforderung zu begründen, niemals eine „Besteuerung“ genannt werden.

Nr. 14. Endurteil des II. Senats vom 14. September 1888 (Entsch. Bd. XVII S. 100).

1) Das Recht eines wahlberechtigten Gemeindemitgliedes, die Ungültigkeitserklärung von Stadtverordneten-Wahlen im Wege der Klage zu beantragen, ist nur dann und insoweit zuzugestehen, als dasselbe Gemeindemitglied unter den in dem Gesetze gegebenen Voraussetzungen Einspruch erhoben hat. Einsprüche gegen die Gültigkeit der Wahlen zur Gemeindevertretung sind innerhalb zwei Wochen nach Bekanntmachung des Wahlergebnisses bei dem Gemeindevorstande zu erheben (§ 10 des Zuständigkeitsgesetzes vom 1. August 1883). Wird der Einspruch zu einem Zeitpunkte erhoben, als die später angegriffene Wahl noch gar nicht bewirkt und demgemäß auch noch nicht bekannt gemacht war, so fehlt es überhaupt an einem Einspruche, der unerläßlichen Voraussetzung der Klage.

2) Handelt es sich um die Vornahme von Stadtverordneten-Neuwahlen zur Durchführung einer Erhöhung der Zahl der Stadtverordneten (z. B. von 15 auf 18) in Verbindung mit den regelmäßigen Ergänzungswahlen, so kommt es nicht mehr an auf eine bloße „Ergänzung“ der Stadtverordnetenversammlung, sodern darauf, eine „neue“ Körperschaft in's Leben zu rufen, weshalb denn auch dem einzuschlagenden Verfahren die §§ 13 und 18 der Städte-Ordnung vom 30. Mai 1853 zu Grunde zu legen sind. Die Vornahme der regelmäßigen Ergänzungswahlen hat zur Folge das Ausscheiden von 5 Mitgliedern, für welche Neuwahlen stattzufinden haben, außerdem aber auch noch für die drei hinzutretenden Mitglieder. Danach ergiebt sich zunächst als Grundsatz, daß von der Gesamtzahl von 18 Mitgliedern in Zukunft auf jede Abteilung deren 6 entfallen müssen; es sind deshalb in jeder Abteilung so viel Personen zu wählen, daß mit den vorhandenen die Zahl von einem Drittel der Stadtverordneten erreicht wird.

3) Diese sämtlichen Wahlen erfolgen auf 6 Jahre; sollte der Fall eintreten, daß von mehreren auf 6 Jahre Gewählten zur Herstellung des gesetzlichen Turnus ein Theil früher austreten muß, so kann dieser Zwiespalt nur durch das Loos entschieden werden.

4) (Nachsatz des Verfassers.) In dieser Beziehung wird auf den § 18 der Städte-Ordnung Bezug genommen, welcher aber etwas ganz anderes vorschreibt und deshalb nur im Wege der Analogie zur Anwendung gelangt. Zur Rechtfertigung dieser ungewöhnlichen Art der Auslegung wird auf den § 49 der Einleitung zum Allgemeinen Landrecht Bezug genommen, es liegt aber auf der Hand, daß diese Rechtsdeduktion eine höchst auffällige ist und seitens der unteren Verwaltungsgerichtsinstanzen keine Nacheiferung verdient. Denn mit den sogenannten „Analogien“ ist von ungeschickten Verwaltungsbeamten bereits genug Unheil angerichtet worden. Weit zweckmäßiger dürfte es erscheinen, in den Fällen, wo das Gesetz die Verwaltung im Stich läßt, die allgemeine Vorschrift in Wirksamkeit zu setzen, nach welcher die Aufsichtsbehörden die erforderlichen Anordnungen zu treffen haben (§ 50 Abs. 3 des Landesverwaltungsgesetzes vom 30. Juli 1883).

Nr. 15. Endurteil des II. Senats vom 2. November 1888 (Entsch. Bd. XVII S. 107).

1) Eine Abänderung der festgesetzten örtlichen Wahlbezirke ist nach der Städte-Ordnung vom 30. Mai 1853 nicht zuläſsig. Eine Ausnahme ist nur gestattet in dem Falle der Auflösung der Stadtverordneten-Versammlung. Die

Annahme, daß nur wesentliche Aenderungen verboten, unwesentliche aber gestattet seien, ist deshalb nicht zutreffend, weil eine solche Unterscheidung in den Gesetzen nicht begründet ist.

2) Da nach § 21 Abs. 3 der Städte=Ordnung vom 30. Mai 1853 die Ergänzungs= und Ersatzwahlen der Stadtverordneten=Versammlung von denselben Abteilungen und von denselben nach § 14 a. a. O. abgegrenzten Wahlbezirken vorzunehmen sind, von welchen der Ausgeschiedene gewählt war, und da weiter begrifflich unter einem „Bezirk“ nicht etwa eine Mehrheit von Menschen, sondern ein durch bestimmte Linien individualisierter Teil der Erdfläche verstanden wird, so bestimmt die obige Gesetzesstelle klar und unzweideutig, daß die Ergänzungswahl einmal von allen und weiter auch nur von solchen stimmfähigen Bürgern vorzunehmen ist, welche demselben örtlichen Bezirke angehören, aus dem sich die Wähler des Ausgeschiedenen rekrutierten, was aber nur dann ausführbar ist, wenn der frühere Bezirk in seiner bei der Wahl des Ausgeschiedenen vorhandenen Begrenzung noch besteht.

In Berlin hatte ein Wahlbezirk, um eine Uebereinstimmung mit den Grenzen des Stadtbezirks zu erreichen, vor einer Ergänzungswahl dadurch eine Abänderung erfahren, daß dem Wahlbezirke bei Abtrennung von 7 Häusern, andere 13, bisher nicht dazu gehörige Häuser einverleibt waren; die Ergänzungswahl wurde demnächst von den Einwohnern dieses so veränderten Bezirkes vorgenommen, jedoch dies erschien nicht zuläsiig, vielmehr konnten nur die Einwohner derselben Häuser mitwählen, welche bei der ersten Wahl die wählenden Bürger gestellt hatten.

3) Grundbuchliche Eintragungen, neue Nummerierungen der Häuser, Neubauten oder Niederlegung, Expropriationen oder Straßendurchbrüche an der Grenze der Wahlbezirke können zur Folge haben, daß der Wahlbezirk Wohnungen da aufweist, wo früher keine vorhanden waren und daß Straßen, Plätze, Fabriken u. s. w. an die Stelle von Häusern treten, allein die Grenze des Bezirkes — begreiflich eine Linie — bleibt davon völlig unberührt. Es soll also nur darauf ankommen, daß durch eine Veränderung der Wahlbezirke die geographische Grenze derselben nicht überschritten oder eingeschränkt wird; was innerhalb der alten ursprünglichen Grenze vorgeht, ist ganz gleichgültig. Auf diese Weise kann auch einmal ein Wahlbezirk durch Feuersbrunst oder elementare Ereignisse verschwinden, wenn keine Wähler mehr übrig bleiben.

Nr. 16. Endurteil vom 14. September 1888 (Entsch. Band XVII. S. 117).

1) Gegen den Beschluß der Gemeindevertretung betreffend die Gültigkeit der Stadtverordneten=Wahlen (§§ 10 und 11 des Zuständigkeitsgesetzes vom 1. August 1883) können außer dem Gemeindevorstande nur einmal diejenigen, deren eigene Rechte durch den Beschluß der Gemeindevertretung betroffen sind — also die Gewählten — und sodann diejenigen stimmberechtigten Bürger, deren Einspruch durch den Beschluß, wenn auch nur im Endergebnisse, eine ablehnende Entscheidung gefunden hat, mit der Klage auftreten. (Vergl. Endurteil vom 18. Januar 1887 — Entsch. Band XIV S. 44 —).

2) Nach § 24 der Städte=Ordnung vom 30. Mai 1853 ist ein Wahlvorstand nur dann vollständig besetzt, wenn er aus dem Bürgermeister oder einem von diesem ernannten Stellvertreter und aus zwei von der Stadtverordneten=Versammlung gewählten Beisitzern besteht. Die unvollständige Besetzung des Wahlvorstandes ist an sich als ein wesentlicher Mangel des Wahlverfahrens, als eine „erhebliche Unregelmäßigkeit“ im Sinne des § 27 Abs. 3 der Städte=Ordnung anzusehen. Eine Wahlhandlung, welche unter

Leitung eines in ungesetzlicher Weise gebildeten Wahlvorstandes vollzogen ist, muß als eine ohne jeden Wahlvorstand vorgenommene behandelt werden.

3) Einen Unterschied zwischen „vollbesetzten" und „beschlußfähigen" Kollegien kennt die Städte-Ordnung nicht. Drei Personen sind die geringste Zahl für ein Kolleg.

4) Der Wahlvorstand hat sich über die Zulassung jedes einzelnen Wählers schlüssig zu machen; er muß feststellen und anerkennen, daß der Wähler eine der in den Wahllisten eingetragene Person ist; das mag bei vielen Wählern keinem Bedenken unterliegen und folglich eine förmliche Beratung und Beschlußfassung entbehrlich machen; rechtlich betrachtet entfaltet aber auch hier — und ganz abgesehen von den Fällen, wo Zweifel über die Legitimation des Wählers entstehen — der Vorstand in Wirklichkeit eine Thätigkeit, welche auf eine Beschlußfassung hinausläuft.

5) Nach § 24 der Städte-Ordnung müssen für die Beisitzer Stellvertreter gewählt werden, und der Bürgermeister ist nicht behindert, mit seiner Stellvertretung mehr als eine Person zu beauftragen; deshalb kann selbst bei langdauernden Wahlakten durch einen Wechsel der Personen für das unausgesetzte Vorhandensein eines Vorsitzenden und zweier Beisitzer ohne erhebliche Schwierigkeiten gesorgt werden.

6) Andrerseits kann einem viele Stunden dauernden Wahlakte die Gültigkeit im Ganzen nicht um deswillen allein abgesprochen werden, weil etwa während einiger Minuten die gesetzlichen Förmlichkeiten nicht gewahrt sind. Eine Ungültigkeit des gesamten Wahlgeschäftes läßt sich nur dann annehmen, wenn die unvollständige Besetzung des Wahlvorstandes so lange gedauert hat, daß davon das Ergebnis der Wahl selbst beeinflußt wird. Wahrscheinlichkeitsberechnungen nach dieser Richtung hin anzustellen, verbietet sich von selbst.

Nr. 17. Endurteil vom 14. Dezember 1888 (Entsch. Band XVII S. 124).

1) Zu den Kirchendienern im Sinne des § 4 der Städte-Ordnung vom 30. Mai 1853 sind die weltlichen Kirchenbedienten des § 550 Tit. 11 Teil II A. L.-R.'s zu rechnen, d. h. alle Personen, welche zum Dienste der Kirche in mechanischen Verrichtungen oder weltlichen Angelegenheiten bestimmt sind. Zu denselben gehört auch ein gegen festes Gehalt angestellter Kirchenkassenrendant. (Endurteil vom 22. April 1887 — Entsch. Band XV S. 79 —). Solche Beamte, denen auch Freiheit von den Gemeindelasten bewilligt ist, können zu Stadtverordneten nicht gewählt werden.

2) Geht die Besoldung oder Remuneration über eine „Vergütigung für sächliche Ausgaben" und den „Ersatz von Auslagen" hinaus, so handelt es sich nicht mehr um einen Ehrenbeamten im Sinne des § 24 der Synodal-Ordnung vom 10. September 1873, sondern um einen „angestellten" Beamten. Vergl. § 35 der revidierten Instruktion des Evangelischen Ober-Kirchenrates vom 25. Januar 1882.

3) Unerheblich ist es, wenn eine besondere Vereinigung nicht stattgefunden hat, dagegen ist für die Feststellung des Verhältnisses von Wichtigkeit der zwischen dem Rendanten und dem Gemeindekirchenrate abgeschlossene Anstellungs-Vertrag.

Nr. 18. Endurteil des II. Senats vom 18. Oktober 1889 (Entsch. Band XVIII S. 38).

1) Wenn die Wahlen zur regelmäßigen Ergänzung der Stadtverordneten-Versammlung stattfinden, so dürfen nicht zugleich — in demselben Akte und in unmittelbarem Anschlusse — außergewöhnliche Wahlen zum Ersatze innerhalb der Wahlgemeinde ausgeschiedener Mitglieder vorgenommen werden.

2) Nach § 27 der Städte-Ordnung vom 30. Mai 1853 in Verbindung mit § 10 des Zuständigkeitsgesetzes vom 1. August 1883 kann jeder stimmfähige Bürger, gleichviel zu welcher Abteilung er als Wähler gehört, gegen das Wahlverfahren Einspruch erheben. Jeder stimmfähige Bürger ist auch in jeder Abteilung wählbar. Dieselben Grundsätze gelten auch für die Wahlen von Gemeindeverordneten in Landgemeinden (Endurteil vom 25. Oktober 1882 — Entsch. Band IX S. 87 —).

3) Die Verschiedenheit des Wahlzweckes an sich erheischt eine sachliche und zeitliche Trennung zwischen den Ergänzungs- und den Ersatzwahlen. Unzulässig ist ein Verfahren, nach welchem jeder Wähler die zu wählenden Personen sämtlich auf einmal, die zu Ersatz-Stadtverordneten bestimmten aber nicht blos mit ihren Namen, sondern auch noch unter Hinzufügung des Namens des zu Ersetzenden zu bezeichnen hat. Es müssen also immer Einzelnwahlen stattfinden.

Nr. 19. Endurteil des II. Senats vom 16. April 1889 (Entsch. Band XVIII S. 49).

Die Vorschrift im § 42 der Städte-Ordnung vom 30. Mai 1853: „Die Stadtverordneten-Versammlung kann nur beschließen, wenn die Hälfte ihrer Mitglieder zugegen ist" läßt die Frage offen, ob für diese Hälfte die gesetzlich vorgeschriebene oder die thatsächlich amtierende Zahl der Mitglieder maßgebend ist. Diese Frage ist dahin zu beantworten, daß von der gesetzlich oder, wo dies zutrifft, von der statutarisch vorgeschriebenen Mitgliederzahl auszugehen ist.

IV. Amtsverbände.

Nr. 14.

(Einzuschalten auf S. 31 des Ergänzungsbandes für 1889.)

Endurteil des I. Senats vom 27. Oktober 1888 (Entsch. Band XVII S. 75).

1) Wer hat die Kosten der Ortspolizeiverwaltung zu tragen? Soweit es sich dabei um Kosten handelt, welche aus der Thätigkeit des Verwaltungsorganismus erwachsen, so hat dieselben nach §§ 69—72 der altländischen Kreis-O. (Schleswig-Holstein §§ 62—65) der Amtsverband, soweit es sich dagegen um Kosten handelt, welche zur Erfüllung der materiellen Aufgaben der Polizei zu machen sind, nach § 3 des Polizeiverwaltungsgesetzes vom 11. März 1850, die betreffende Gemeinde beziehungsweise der Gutsbezirk zu tragen. (Endurteil vom 8. Januar 1881.)

2) Die Aufwendungen für die im sicherheitspolizeilichen Interesse erforderliche Absteckung der Wege auf den für den Verkehr benutzten Eisdecken der Seeen gehören nicht zu den Kosten der Amtsverwaltung, sondern zu denen der Polizeiverwaltung.

3) Die in dem § 1 des Polizeiverwaltungsgesetzes erläuternd beigefügten Worte: „Bürgermeister, Kreisamtmänner, Oberschulzen" erklären sich aus den §§ 58, 114, 126 und 134 der mit dem Polizeiverwaltungsgesetze in engem Zusammenhange stehenden, mit ihm gleichzeitig publizierten, demnächst aber schon vor ihrer Durchführung durch Gesetz vom 24. Mai 1853 (G.-S. S. 238) wieder aufgehobenen Gemeindeordnung vom 11. März 1850.

4) In dem § 3 des Polizeiverwaltungsgesetzes hat man unter dem Worte „Gemeinde" nicht einen Polizeibezirk, sondern die kommunale Korporation zu verstehen; im späteren Rechte hat der § 31 der altländischen Kreisordnung (Hannover § 36, Hessen-Nassau § 37, Westfalen und Rheinprovinz § 23,

Schleswig-Holstein § 28) noch besonders klar gestellt, daß den Gemeinden in dieser Beziehung die Gutsbezirke, beziehungsweise die Besitzer des Gutes gleichstehen. Die Amtsbezirke sind jedenfalls nicht gleichbedeutend mit den Gemeinden.

5) Sofern nicht Spezialgesetze für einzelne Gebiete der Polizei (Wege-, Deich-, Armen-, Wasser-Recht u. s. w.) die Kostenlast abweichend regeln, sind die Polizeilasten von den Gemeinden oder den Gutsbezirken zu tragen.

6) Die Herstellung eines Weges über eine Eisdecke ist Sache des Wegebaupflichtigen (gemäß der provinziellen Wegeordnungen, bei fiskalischen Seeen also vermuthlich der Fiskus).

V. Landgemeinden und Gutsbezirke.

A. Gemeindeabgaben und Dienste, Gemeindevermögen.

Nr. 99

(einzuschalten auf S. 35 des Ergänzungsbandes für 1889).

Endurteil des I. Senats vom 28. November 1888 (Entsch. Bd. XVII S. 233).

1) Der Unterschied zwischen „Verjährung" und „Frist" besteht darin, daß durch die Verjährung ein zeitlich an sich unbeschränktes Recht in Folge Nichtausübung innerhalb der Verjährungszeit aufgehoben wird, während die Frist die Entstehung eines Rechtes einer zeitlich bestimmten Schranke unterwirft, dergestalt, daß dasselbe nur durch Ausübung innerhalb der Frist zur Entstehung gelangt.

2) Demgemäß ist die in dem Gesetze vom 18. Juni 1840 §§ 1 ff. (G.-S. S. 140) für den Einspruch gegen die Heranziehung zu den Gemeindeabgaben gesetzte Frist von drei Monaten keine Verjährungsfrist, sondern eine Ausschlußfrist. (Vergl. § 14 des Einkommensteuergesetzes vom 1. Mai 1851 (25. Mai 1873) und Artikel III des Gesetzes vom 12. März 1877.)

3) Diese Ausschlußfrist endigt nicht in Gemäßheit des § 550 Tit. 9 Teil I Allg. Landrechtes mit dem Ablauf von 90 Tagen, sondern mit dem Ablauf desjenigen Tages des letzten der drei Monate, welcher durch seine Zahl dem Tage entspricht, an welchem die Frist begonnen hat. Fehlt in dem letzten Monat ein Tag mit jener Zahl, so endigt die Frist mit Ablauf des letzten Tages dieses Monats.

4) Wird die Heberolle durch Auslegung bekannt gemacht, so beginnt die Frist mit dem Tage der beendigten Auslegung.

Nr. 100. Endurteil des I. Senats vom 17. November 1888 (Entsch. Bd. XVII S. 237).

In der Provinz Westfalen (§ 29 der dort geltenden Kreisordnung vom 31. Juli 1886) können die Einsprüche gegen die Heranziehung zu den Kommunalabgaben, sofern dies durch Ortsstatut festgestellt wird, neben dem Gemeindevorstande auch bei dem Amtmann eingereicht werden; es ist jedoch dem Amtmann nicht gestattet, den nach § 34 des Zuständigkeitsgesetzes vom 1. August 1883 zu erlassenden Beschluß auf den Einspruch zu erlassen; es kann also auch ein solcher Beschluß des Amtmannes nicht dem sonst darauf folgenden Verwaltungsstreitverfahren zu Grunde gelegt werden.

Nr. 101. Endurteil des I. Senats vom 20. Februar 1889 (Entsch. Bd. XVII S. 239).

1) Bei der Feststellung des steuerpflichtigen Reineinkommes aus vermieteten Gebäuden bestimmt sich die Höhe der von dem Mietszinse des Steuerjahres abzusetzenden Unterhaltungskosten nicht nach den für diesen Zweck wirklich

verausgabten Summen, sondern nach dem schätzungsweise, mit Rücksicht auf den Bauzustand zu ermittelnden durchschnittlichen Jahresbetrage.

2) In den §§ 28, 30, 36 des Klassen- und Einkommensteuergesetzes vom 1. Mai 1851 (G.-S. S. 193) und in der Instruktion vom 3. Januar 1877, §§ 3, 4, 5, 11, 19 (Min.-Bl. d. i. V. S. 44) wird überall unterschieden zwischen Gebäuden, welche durch Vermieten oder Selbstbewohnen genutzt werden und solchen, die zu dem Betriebe der Landwirthschaft oder von Gewerben benutzt werden. Für jede dieser Arten sind verschiedene Grundsätze maßgebend:

a) Bei dem selbstbewirthschafteten Grundbesitz und dem Gewerbebetrieb wird das Einkommen durch den erzielten Reinertrag bezw. Handelsgewinn gebildet, und es wird dieser nach dem Durchschnitte der Ergebnisse der drei, dem Steuerjahr vorhergehenden Jahre, der Abzug für die Unterhaltung der Gebäude insbesondere nach dem Durchschnitte der in dieser Periode erforderlich gewesenen Ausgaben ermittelt.

b) Das Einkommen aus verpachteten Grundstücken wird nach den jeweiligen Pacht- und Mietszinsen unter Abrechnung der dem Verpächter verbliebenen Lasten berechnet.

c) Das Einkommen aus selbstbewohnten Gebäuden wird nach dem ortsüblichen Mietspreise berechnet. Der „jeweilige Mietzins" (sub b) ist der für das Veranlagungsjahr vertragsmäßig bedungene; derselbe ist auch für den „ortsüblichen Mietspreis" (sub c) und das Steuerjahr maßgebend.

d) Die von dem Mietszinse abzuziehenden Lasten sind die notwendigen Unterhaltungskosten der Gebäude und sonstigen baulichen Anlagen. Der nicht bereits feststehende Geldwert der Lasten ist nach Durchschnittssätzen zu veranschlagen, bezüglich der Unterhaltungskosten der Gebäude ist dabei hauptsächlich deren bauliche Beschaffenheit zu berücksichtigen. Bei selbstbewohnten Gebäuden sind vom ortsüblichen Mietspreise gleichfalls die je nach Beschaffenheit des Gebäudes mit einem durchschnittlichen Jahresbetrage zu veranschlagenden Kosten der Instandhaltung und Reparatur des Gebäudes abzuziehen.

3) Bei den Einnahmen (dem vereinbarten oder ortsüblichen Mietswerte) ist nur das Steuerjahr d. h. das Jahr, für welches, nicht aber dasjenige, in welchem die Veranlagung erfolgt, maßgehend.

4) Bei den „Veranschlagungen" im Gegensatz zu den Be-, Ab- oder Zurechnungen, hat eine nach bautechnischen Gesichtspunkten zu bewirkende, sachverständige Schätzung des ganzen Kostenbetrages stattzufinden, welcher nach den bei Gebäuden ähnlicher Beschaffenheit gesammelten Erfahrungen voraussichtlich jährlich aufgewendet werden muß, wenn das Gebäude in seinem bisherigen Zustande erhalten werden soll.

5) Der Grundsatz, daß es dem Zensiten nicht verwehrt ist, an Stelle der geschätzten die thatsächlich bezogenen Einnahmen rechnungsmäßig aufzuweisen, darf auf die Unterhaltungskosten vermieteter Gebäude nicht ausgedehnt werden, bei welchen nach dem bestehenden Rechte zur Zeit der Veranlagung ein solcher Nachweis unmöglich ist und nur die Schätzung übrig bleibt.

Nr. 102. Endurteil des I. Senats vom 30. Januar 1889 (Entsch. Bd. XVII S. 244)

1) Im Fürstentum Münster gilt provinzialrechtlich die eheliche Gütergemeinschaft. Dieselbe kann vertragsmäßig ausgeschlossen werden. Ist letzteres geschehen, so hat nach den zur Anwendung kommenden §§ 210 und 214 Tit. 1 Teil II Allg. Landrechtes das, was weder durch besondere Verträge zwischen den Ehegatten, noch vermöge des Gesetzes, noch nach den Bestimmungen des

Erblassers oder Geschenkgebers der Frau vorbehalten ist, die Eigenschaft des Eingebrachten, und der Ehemann gilt als Nießbraucher.

2) Der Nießbraucher muß ebenso, wie der Eigentümer von Grundstücken nach dem Gesetz vom 27. Juli 1885 (G.-S. S. 327) als Forense sein Einkommen aus Grundbesitz bei der Gemeinde versteuern. Der Nießbraucher ist also dem Eigentümer im Sinne des § 1 jenes Gesetzes gleichgestellt; es ist ja auch das Einkommen aus dem eingeschränkten Nutzungsrechte des Pächters ausdrücklich der forensalischen Besteuerung unterworfen, um so mehr muß dies der Fall sein hinsichtlich des uneingeschränkten Nutzungsrechtes des Nießbrauchers.

Nr. 103. Endurteil des I. Senats vom 30. März 1889. (Entsch. Bd. XVII. S. 250.)

1) Ein Unternehmer betreibt ein Wasserwerk zur Versorgung der Haushaltungen in einer Stadt mit dem erforderlichen Wasser. Die Wassergewinnanlagen — Quellen-Fassungen, Brunnenstuben und Rollen mit selbstthätigen Stauvorrichtungen — befinden sich in einer der Stadt benachbarten Landgemeinde. Aus diesen Wassergewinnanlagen fließt das Wasser ohne künstliche Hebevorrichtungen in das in der Stadt befindliche Hochreservoir und wird von dort durch ein Rohrnetz auf die Verbrauchsstellen verteilt. Der Sitz und die Leitung des Unternehmens befinden sich in der Stadt, während die in der Landgemeinde sich vollziehende Thätigkeit auf die Ueberwachung und Besichtigung der Anlagen durch den Ingenieur beschränkt ist. Es handelte sich hier um eine einheitliche, über den Bezirk beider Gemeinden (Stadt- und Landgemeinde) sich erstreckende Betriebsstätte im Sinne der §§ 2 und 7 des Gesetzes vom 27. Juli 1885.

2) Eine gewerbliche Unternehmung ist die auf Hervorbringung von Gütern (Waaren oder Leistungen) einer bestimmten Art und auf den Zweck des Gewinnes gerichtete Vereinigung von Kapital und Arbeit. Der erzielte Gewinn ist nach § 2 Satz 1 des gedachten Gesetzes nur in den Gemeinden abgabenpflichtig, in welchen der Sitz, eine Filiale, Agentur, eine Verkaufsstätte oder eine Werk- oder Betriebsstätte sich befindet.

3) Eine Betriebsstätte im *weiteren* Sinne ist überall da anzunehmen, wo eine zu dem Unternehmen erforderliche *Arbeit* geleistet wird. Wenn aber das Gesetz den nicht abgabenpflichtigen Stätten der Unternehmung, ferner ihrem Sitze, den Filialen, Agenturen und endlich den Verkaufsstätten noch besonders die Betriebsstätten gegenüber stellt, so können unter solchen in diesem *engeren* Sinne nur die Orte verstanden werden, an welchen — nicht die auf die Leitung des Unternehmens oder den Absatz der Güter gerichteten, sondern nur — diejenigen Arbeiten geleistet werden, welche die, den Gegenstand des Unternehmens bildenden Waaren oder Leistungen *hervorbringen*. Da bei der gütererzeugenden Arbeit die menschliche Thätigkeit mehr und mehr durch Geräte und Maschinen verstärkt und ergänzt wird, so wird der Begriff „Betriebsstätte" nicht aufgehoben, wenn der Faktor „Kapital" überwiegt, wenn die Gütererzeugung hauptsächlich durch Maschinen und nur zum kleinen Teil durch menschliche Arbeit bewirkt wird, ja wenn diese sich lediglich auf die Aufstellung, Leitung, Ueberwachung, Instandhaltung der maschinellen Arbeit beschränkt. Wo diese Grenze überschritten ist, wenn insbesondere bei den sogenannten selbstthätigen Maschinen ein Betrieb und darum eine Betriebsstätte nicht mehr angenommen werden kann, ist eine Thatfrage.

4) Wenn die Betriebsstätte notwendig einen *Raum* bezeichnet, so braucht dieser doch nicht der *alleinigen privatrechtlichen* Disposition des Unternehmers zu unterstehen, nicht ausschließlich für die Zwecke grade *dieses* Betriebes bestimmt, endlich auch nicht scharf gegen Außen begrenzt sein, so lange

nur ein fester örtlicher Mittelpunkt des Betriebes erkennbar bleibt. (Vergl. Endurteil des O.-V.-G. vom 26. Oktober 1886 — Entsch. Bd. XIV S. 121 —.) Daher sind die Straßen einer Stadt möglicherweise Betriebsstätten, z. B. für die sogenannten Straßengewerbe des § 37 der Gewerbe-Ordnung vom 21. Juni 1869 (B.-G.-Bl. S. 245).

5) Zu der Annahme eines Gewerbebetriebes und einer Betriebsstätte wird eine gewisse Stetigkeit erfordert, die erkennbare Absicht fortgesetzter Betriebsthätigkeit (vergl. Endurteil des O.-V.-G. vom 24. September 1887 — Entsch. Bd. XV S. 202 —), so daß der Hausierbetrieb, die vorübergehenden Leistungen der Bauhandwerker auf den wechselnden Bauplätzen eine solche nicht begründen. [Anmerkung des Verfassers: Den Begriff des „Hausierens" kennt die Reichs-Gewerbe-Ordnung überhaupt nicht. Siehe den Kommentar von Berger, Ausgabe von 1890. S. 63.]

6) Die gewerblichen Anlagen sind Teile des zur Unternehmung vereinigten Kapitals und zwar derjenige Teil des stehenden Betriebskapitals, welcher in Form von Gebäuden, Maschinen und dergleichen mit dem Boden verbunden ist. Wie Betriebsstätten ohne gewerbliche Anlagen möglich, so bestehen auch Anlagen, die nicht Betriebsstätten sind, weil in ihnen ein Betrieb nicht statt hat, z. B. unter Umständen Wetterschächte.

7) In einer „Anlage" kann die den Gegenstand des Unternehmens bildende Waare oder Leistung völlig fertig gestellt werden; dieselbe kann aber auch nur dazu dienen, Hülfsstoffe hervorzubringen oder die Waare in verschiedenen Stadien zu ihrer anderswo erfolgenden völligen Fertigstellung vorzubereiten. Deshalb können zahlreiche Anlagen auf einer Betriebsstätte vereinigt sein, z. B. Förderschacht, Koke- und Hochöfen, Puddel- und Walzwerke auf demselben Hüttenplatz, und umgekehrt kann auch eine Anlage verschiedene Betriebsstätten enthalten, z. B. ein mit Dampfkraft ausgestattetes Fabrikgebäude, dessen Etagen an verschiedene Unternehmer vermietet sind. Wo jedoch eine und dieselbe Anlage einem Unternehmer gehört und einem gewerblichen Zwecke dient, darf beim Mangel besonderer entgegenstehender Umstände auch angenommen werden, daß der in jener Anlage umgehende Betrieb nur eine Stätte hat und nicht auf verschiedene für sich bestehende Betriebsstätten verteilt ist.

8) Bei Wasserwerken besteht die „Erzeugung der Waare" in der Okkupation des Wassers mit dem Ziele der Wertsteigerung durch Ortsveränderung. Dadurch charakterisieren sich diese Unternehmungen zugleich als Transportgewerbe. Alle dazu gehörigen Einrichtungen (siehe oben sub 1) hängen räumlich zusammen und sind durch die Leitung körperlich verbunden.

9) Einen ähnlichen, aber doch ganz anders liegenden Fall behandelt das sub Nr. 104 mitgeteilte Endurteil vom 23. November 1888.

10) Auf demselben Oberflächenraum können über- und untereinander mehrere Betriebsstätten sich befinden, zu welcher auch die unterirdischen, z. B. zur Champagnerbereitung oder für Brauereien bestimmten Keller, unzweifelhaft zu rechnen sind.

11) Die noch nicht angestochene Fläche einer Ziegelthongrube, die mit Schlackenhalden bedeckte Fläche eines umschlossenen Hüttenhofes, sind Teile wie des Grundstückes so der Betriebsstätte.

Nr. 104. Endurteil des II. Senats vom 23. November 1888 (Entsch. Bd. XVII. S. 255 in der Anmerkung; auch mitgeteilt in der Wochenschrift „Selbstverwaltung" Jahrgang 1889 S. 100 und 101).

1) Eine Gas-Aktiengesellschaft hat ihren Sitz in A., sie betreibt aber ihre Gasanstalt in der dicht angrenzenden Landgemeinde B. Durch Kontrakt hat

sie die Verpflichtung übernommen, alle zur Beleuchtung der Stadt C. erforderlichen Anstalten herzustellen und zu unterhalten, insbesondere auch die Straßenlaternen anzuzünden, auszulöschen und zu reinigen. Mittels eines fast ganz auf städtischem Gebiete belegenen Rohrnetzes wird die Stadt mit Gaslicht versehen, auch wird an Privatkonsumenten Gas abgegeben.

2) In der Landgemeinde B. befindet sich hiernach weder eine Betriebs-, noch eine Verkaufsstätte, das Rohrnetz selbst ist als Betriebsstätte nicht zu behandeln, dasselbe gilt von denjenigen Stellen, an welchen unter Zuhilfenahme von Feldschmieden und ähnlichen Vorrichtungen die erforderlichen Ausbesserungen an dem schadhaften Rohrnetze vorgenommen werden.

3) Ein gleiches gilt von den einzelnen Straßenlaternen, mögen dieselben von den betreffenden Privatpersonen oder von Beamten der Gesellschaft bedient werden.

4) Der Gasometer bildet keine Verkaufsstätte, ebensowenig der Raum, in welchem sich das Abrechnungs- und Zahlungsgeschäft abwickelt.

Nr. 105. Endurteil des I. Senats vom 12. Dezember 1888 (Entsch. Band XVII S. 260).

1) Bei der Auslegung der nach ihrer Wortfassung nicht jeden Zweifel ausschließenden Verordnung vom 23. September 1867 betreffend die Heranziehung der Staatsdiener zu den Kommunalauflagen in den neu erworbenen Provinzen (G.-S. S. 1648) ist auf das Gesetz vom 11. Juli 1822 (G.-S. S. 184) und auf die auf ihm beruhende, zur Zeit des Erlasses der Verordnung herrschende Rechtsauffassung als Norm der Auslegung zurückzugehen.

2) In der Verordnung (§ 8) ist unter „fester Besoldung" der, wenn auch vielleicht seinem Betrage nach schwankende und bei einem nicht dauernden Dienstverhältnisse künftig vielleicht wieder wegfallende, so doch mit Rücksicht auf das gesamte Dienstverhältnis und für dessen Dauer zugesicherte, in diesem Sinne feste Gehalt im Gegensatze zu dem reinen Stücklohne, z. B. der Rechtsanwälte, Notarien u. s. w., verstanden.

3) Die in der Staatsbauverwaltung gegen feste monatliche Remuneration beschäftigten Königlichen Regierungsbaumeister sind unmittelbar Staatsbeamte; in dieser Beziehung besteht kein Unterschied zwischen der Hochbau- und der Wasserbauverwaltung.

4) Im § 11 des Gesetzes vom 11. Juli 1822 ist von „außerordentlichen und einstweiligen" Gehülfen in den Bureaus der Staatsbehörden die Rede, welche in Hinsicht auf die Gemeindelasten den Staatsdienern nicht gleichständen. Darauf bezieht sich das Endurteil vom 17. Mai 1887 (Rechtsgrundsätze von Parey und Wiedemann S. 32 Nr. 159). Dieser Rechtsgrundsatz ist aber nicht unbedenklich.

Nr. 106. Endurteil des I. Senats vom 16. März 1889 (Entsch. Band XVIII S. 124.)

1) Die im Eigentum des Eisenbahnfiskus stehenden, an Kaufleute verpachteten Lagerschuppen, welche den Pächtern als Zwischen- und Uebergangsstation für durchgehende, zu Wasser eintreffende und erst später auf der Eisenbahn weiter beförderte Waren (oder umgekehrt) dienen, haben nicht die Eigenschaft selbständiger, gewerblicher Unternehmungen des Staatsfiskus im Sinne des § 2 des Kommunal-Abgabengesetzes vom 27. Juli 1885.

2) Die zu einer solchen Feststellung zuständige „obere Verwaltungsbehörde" ist in diesem Falle die Königliche Eisenbahndirektion, selbst wenn diese Behörde zugleich die dem Fiskus als Prozeßpartei vertretende Instanz bildet.

3) Deshalb lassen sich diese Lagerschuppen nur zu den einheitlichen, staatlichen, Eisenbahnunternehmungen im Sinne des § 5 des angezogenen

Gesetzes rechnen. Ob sie aber innerhalb dieses Unternehmens eine für sich bestehende gewerbliche Anlage darstellen, wie solche der Absatz 1 desselben § 2 als Bedingung für die Besteuerung des fiskalischen Einkommens durch die Belegenheitsgemeinde voraussetzt, ist eine Frage, welche der völlig freien Beurteilung des Verwaltungsrichters unterstellt ist.

4) Bildet auch der dem Eisenbahnfiskus zufließende Pachtzins einen Teil der Einnahme der einheitlichen abgabenpflichtigen Eisenbahnunternehmung des Staates (§ 5 a. a. O.), so würde doch die Belegenheitsgemeinde an der Besteuerung dieses Einkommens nur dann teilnehmen, wenn dem Eisenbahnfiskus innerhalb des Gemeindebezirkes aus dem hier fraglichen Besitze Ausgaben an Gehältern und Löhnen erwüchsen (§ 7 b.).

5) Die Lagerschuppen gehören nicht zu denjenigen Arten des fiskalischen Besitzes, von welchem Fiskus nach Abs. 2 des § 1 a. a. O. ausschließlich das Einkommen aus dem von ihm betriebenen Gewerbe-, Eisenbahn- oder Bergbau-Unternehmungen, sowie aus den Domainen und Forsten Steuern zu entrichten hat.

Nr. 107. Endurteil des II. Senats vom 24. Juni 1887 und 31. Mai 1889 (Entsch. Band XVIII S. 126 in der Anmerkung).

Fiskus ist von dem Einkommen (Pachtzinse) aus einer verpachteten, seitens des Pächters betriebenen fiskalischen Fähranstalt und aus einer mit einem Eisenbahnhofe zusammenhängenden, gleichfalls verpachteten und dem Pächter zum Schankwirtschaftsbetriebe dienenden Halle nicht kommunalabgabenpflichtig.

Nr. 108. Endurteil des I. Senats vom 11. September 1889 (Entsch. Band XVIII S. 128).

1) Durch die auf ein Gesellschaftsverhältnis hindeutende Firmenbezeichnung wird nicht notwendig die Existenz einer Handelsgesellschaft dargethan; hat also das Recht, eine solche Firma zu führen, ein Einzelnkaufmann erworben, so ist er auch allein als der zur Gemeindesteuer Verpflichtete anzusehen.

2) Eine Betriebsstätte kann überall da als vorhanden angenommen werden, wo ein Teil der zu einem gewerblichen Unternehmen erforderlichen Arbeit auf einen Raum, der, wenn auch nicht scharf gegen Außen abgegrenzt, doch als ein fester örtlicher Mittelpunkt der Arbeitsthätigkeit erkennbar bleibt, und nicht bloß vorübergehend, sondern in der erkennbaren Absicht, fortgesetzter Thätigkeit auf derselben Stelle geleistet wird.

3) Nach der entgegenstehenden Auffassung wären Kohlenbergwerke, Eisensteingruben und Kalkbrüche keine Betriebsstätten, wenn sie lediglich die Hülfsstoffe für den in einer anderen Gemeinde liegenden Hauptbetrieb, für ein Schienenwalzwerk liefern, weil keins von jenen auch nur annähernd das liefern kann, was dieses liefert, nämlich Schienen.

4) Die Betriebsstätte eines Fuhrwerksverleihers befindet sich nicht überall dort, wo seine verliehenen Gespanne und deren Führer vorübergehend arbeiten oder während der Reise eingestellt werden bez. nächtigen, wohl aber dort, wo die Gespanne dauernd zum Zweck ihrer gewerblichen Verwertung untergebracht sind und von ihrem Eigentümer bez. den in dessen Diensten stehenden Leuten gewartet und gepflegt werden.

Die letztere Voraussetzung trifft nur in dem Falle zu, wenn das Geschäft des Verleihers nicht bloß in der ersten Beschaffung der Gespanne und deren mietsweise Ueberlassung an Dritte, sondern zugleich in deren dauernden Unterhaltung während der Zeit der Ueberlassung besteht.

Nr. 109. Endurteil des I. Senats vom 26. Oktober 1889 (Entsch Bd. XVIII S. 132).

Volksschullehrer bleiben nach §§ 8 und 10 lit f. des Gesetzes vom 11. Juli 1822 hinsichtlich ihres Diensteinkommens in ihrer Wohnsitzgemeinde auch dann von den direkten Beiträgen zu den Gemeindelasten befreit, wenn sie an einer außerhalb jener Gemeinde bestehenden Volksschule thätig und angestellt sind. Der § 12 des Gesetzes vom 27. Juli 1885 hat den Schlußsatz des § 8 des Gesetzes von 1822 zwar aufgehoben, jedoch nur den Steuergläubiger und nicht den Umfang der Steuerpflicht geändert.

Nr. 110. Endurteil des I. Senats vom 4. Mai 1889 (Entsch. Band XVIII S. 135).

1) Von den Neuanbauern in einer Landgemeinde darf ein Einkaufsgeld für die Mitbenutzung der jener Gemeinde gehörenden Anrechte, z. B. einer Lehmgrube, nicht gefordert werden.

2) Zwar haben die Landgemeinden in den östlichen Provinzen das Recht, ein Einkaufsgeld für die Teilnehmer an den Gemeindenutzungen zu beschließen, jedoch ist diese Befugnis keine willkürliche, sondern beschränkt durch das staatliche Besteuerungsrecht (§ 13 des Gesetzes vom 30. Mai 1820).

3) Vergl. in den Registern die Stichworte „Vermietungs- oder Stubensteuer."

Nr. 111. Endurteil des I. Senats vom 7. September 1889 (Entsch. Bd. XVIII S. 140).

1) Dem Magistrat einer hannoverschen Stadt war seitens des Landrates im Interesse der öffentlichen Sicherheit aufgegeben worden, die Nachtwachen zu verstärken, die Straßenbeleuchtung zu erweitern und die Kosten für die Beschaffung und Unterhaltung dieser neuen Einrichtungen auf den städtischen Haushalt zu übernehmen. Dies konnte gemäß § 35 des Zuständigkeitsgesetzes vom 1. August 1883 nicht lediglich aus dem Grunde für unzulässig erachtet werden, weil die Feststellung durch eine p o l i z e i l i c h e Anordnung erfolgt sein soll.

2) In den hannoverschen Landgemeinden und den nach der Landgemeindeordnung vom 28. April 1859 verwalteten Städten führt der Landrat sowohl die Kommunalaufsicht, als auch die örtliche Polizeiverwaltung, deshalb ist er auch als Polizeibehörde zu der obigen Feststellung und Zwangsetatisierung befugt, wenn es sich um Erweiterung kommunaler, jedoch zur Erfüllung polizeilicher Zwecke bestimmter Einrichtungen und Anstalten handelt. (Polizeiverwaltungsgesetz vom 11. März 1850. §§ 3 u. 4, §§ 24 ff. der hannoverschen Kreisordnung vom 6. Mai 1884.)

B. Disziplinarangelegenheiten der Gemeindebeamten.

Nr. 6.

(Einzuschalten auf S. 145 des Stammwerkes.)

Endurteil des I. Senats vom 10. Oktober 1888 (Entsch. Bd. XVIII. S. 442).

Ein von dem Landrate wegen unrichtigen Verfahrens bei einer Zwangsvollstreckung in eine Ordnungsstrafe genommener Gutsdiener hat gegen diese Maßnahme kein Klagerecht, weil sie in den betreffenden gesetzlichen Vorschriften außer Betracht gelassen sind. (Altl. Kreisordnung §§ 31, 35, Hannover § 36, Hessen-Nassau § 37, Westfalen und Rheinprovinz § 23, Schleswig-Holstein § 18, Zuständigkeitsgesetz vom 1. August 1883 § 36.)

F. Rechte und Pflichten der Gemeindevorsteher und der Schöppen.

Nr. 4.

(Einzuschalten auf S. 168 des Stammwerkes.)

Endurteil des I. Senats vom 15. September 1888 (Entsch. Band XVII. S. 225).

1) Nach § 33 der Hannoverschen Kreisordnung vom 6. Mai 1884 (vergl. die altl. Kr.=O. § 25, Hessen=Nassau § 36) kann das Amt eines Gemeindevorstehers nur wegen besonderer Verhältnisse abgelehnt werden. Darüber, ob solche die Ablehnung rechtfertigen, hat die Gemeindevertretung und wo eine solche nicht besteht nicht die Gemeindeversammlung, sondern der Gemeindevorstand zu beschließen. (§§ 27, 163 des Zuständigkeitsges. vom 1. Aug. 1883.)

2) Wenn Jemand eine Wahl ablehnt, weil er seinen Wohnsitz in einem entfernten Orte habe, so handelt es sich nicht um eine Ablehnung wegen „besonderer Verhältnisse", sondern um die Bestreitung der passiven Wählbarkeit. (§§ 25 und 8 Nr. 2 der Hannoverschen Landgemeinde=Ordnung vom 28. April 1859 in Verbindung mit § 74 Nr. 3a des Gesetzes vom 8. März 1871 — G.=S. S. 130 —.

G. Armenangelegenheiten.

Nr. 3.

(Einzuschalten auf S. 39 des Ergänzungsbandes 1889.)

Endurteil des I. Senats vom 29. Mai 1889 (Entsch. Bd. XVIII. S. 150).

1) Wenn eine Stadtgemeinde mit anderen Gemeinden nicht zusammen einen Ortsarmenverband bildet, so ist der Ortsarmenverband mit der Stadtgemeinde identisch und stellt dasselbe Rechtssubjekt dar. Verfolgt ein solcher Ortsarmenverband bei dem Stadtausschusse derselben Stadt einen Anspruch dahin, daß die Angehörigen eines Hülfsbedürftigen zu dessen Unterstützung angehalten werden (§ 65 des Ausführungsgesetzes vom 8. März 1871, § 43 des Zuständigkeitsgesetzes vom 1. August 1883), so ist die Stadtgemeinde hierbei „beteiligt" im Sinne des § 59 des Landesverwaltungsgesetzes vom 30. Juli 1883.

2) Ein in diesem Sinne ergehender, zur Sache selbst nicht Stellung nehmender Beschluß des Stadtausschusses gilt nicht als ein den Vorsitzenden berechtigender „endgültiger" Beschluß. (§ 126 des L.=V.=G. vom 30. Juli 1883.)

3) Wird entgegen diesen Grundsätzen seitens eines Ortsarmenverbandes ein sub Nr. 1 erwähnter Antrag gestellt, so liegt Veranlassung vor zu einer Prorogatio fori necassaria.

VI. Gemeindeholzungen.

Nr. 3.

(Einzuschalten auf S. 39 des Ergänzungsbandes für 1889.)

Endurteil des I. Senats vom 19. September 1888. (Entsch. Bd. XVII S. 334.)

1) Nach dem Gesetze betreffend die Verwaltung der den Gemeinden gehörigen Holzungen vom 14. August 1876 (G.=S. S. 373) sollen Pläne für

den Betrieb dieser Holzungen aufgestellt werden. Die Kosten für die erste Ausarbeitung dieser Pläne haben die Gemeinden und öffentlichen Anstalten zu tragen, ebenso aber auch die Kosten für die Revisionen (Taxationsrevisionen) dieser Pläne.

2. Dem Staate fallen diese Kosten nicht zur Last, wohl aber solche Kosten, welche erwachsen durch etwaige Ermittlungen zu dem Zwecke der Entscheidung über die Notwendigkeit außerordentlicher Taxrevisionen. Dasselbe gilt von den Kosten der Nachprüfung jener Revisionen, sowie die der neuen Feststellung des Betriebsplanes. (§§ 2—7, 10 und 14 des gedachten Gesetzes.

Zweite Abteilung.

Kirche, Schule und Personenstand.

IX. Die Schule.

B. Heranziehung zu Abgaben und sonstigen nach öffentlichem Rechte zu fordernden Leistungen für Schulen, welche der allgemeinen Schulpflicht dienen.

Nr. 74.

(Einzuschalten auf S. 47 des Ergänzungsbandes 1889.)

Endurteil des I. Senats vom 23. März 1889 (Entsch. Band XVII. S. 265).

Wenn die Schulunterhaltungspflichtigen zur Erfüllung einer bereits vor Erlaß des Gesetzes vom 26. Mai 1887 (G.=S. S. 175) festgestellten Anforderung um deswillen genötigt werden, weil von Dritten bisher freiwillig und widerruflich übernommene Leistungen (Staatszuschüsse) eingestellt werden, so handelt es sich nicht um Anforderungen für Volksschulen im Sinne jenes Gesetzes (vergl. § 2). In diesem Falle handelt es sich auch nicht um eine „neue Anforderung“, eine neue Belastung, sondern um Erfüllung einer Verpflichtung, welche bereits vor Erlaß des Gesetzes vorhanden war, deshalb darf auch der Verfügung wegen der Einstellung der Zahlung des Zuschusses nicht der Einwand entgegen gestellt werden, daß dieselbe nicht hätte erlassen werden dürfen, bevor nicht die gegen sie erhobene Anforderung vom Kreisausschusse festgestellt wäre.

Nr. 75. Endurteil des I. Senats vom 19. Dezember 1888 (Entsch. Bd. XVII S. 268).

1) Wenn ein bis dahin selbständiger Gutsbezirk aufgelöst wird und wenn die dadurch kommunalfrei gewordenen Grundstücke als Landgemeinde konstituiert werden, so hört der Besitzer des früheren Gutes auf, „Gutsherr“ des Schulortes zu sein und der Besitz desselben wird Gemeindeland, gehört dem Gemeindebezirke an.

2) War der Gutsherr Gründer einer neuen Kolonie, so war er als solcher verpflichtet, für eine gute und bequeme Beschulung der Kolonisten zu sorgen (§ 31 des Gesetzes vom 3. Januar 1845 — G.=S. S. 24 —, §§ 18, 19 des Gesetzes vom 25. August 1876 — G.=S. S. 405 —); der § 65 der preußischen Schulordnung vom 11. Dezember 1845 — G.=S. 1846 S. 1 — legt dementsprechend nicht dem Gutsherrn, sondern dem „Grundherrn“, auf dessen Grund und Boden die Kolonie errichtet ist, die Verpflichtung auf, den Ausfall zu decken, welchen die Kolonisten zur Errichtung einer eigenen Schule aufzubringen, außer Stande sind.

3) Oeffentlich=rechtliche Lasten, welche nach der Verfassung der Schule, der

von der Schulaufsichtsbehörde bestätigten Schuleinrichtungsverhandlung, auf dem Grundbesitz haften, bedürfen nicht der Eintragung in das Grundbuch (§ 11 Nr. 1 der Grundbuchordnung vom 5. Mai 1872 — G.-S. S. 446 —, § 49 der Konkursordnung vom 8. Mai 1855 — G.-S. S. 321 —).

4) Das Schulbrennholz muß in diesem Falle der Gutsherr auch nach Auflösung des Gutsbezirkes fortgewähren.

Nr. 76. Endurteil des I. Senats vom 13. April 1889 (Entsch. Band XVIII S. 155).

1) Aktive Militärpersonen (Offiziere) haben ihren Wohnsitz im gesetzlichen Sinne in ihrem Garnisonorte. Sie gehören deshalb auch zur Ortsschule (öffentlichen Volksschule), sofern sie nicht einer anderen öffentlichen Schule zugewiesen sind. Ist dies nicht der Fall, so liegt ihnen auch die Unterhaltung der Ortsschule mit ob, sie müssen Hausväterbeiträge bezahlen, wie jedes andere Gemeindemitglied. Zu den Eximierten gehören die Offiziere nicht.

2) Früher bestanden für Soldatenkinder (damals auch für Offiziere) besondere Garnisonschulen. Dieselben bestehen (abgesehen von einigen besonderen Stiftungen) nicht mehr. Dagegen ist der Schulbesuch der Soldatenkinder jetzt geregelt durch §§ 86, 87 der Militärkirchenordnung vom 12. Februar 1832 und die Instruktion vom 27. September 1834.

3) Für die Offiziere ist jetzt die Ortsschule die Pflichtschule, zu deren Unterhaltung sie, wie alle Glaubensverwandte, beizutragen haben.

4) Das Reskript vom 4. August 1832, welches die Hausväterbeiträge zu den Kommunallasten rechnet, ist durch das Reskript vom 17. September 1838 reprobiert worden.

Nr. 77. Endurteil des I. Senats vom 14. September 1889 (Entsch. Bd. XVIII S. 170).

1) Im Geltungsbereiche der preußischen Schulordnung vom 11. Dezember 1845 war eine Domäne in einen Stadtbezirk eingeschult worden. Die Bedingungen dazu waren von der städtischen Schuldeputation entworfen und von Magistrat und Stadtverordneten Namens der Stadt, von der Domänenabteilung der Regierung Namens des Fiskus, von dem derzeitigen Domänenpächter und endlich von der Schulaufsichtsbehörde (Schulabteilung der Regierung) genehmigt worden. Es lag hier also eine Vereinbarung vor zwischen der Stadt als Schulpatron und dem Fiskus als Grundherrn in Vertretung der Anwohner auf seinem Grund und Boden. Durch die Bestätigung der Schulaufsichtsbehörde in Gemäßheit des § 57 der gedachten Schulordnung war die maßgebende öffentlich-rechtliche Norm geschaffen, sowohl für die Einschulung als auch für die Beitragspflicht der Gutsanwohner zu der gemeinsamen Schule. In Folge eines Irrtums hinsichtlich der Zahl der Haushaltungen im Gutsbezirke waren aus dem letzteren seit Jahren zu wenig Beiträge erhoben, weshalb die Stadt Anspruch auf eine Nachzahlung erhob und denselben im Verwaltungsstreitverfahren geltend machte. Dagegen wurde der Einwand der Unzuständigkeit des Verwaltungsrichters erhoben, weil es sich lediglich um einen, von dem ordentlichen Richter zu entscheidenden Streit handelte. Dies war aber nach § 46 Abs. 3 des Zuständigkeitsgesetzes vom 1. August 1883 nicht vollständig zutreffend. (§ 160 des Zuständigkeitsgesetzes.)

2) Selbst wenn zur Begründung des Anspruches neben den öffentlich-rechtlichen Momenten ein privatrechtliches (z. B. das der nützlichen Verwendung) hinzutritt, so wird dadurch die Entscheidung dem Verwaltungsrichter nicht entzogen.

3) Anderseits kann ein solcher Anspruch nicht gegen die Gesamtheit der gutsherrlichen Anwohner als eines korporativen Verbandes erhoben werden, sondern nur gegen die dadurch bereicherten *einzelnen* Anwohner, auch ist in

solchen Streitigkeiten der Grundherr **nicht** als der gesetzliche Vertreter der gutsherrlichen Anwohner anzusehen.

4) Die Vorschriften der preußischen Schulordnung über die Einschulung gutsherrlicher Anwohner an benachbarte Schulen beziehen sich ausschließlich auf Schulen, welche der allgemeinen Schulpflicht dienen, mithin nur auf Elementarschulen, zu deren Benutzung für die Eltern und sonstigen Vertreter, welche nicht anderweit für den Unterricht der Kinder gesorgt haben, ein gesetzlicher Zwang besteht und deren Unterhaltung zu diesem Zweck den Gemeinden, Schulverbänden u. s. w. obliegt. (Siehe Endurteil vom 11. März 1885 — Entsch. Bd. XII S. 197 —.)

Nr. 78. Endurteil des I. Senats vom 22. Mai 1889 (Entsch. Bd. XVIII S. 184).

Nach § 7 des schlesischen Schulreglements vom 18. Mai 1801 (Neue Korn'sche Ediktensammlung Bd. VII S. 266) haben die zur Unterhaltung der Schule verpflichteten Gutsherren und Gemeinden in den Dörfern „vermischter Religion" für die Kosten des Religionsunterrichtes derjenigen Kinder, deren Konfession der der Schule nicht entspricht, nicht aufzukommen.

Die Endurteile vom 24. November 1877 (Entsch. Bd. III S. 177) und vom 2. Dezember 1886 (Entsch. Bd. I S. 205) stehen diesem Grundsatze nicht entgegen.

Nr. 79. Endurteil des I. Senats vom 29. Mai 1889 (Entsch. Band XVIII S. 190).

1) Für die ehemals Königlich Sächsischen Landesteile der Provinz Sachsen ist eine Verordnung vom 11. November 1844 (G.-S. S. 698) ergangen. In derselben ist eine Verpflichtung der Rittergutsbesitzer und der ihnen gleich zu stellenden Gutsbesitzer zur Unterhaltung der „gemeinen Schulen" im landrechtlichen Sinne beizutragen, begründet worden. Diese Verpflichtung ist durch das Gesetz vom 21. Juli 1846 (G.-S. S. 392) nicht berührt worden. Die Beitragspflicht der Rittergüter u. s. w. ist durch die V. v. 1844 nicht nur für alle **kirchlichen** Bedürfnisse, sondern auch für alle Erfordernisse der **Schulen**, welche das Allg. Landrecht in den §§ 12 ff. Tit. 12 Teil II als „gemeine Schulen" bezeichnet, festgestellt.

2) Ob eine Last im Sinne des Allg. Landrechtes und der dasselbe ergänzenden Gesetze als eine **kirchliche** Last, oder als eine gemeine **Schullast** anzusprechen ist, ist für die Beitragspflicht der Rittergüter u. s. w. bedeutungslos.

Nr. 80. Endurteil des I. Senats vom 12. Juni 1889 (Entsch. Bd. XVIII S. 200).

Die Anwendung der V. vom 11. November 1844 ist ausgeschlossen, wenn vor ihrer Publikation Erkenntnisse ergangen sind, durch welche eine Befreiung von den Schullasten oder ein anderes Beitragsverhältnis für dieselben festgestellt ist.

Im vorliegenden Falle war jedoch die Befreiung eines Rittergutes nicht von **allen** Leistungen für die Schule durch rechtskräftiges Erkenntnis schon vor der Publikation jener Verordnung festgestellt worden, vielmehr handelte es sich bei jenem Prozesse nur um Beiträge des Rittergutes für den Bau und die Unterhaltung des früher errichteten Schul- und Küsterhauses und um die Kosten zur Herbeiholung eines neuen Lehrers, nicht aber um die Aufbringung sonstiger Schulbedürfnisse z. B. um Aufbringung des Lehrergehaltes und des Heizungsgeldes für eine zweite Schulstelle.

Nr. 81. Endurteil des I. Senats vom 22. Juni 1889 (Entsch. Band XVIII S. 205).

1) Nach den Vorschriften des Allg. Landrechtes II. 12 § 33 sind die

Gutsherren des Schulortes von den Hausväterbeiträgen befreit. Dies stellt sich in der Provinz Hannover dar als eine „Exemtion von Schullasten" im Sinne des Hannoverschen Gesetzes, betreffend das christliche Volksschulwesen, vom 26. Mai 1845 (G.=S. S. 465), die Befreiung ist deshalb als beseitigt anzusehen, soweit in der Provinz Hannover das Allgemeine Landrecht gilt und nach dem Erlaß des Gesetzes von 1845 die Schullasten erhöht worden sind.

2) Exemtion bedeutet jede Ausnahme von der Regel, von der allgemeinen Verpflichtung, von der gemeinen Last, von der den übrigen Beteiligten obliegenden gemeinen Steuerpflicht. Die Annahme, die Exemtionen würden durch ein allgemeines Gesetz ausgeschlossen, wird veranlaßt durch die unterbliebene Scheidung dieses mehrdeutigen Ausdruckes in jus generale und commune. Jene können wie aus einer lex specialis (privilegium), so auch aus einer lex generalis entstehen, vorausgesetzt, daß diese nicht jus commune, sondern jus singulare statuiert. Zum letzteren gehört auch die Steuerfreiheit der Rittergüter, deren „Exemtionsprivileg" vielfach „durch Vorschützung der als Aequivalent geltend gemachten Verpflichtung zum Kriegsdienst" begründet wurde. Der Begriff „Exemtion" schließt daher nicht eine auf die verminderte gemeine Leistung bezügliche anderweite besondere Leistung aus, setzt jedoch voraus, daß diese Ausgleichung zwischen Minderung und Gegenleistung eine Abweichung vom allgemeinen Grundsatze des Rechtes, ein „regelwidriges Recht" enthält. Ein solches liegt aber in den §§ 33, 36 gegenüber §§ 29, 34 Tit. 12 Teil II Allg. Landrechtes vor.

Nr. 82. Endurteil des I. Senats vom 4. Mai 1889 (Entsch. Bd. XVIII S. 216).

1) Nach §§ 37—39 der Hessen=Nassauischen Kreisordnung vom 7. Juni 1885 (vergl. 31—33 der altländischen Kreis=O., Hannover §§ 36—38, Westfalen und Rheinprovinz § 23, Schleswig=Holst. §§ 28—30) liegt die Vertretung des fiskalischen Gutsbezirks nicht dem Fiskus, sondern dem von ihm ernannten, vom Landrate bestätigten stellvertretenden Gutsvorsteher ob, jedoch nur soweit, als dies aus der obrigkeitlichen Stellung des Gutsvorstehers folgt, also in Ansehung solcher Rechte und Pflichten, welche der Gutsvorsteher als die Ortsobrigkeit gegenüber dem Gutsbezirk und für denselben wahrzunehmen, berufen ist. Dagegen ist es für rein vermögensrechtliche Ansprüche an den Besitzer des Gutes und dessen Bewohner auch dann bei deren ausschließlichen Befugnis zur eigenen Vertretung ihrer Gerechtsamen verblieben, wenn sie auf Grund öffentlichen Rechtes geltend gemacht werden. (Siehe die Endurteile vom 4. Februar 1880 — Entsch. Bd. VI S. 206 — und vom 28. Februar 1883 — Entsch. Bd. IX S. 135 —.) Für einen Streit über eine auf den Besitz des Fiskus (in diesem Falle des Forstfiskus) umgelegte Schullast ist sonach der Fiskus als Besitzer des mit einer Stadt einen Kirchen= und Schulverband bildenden Gutes, nicht aber als Vertreter des Gutsbezirkes legitimiert. Als Beklagter ist dann der Stadtrat als die örtliche Behörde des Schulverbandes und nicht die Stadt einzustellen.

2) Dem auf höheren Befehl erlassenen Ausschreiben und Regulativ des Fürstlich=Hessischen Konsistoriums vom 28. Februar 1766 ist die Bedeutung einer landesherrlichen Verordnung zuzuerkennen, jedoch nur hinsichtlich der baulichen Unterhaltung der Kirchen=, Pfarr= und Schulgebäude und auch dies nur soweit, als die Voraussetzungen bestimmt werden, unter welchen solche am Orte der Mutterkirche befindlichen Gebäude von den Filialen, Vikariaten und Gemeinden mit eigenen derartigen Gebäuden mit zu unterhalten sind.

3) Baupflichtig sind aber nicht die bürgerlichen Gemeinden, sondern die Eingepfarrten in den Gemeinden.

4) Die außer der Baulast erforderlichen Aufwendungen für die Schule am Orte der Mutterkirche und die Kosten für die übrigen Schulen überhaupt müssen als eine Last der bürgerlichen Gemeinde angesehen werden. (Siehe Endurteil vom 22. Dezember 1884 — Entsch. Bd. XI S. 170 —.)

5) Bezüglich der Mühlen, Vorwerke und Höfe außerhalb der Gemeindebezirke besteht nur eine persönliche Beitragspflicht. Sie haben die den bürgerlichen Gemeinden obliegenden öffentlichen Aufgaben, soweit diese nicht auf den besonderen Zwecken der Gemeinde beruhen, ebenfalls zu erfüllen. Außer Zweifel ist dies für die als selbständige Gutsbezirke anerkannten Höfe. (§ 37 des H.-N. Kreis-O.)

6) Als Maßstab für die Verteilung der Schullasten zwischen den im Schulverbande stehenden Gemeinden und Gutsbezirken werden die direkten Staatssteuern (ausschließlich der Steuer für den Gewerbebetrieb im Umherziehen) angesehen, sofern nicht abweichende Observanzen oder Verträge vorhanden sind.

C. Schulbauten.

Nr. 30.

(Einzuschalten auf S. 49 des Ergänzungsbandes 1889.)

Endurteil des I. Senats vom 26. Januar 1889 (Entsch. Bd. XVII S. 272).

1) Für einen Schulbezirk in Hannover, zu welchem die evangelischen Bewohner einer Stadt und mehrerer Landgemeinden gehörten, mußte ein neues mehrklassiges Schulhaus gebaut werden. Seitens der Stadt wurden Einwendungen gegen die Zweckmäßigkeit des Bauprojektes erhoben. Der darüber sich entwickelnde Streit konnte nicht in Gemäßheit des § 47 des Zuständigkeitsgesetzes vom 1. August 1883 zum Austrag gebracht werden, weil die Stadt zu den Baukosten nichts beizutragen hatte, also auch nicht zu den „Beteiligten" im Sinne jenes § 47 Abs. 3 gehörte. Demgemäß konnte auch in diesem Falle dem Magistrat ein Klagerecht nicht eingeräumt werden, selbst nicht als Patron der oberen Klassen jener Schule, es sei denn, daß die Schulbaupflicht mit dem Patronate als solchen verbunden ist.

2) Die Verwaltung des Schul- und Stiftungsvermögens, die Beschlußfassung über Bauten, die Art ihrer Ausführung, ihrer Leitung und Beaufsichtigung stand in diesem Falle allein dem Schulvorstande zu. Entsteht Streit über die Anordnung von Neu- und Reparaturbauten, so unterliegt derselbe nach § 47 Abs. 1 der Beschlußfassung der Schulaufsichtsbehörde. In dem sich event. daran anschließenden Verwaltungsstreitverfahren sind aktiv und passiv nicht allein die Schulbaupflichtigen (auch unter einander), sondern alle Diejenigen legitimiert, welche ein rechtlich begründetes Interesse an der Ausführung haben; der Patron hat dabei keine Mitwirkung, wohl aber steht eine solche den kirchlichen Interessenten zu (Gesetz vom 21. Juli 1846 — G.-S. S. 392 —).

Nr. 31. Endurteil des I. Senats vom 20. März 1889 (Entsch. Bd. XVII S. 276).

1) Im Geltungsbereiche der preußischen Schulordnung vom 11. Dezember 1845 ist der Schulvorstand zur Vertretung der zur Unterhaltung der Elementarschulen verpflichteten bürgerlichen Gemeinden in ihren auf diese Pflicht bezüglichen Angelegenheiten nicht berufen. Seine Stellung ist in § 32 a. a. O. auf die Vertretung der Schule in ihren Rechtsangelegenheiten und die Verwaltung ihres Vermögens beschränkt, wodurch die Befugnis der Gemeinden zur Wahrnehmung ihrer Gerechtsame nicht berührt wird.

2) Die Beschlüsse der Schulaufsichtsbehörde (§ 47 des Zuständigkeitsgesetzes

vom 1. August 1883) haben sich sowohl auf die Art und den Umfang des für erforderlich erachteten Schulbaues, als auch auf die Verteilung der Kosten unter den Verpflichteten zu erstrecken. Im Geltungsbereiche der Schulordnung vom 11. Dezember 1845 sind zur Klage nur die von der Schulaufsichtsbehörde für die Kosten in Anspruch Genommenen legitimiert, also nicht der Schulvorstand.

3) Bei der Prüfung der Notwendigkeit und der Art der Ausführung von Schulbauten ist der Schulvorstand nicht unbedingt der Anordnung der Schulaufsichtsbehörde unterworfen.

Nr. 32. Endurteil des I. Senats vom 8. Dezember 1888 (Entsch. Bd. XVII S. 277).

1) Handelt es sich um den Neubau eines Schul- und Küsterhauses in Gemäßheit des Gesetzes vom 21. Juli 1846 — G.-S. S. 392 — und ist die Notwendigkeit von der kirchlichen und Schulaufsichtsbehörde genehmigt, so liegt nicht etwa ein Privatabkommen der beteiligten Korporationen vor, sondern es handelt sich um die Erfüllung der den letzteren obliegenden öffentlich-rechtlichen Verpflichtung.

2) Bei Streitigkeiten über die Verteilung der Baulast ist der Beschluß der Schulaufsichtsbehörde keineswegs erst dann zulässig, nachdem Riß- und Bauplan genehmigt worden, vielmehr ist es Aufgabe der Aufsichtsbehörde, die Grundsätze für die Verteilung der Baukosten bereits vor dem Beginn des Baues festzustellen.

3) Die Schulaufsichtsbehörde ist nicht berechtigt, Bestimmungen über die künftigen Unterhaltungskosten zu treffen, vielmehr hat sich der Beschluß lediglich auf den vorliegenden Baufall zu beschränken.

Nr. 33. Endurteil des I. Senats vom 5. Juni 1889 (Entsch. Bd. XVIII S. 167).

1) Die Kosten der baulichen Untersuchung eines angeblich baufälligen Gebäudes (hier eines Schul- und Küsterhauses) sind als „Baukosten" nicht anzusehen, wohl aber die Kosten, welche durch die Ausarbeitung des Bauprojektes und die hierfür erforderliche Besichtigung und Aufnahme des Gebäudes seitens der Sachverständigen, sowie durch die spätere Bauleitung und Abnahme des Baues bedingt werden.

2) Erachtet die Schulaufsichtsbehörde die Kirchen- und Schulgemeinde nach öffentlichem Rechte für verpflichtet, die zuerst gedachten Besichtigungskosten zu bezahlen, so muß sie in Gemäßheit des § 48 des Zuständigkeitsgesetzes vom 1. August 1883 bezw. des § 27 des Gesetzes vom 3. Juni 1876 (G.-S. S. 125) das Geeignete veranlassen.

Nr. 34. Endurteil des I. Senats vom 22. Juni 1889 (Entsch. Bd. XVIII S. 177).

1) In einer Streitsache zwischen einem Kirchenpatron einerseits und der Kirchen- und Schulgemeinde, sowie der beigeladenen Regierung andrerseits wegen Wiederaufbaues des Küster- und Schulhauses, sowie der Wirthschaftsgebäude und wegen des dazu zu zahlenden Patronatsbeitrages hatte sich der Vertreter der beigeladenen Regierung durch eine von dem Regierungspräsidenten (Köslin) mitunterzeichnete Vollmacht legitimirt. Dieser Umstand mußte zur Folge haben, daß der Regierungspräsident von der Verhandlung und Entscheidung ausgeschlossen wurde. (§ 61 des Landesverwaltungsgesetzes vom 30. Juli 1883.)

2) Der Beigeladene steht in dieser Beziehung der Partei gleich. Der Regierungspräsident ist zwar nicht der ausschließliche gesetzliche Vertreter der beigeladenen Regierung, wohl aber deren Vorsitzender. Nimmt er in dieser Eigenschaft an Prozeßhandlungen Teil, sei es unmittelbar, sei es mittelbar durch Vollziehung der Vollmacht für den Prozeßvertreter, so ist er von der

Teilnahme an dem Richterspruche ausgeschlossen. Der zweite Absatz des § 61 a. a. O. bezieht sich auf Absatz 1 insoweit nicht, als hier die Vorschriften der bürgerlichen Prozeßgesetze über Ausschließung der Gerichtspersonen als maßgebend bezeichnet sind.

3) Das Gesetz vom 21. Juli 1846 bezieht sich im § 4 nur auf die im Schulinteresse ausgeführten Neu- und Reparaturbauten. Die kirchlichen Verpflichteten haben einen Neubau im Umfange der alten, vor Erlaß dieses Gesetzes bestandenen Wirtschaftsgebäude auch dann auszuführen, wenn inzwischen die Landdotation des Küsters gemäß § 101 der Gemeinheitsteilungsordnung vom 7. Juni 1821 zur Erreichung der in § 41b a. a. O. festgesetzten geringsten Fläche vergrößert worden ist. Hat eine solche Vergrößerung bei der Regulierung der gutsherrlich-bäuerlichen Verhältnisse stattgefunden, so muß auch noch nachgewiesen werden, daß nach Erlaß des Gesetzes vom 21. Juli 1846 auch eine Erweiterung der Wirtschaftsgebäude zur Ausführung gelangt ist, unter welcher Voraussetzung allein die Schulgemeinde nach Maßgabe der Erweiterung an deren Neubau zu beteiligen wäre.

4) Die Pommersche Kirchenordnung von 1535 und 1563 und der § 731 Tit. 11 Teil II Allg. Landrechtes konnten in diesem Falle nicht zur Anwendung kommen, für das Gegenteil spricht auch nicht das Endurteil vom 20. April 1887 (Entsch. Bd. XV S. 270).

Nr. 35. Endurteil des I. Senats vom 25. Mai 1889 (Entsch. Bd. XVIII S. 187).

Das General-Landschul-Reglement für Schlesien vom 3. November 1765 (Korn'sche Edikten-Sammlung Bd. VIII S. 780) enthält nur Vorschriften für katholische Schulen, an welchen katholische Lehrer den Unterricht zu erteilen hatten. Dagegen regelt sich die Verpflichtung zur Herstellung der Gebäude einer evangelischen Schule in den „Dörfern vermischter Religion" im Sinne des Schulreglements vom 18. Mai 1801 lediglich nach dem Allg. Landrecht II 12, §§ 34—38. Für die katholischen Schulen bleibt maßgebend der § 13 des oben gedachten Reglements von 1765.

XIa. Staatsangehörigkeit.

Nr. 5.

(Einzuschalten auf S. 49 des Ergänzungsbandes für 1889.)

Endurteil des I. Senats vom 9. Oktober 1889 (Entsch. Bd. XVIII S. 397).

1) Nach dem Gesetze vom 31. Dezember 1842 über den Erwerb oder Verlust der Rechte als preußischer Unterthan (G.-S. 1843 S. 15) konnte jene Rechte durch langjährigen Aufenthalt im Inlande Niemand erwerben. Wenn vor jener Zeit ein solcher Erwerb durch die unter Zustimmung der Behörde erfolgte Gründung eines Domizils im Inlande oder ohne jene durch dessen Beibehaltung während eines Zeitraumes von zehn Jahren möglich war, so fehlten in diesem Falle die Voraussetzungen, weil in dem Aufenthalte bei inländischen Verwandten, welchen der damals (1838) zehnjährige Kläger zum Zwecke der Erziehung begonnen hat, die Aufschlagung eines beständigen Wohnsitzes nach § 14 Tit. 2 Teil I der Allgemeinen Gerichtsordnung vom 6. Juli 1793 nicht erblickt werden kann, abgesehen davon, daß für eine auf Gründung des Domizils gerichtete Zustimmung weder des Vaters noch der Polizeibehörde nichts beigebracht war.

2) Der Vater des Klägers war 1822 ohne Erlaubnis von Preußen nach russisch Polen verzogen, der in Folge dessen eingetretene Verlust der preußischen Staatsangehörigkeit erstreckte sich nur auf die bei ihm befindlichen, nicht aber auf die im Inlande zurückgebliebenen Kinder. Die bezügliche Bestimmung in Abs. 2 des § 21 des Gesetzes vom 1. Juni 1870 (B.=G.=Bl. S. 355) hat nur einen früher bestandenen Rechtsgrundsatz ausgesprochen, nicht aber neues Recht geschaffen.

3) Die ohne jede Absicht der Rückkehr von dem Vater ausgeführte Verlegung des Wohnsitzes in das Ausland hatte bis zum Erlasse des Gesetzes vom 31. Dezember 1842 den Verlust der Eigenschaft als preußischer Unterthan zur Folge, und zwar sowohl für den mit einem Auswanderungskonsens nicht versehenen, dieserhalb strafbaren Unterthan, als für die mitgenommenen noch minderjährigen Kinder desselben. Deshalb war der Einspruch gegen die hier in Rede stehende Landesverweisung gegen den Sohn (jetzigen Kläger) gerechtfertigt.

Dritte Abteilung.

Polizeiliche Angelegenheiten.

XII. Polizeiliche Verfügungen im Allgemeinen, auch Zwangsmittel.

Nr. 94.

(Einzuschalten auf S. 52 des Ergänzungsbandes für 1889.)

Endurteil des III. Senats vom 17. Januar 1889 (Entsch. Bd. XVII S. 441).

Was unter der „Zustellung" von polizeilichen Verfügungen zu verstehen sei, ist im Gesetze nicht näher angegeben; insbesondere schreibt das Gesetz (§ 52 des Landesverwaltungsgesetzes vom 30. Juli 1883) für die Zustellung die schriftliche Form nicht allgemein vor. Danach kann die Zustellung einer polizeilichen Verfügung mit der Wirkung, daß dadurch der Beginn der Frist zur Anbringung der Klage bestimmt wird, auch in Gestalt einer mündlichen Eröffnung zu Protokoll erfolgen.

Nr. 95. Endurteil des I. Senats vom 12. Oktober 1889 (Entsch. Bd. XVIII S. 407).

1) Ein Strafurteil bindet weder den Strafrichter für spätere Fälle, noch die Polizeibehörde.

2) Wenn in einem Strafurteil ausgesprochen ist, daß ein Verkäufer von geldähnlichen Fabrikaten (Spielmarken, Medaillen u. s. w.) den etwaigen durch Dritte verübten Mißbrauch strafrechtlich nicht zu verantworten hat, so folgt daraus noch nicht, daß Münznachbildungen, welche bereits vielfach zu einem vollendeten oder versuchten Münzbetruge gedient haben, polizeilich geduldet werden müßten, vielmehr ist ein Einschreiten der Polizei in diesem Falle aus dem Gesichtspunkte der öffentlichen Ordnung als berechtigt anzuerkennen.

3) Diejenige Seite der öffentlichen Ordnung, welche als Regelung des Geldwesens und Geldumlaufs in die Erscheinung tritt, wird nicht allein dann gefährdet, wenn Objekte, welche sich äußerlich als Geld darstellen, aber kein Geld oder doch kein gültiges oder vollwertiges sind, in den Verkehr gelangen, sondern daß sie bereits gestört wird durch solche Objekte, welche sich nicht als Geld darstellen, gleichwohl aber, weil sie diesem in dem äußern Anschein ähneln, die Möglichkeit und damit die Gefahr begründen, im Verkehr als Geld gegeben und genommen zu werden und damit die staatlich gesicherte Ordnung des Geldumlaufes zu verwirren. Einer solchen Verwirrung entgegenzutreten, ist die Polizei wohl berechtigt.

Nr. 96. Endurteil des I. Senats vom 23. November 1889 (Entsch. Bd. XVIII S. 411).

Es handelte sich um die Regelung der polizeilichen Angelegenheiten in einer sogenannten Villen-Kolonie, welche von einer Handelsgesellschaft ohne

Annahme eines bestimmten Bebauungsplanes angelegt war. Die erforderlichen Zugänge waren überall vorhanden, die Wege waren, ohne öffentliche zu sein, dem Publikum freigegeben und dem entsprechend benutzt. Streitigkeiten entstanden wegen der Beleuchtung und der Bewachung der Straßen.

1) Die Beleuchtung:

a) Die Pflicht zur Tragung der Polizeikosten aus § 3 des Polizeiverwaltungsgesetzes vom 11. März 1850 tritt nur dann ein, wenn kein Dritter dazu angehalten werden kann. (E. des O.-V.-G. vom 10. November 1880 — Entsch. Bd. VII S. 348 —.)

b) Jeder Eigentümer ist öffentlich-rechtlich verpflichtet, sein Grundstück in solchem Zustande zu erhalten bezw. so umzugestalten, daß polizeilich zu schützende öffentliche Interessen nicht beeinträchtigt oder gefährdet werden, mag die unzulässige Beschaffenheit durch den Eigentümer selbst, durch Dritte oder durch Zufall entstanden sein (a. a. O. und E. vom 5. Dezember 1881 — VIII. 327 —, vom 28. November 1883 — X. 178 —, vom 14. September 1885 — XII. 306 —, vom 29. April 1886 — XIII. 327 —).

c) Diese allgemeine Pflicht des Eigentümers fällt fort bezüglich solcher Verhältnisse, für welche die öffentlich-rechtlichen Pflichten durch spezielle Rechtsnormen anderweit geregelt sind und in diesen ihre rechtliche Schranke findet. (E. v. 2. Januar 1888 — XVI 321 —).

Was von der Beleuchtung der Flure und Treppen der Mietshäuser gesagt ist (E. v. 19. September 1883 — XII 391 —) gilt auch für Hofräume, Plätze, Grundstücke u. s. w., auf welchen dritte Personen zu verkehren genötigt sind und auf welchen ihnen der Verkehr von dem Privateigentümer gestattet ist, mag diese Gestattung durch einen Mietsvertrag oder auch ohne jede rechtliche Verpflichtuug veranlaßt sein.

Oeffentliche, von der Polizei übernommene Wege (z. B. die Voßstraße in Berlin — E. v. 25. Juni 1889 — hat nicht der Eigentümer zu beleuchten und zu reinigen, sondern die Gemeinde.

Die Pflicht zur Beleuchtung wird in der Regel nicht eingeschlossen in die Pflicht der Wegeunterhaltung (Ausnahmen kommen vor). (E. v. 1. Dezember 1878 — IV S. 419 —).

Privatwege muß der Eigentümer beleuchten (E. v. 11. Mai 1889 — X 526 — vom 15. November 1878 — V 404 —).

2) Die polizeilichen Kosten der Bewachung (Nachtwachtwesen) hat immer die Gemeinde zu tragen.

Nr. 97. Endurteil des I. Senats vom 26. Oktober 1889 (Entsch. Bd. XVIII. S. 418).

1) Polizeiliche Anordnungen in Gesindestreitsachen werden durch die im Laufe des Prozesses erfolgte Beendigung des Dienstverhältnisses gegenstandslos, der Streit über die Rechtmäßigkeit derselben erledigt sich aber dadurch nicht von selbst.

2) Gesinde-Verträge (Ges.-O. vom 8. November 1810) sind privatrechtlicher Natur, die Polizei hat nur insoweit eine Einwirkung, als dieselbe durch besondere gesetzliche Bestimmungen gerechtfertigt ist (§§ 33, 37, 51, 83, 160, 167, 172 und 173 der Ges.-O.).

3) Gesinde-Verträge aufzulösen, steht der Polizei nicht zu. (Reskript vom 17. April 1812.)

4) Bei Streitigkeiten über den Beginn, die Fortsetzung oder die Beendigung des Dienstverhältnisses hat die Polizei die vorläufigen Bestimmungen zu erlassen und zu exekutieren. Diesen Bestimmungen ist bis zur Entscheidung des

Richters Folge zu leisten, außerdem ist die Thätigkeit der Polizei nur eine vermittelnde.

5) In den Fällen der §§ 160 und 167 ist das Einschreiten der Polizei nicht schon dann gerechtfertigt, wenn der eine oder der andere Teil sich zur Lösung des Dienstverhältnisses nur berechtigt glaubt, während jedoch das Dienstverhältnis thatsächlich fortgesetzt wird.

Nr. 98. Endurteil des III. Senats vom 24. September 1888 (Entsch. Bd. XVIII S. 422).

1) Die von Privaten oder Vereinen veranstalteten Lustbarkeiten werden zu öffentlichen, sobald Jedermann — sei es ohne oder gegen Eintrittsgeld — Zutritt hat. Unerheblich ist dabei, ob es sich um ein Vereins-Stiftungsfest handelt. (Minist.-E. v. 2. November 1884 — Min.-Bl. d. i. V. S. 251 —).

2) In dem Min.-E. v. 26. November 1859 — a. a. O. S. 339 — ist der Fall behandelt, daß eine geschlossene Gesellschaft eine Lustbarkeit für ihre Mitglieder und etwaige Gäste derselben (wenn auch gegen besonderes Eintritts- oder Tanzgeld) veranstaltet. In diesem Falle ist das Eintrittsgeld nicht als Merkmal der Oeffentlichkeit anzusehen. „Gäste" sind solche Personen, deren Teilnahme mindestens von der Einführung durch Vereinsmitglieder bedingt wird, also irgend welche persönliche Beziehungen derselben zu den sie einführenden Vereinsmitgliedern voraussetzt.

3) Oeffentliche Tanzlustbarkeiten können durch Polizeiverordnung von einer polizeilichen Genehmigung abhängig gemacht werden, eines Gesetzes bedarf es dazu nicht.

XIII. Die Jagd.

A. Jagdscheine.

Nr. 11.

(Einzuschalten auf S. 259 des Stammwerkes.)

Endurteil des III. Senats vom 10. Oktober 1889 (Entsch. Band XVIII S. 299).

1) Wegen des Begriffes der „Gefährdung der öffentlichen Sicherheit" im Sinne des § 15 des Jagdpolizeigesetzes vom 7. März 1850, vergl. Endurteil vom 18. September 1884 (Entsch. Bd. XI S. 293).

2) Nicht jede Verletzung irgend welcher staatsbürgerlicher Pflichten und nicht jeder strafbare oder nicht strafbare Verstoß gegen die öffentliche Ordnung auf irgend einem Lebensgebiete, „Durchbrechung des ordentlichen Rechtszustandes", kann unter den Begriff der Gefährdung der öffentlichen Sicherheit im Sinne des Jagdgesetzes gebracht werden. Selbst wegen verübter Forst- und Jagdfrevel „kann" der Jagdschein versagt werden und auch dies nur innerhalb 5 Jahren nach verbüßter Strafe, er „muß" also dieserhalb nicht versagt werden.

3) Der Umstand, daß Jemand in einer Untersuchungssache gegen einen anderen bei seiner gerichtlichen Vernehmung die Unwahrheit gesagt hat, bildet keinen Grund zur Versagung des Jagscheines.

B. Jagdbezirke und Jagdverpachtung.

Nr. 18.

(Einzuschalten auf S. 52 des Ergänzungsbandes für 1889.)

Endurteil des III. Senats vom 13. September 1888 (Entsch. Bd. XVII S. 339).

1) Ein Streit darüber, ob die von einer offenen Handelsgesellschaft in

einer Feldflur besessenen Grundstücke zu denjenigen gehören, welche nach § 4 des Jagdpolizeigesetzes vom 7. März 1850 einen gemeinschaftlichen Jagdbezirk bilden, oder ob dieselben zu den in § 2 a. a. O. vorausgesetzten Besitzungen gehören, auf denen der Besitzer zur eigenen Ausübung des Jagdrechtes befugt ist, kann nur zwischen der Gemeindebehörde als Vertreterin des Jagdbezirkes einerseits und dem Besitzer (Eigentümer) der streitigen Grundstücke anderseits entschieden werden.

2) Ist der Eigentümer der streitigen Grundstücke eine offene Handelsgesellschaft, so kann auch nur diese verklagt werden und nicht nur einer der Gesellschafter und Miteigentümer.

Nr. 19. Endurteil des III. Senats vom 1. November 1888 (Entsch. Bd. XVII S. 342).

1) Die Universität G. (Pommern) hatte die Jagd von drei ihr gehörigen Pachthöfen, welche in einer Gemeinde belegen waren aber jeder über 300 Morgen Land enthielten, an drei verschiedene Personen verpachtet. Der Landrat war der Ansicht, dies verstoße gegen den § 12 des Jagdpolizeigesetzes vom 7. März 1850. Wenn dies zutreffend gewesen wäre, so würde der Landrat wohl befugt erscheinen, in Wahrnehmung der ihm zustehenden Jagdpolizei (§ 103 des Zust.-Ges. vom 1. August 1883, Endurteil vom 17. März 1881 — Entsch. Bd. VII S. 246 —) nicht blos gegen die drei Pächter, sondern auch gegen die Universität als Eigentümerin und Verpächterin einzuschreiten und von ihr zu verlangen, daß sie die gesetzwidrigen Jagdpachtverträge nicht ferner erfülle, die Pächter nicht ferner zur Ausübung der Jagd zulasse.

2) Im vorliegenden Falle war nicht anzunehmen, daß der Landrat der Universität habe aufgeben wollen, die Jagdpachtverträge durch neue mit den bisherigen Pächtern abzuschließende Verträge förmlich außer Kraft zu setzen, vielmehr bildete die *faktische* Aufhebung der von der Universität abgeschlossenen und bisher erfüllten Verträge den Gegenstand der angefochtenen landrätlichen Verfügung. Hinsichtlich der letzteren war es unzulässig, der Universität aufzugeben, eine anderweite den Vorschriften des § 12 a. a. O. entsprechende Verpachtung vorzunehmen, vielmehr mußte der Universität überlassen bleiben, ob und event. auf welche gesetzlich zulässige Weise, ob durch Verpachtung oder durch einen angestellten Jäger (§ 3 Abs. 3 a. a. O.) sie ihr Jagdrecht ausüben wollte.

3) Die Annahme, daß die von der Universität vorgenommene Jagdverpachtung den Bestimmungen des Jagdpolizeigesetzes zuwiderlaufe, war rechtsirrtümlich und deshalb die landrätliche Verfügung ihrem ganzen Inhalte nach außer Kraft zu setzen, denn die Jagd war nicht auf *derselben* Grundfläche an eine Mehrheit von Personen, sondern es war die Jagd auf *mehreren* Grundflächen an Einzelpersonen verpachtet worden. Es lag also ein Verstoß weder gegen § 12, noch gegen § 2a des Jagdpolizeigesetzes vor.

Nr. 20. Endurteil des III. Senats vom 22. November 1888 (Entsch. Bd. XVII S. 349).

In der Provinz Hannover kann nach den dort geltenden jagdpolizeilichen Vorschriften (Jagdordnung vom 11. März 1859 — Hann. G.-S. S. 159 —) dem Eigentümer eines von einem selbständigen Jagdbezirke umschlossenen, diesem angeschlossenen Grundstücke eine Entschädigung gewährt werden. Gegen die von dem Jagdvorstande festgestellte Verteilung der Erträge der gemeinschaftlichen Jagdnutzung kann von den einzelnen Besitzern eine Klage auf Herauszahlung eines Teiles der Entschädigungsgelder im Verwaltungsstreitverfahren nicht erhoben werden.

Nr. 21. Endurteil des III. Senats vom 22. November 1888 (Entsch. Bd. XVII S. 353).

Nach dem Kurhessischen Jagdgesetze vom 7. September 1865 (Kurh. G.-

S. S. 571) hat die Gemeinde einen Anspruch darauf, daß die Ausübung der Jagd auf solchen Grundflächen von weniger als 100 Casseler Acker, welche von einer ein eigenes Jagdrevier bildenden Fläche ganz umschlossen sind, von dem Besitzer oder Pächter dieses Reviers pachtweise übernommen werde. Diesem Anspruche gegenüber besteht aber kein Anspruch des Verpflichteten darauf, daß die Gemeinde die Ausübung der Jagd auf der Enklave ruhen lassen müsse, wenn sie von jenem Rechte keinen Gebrauch machen will.

Nr. 22. Endurteil des III. Senats vom 23. Mai 1889 (Entsch. Bd. XVIII S. 288).

1) Wenn eine Gemeinde durch einen im Eigentume des Staates stehenden Strom durchschnitten wird, so bildet die betreffende Stromstrecke einen Teil des Gemeindebezirkes und mit allen übrigen Gemeindegrundstücken einen gemeinschaftlichen Jagdbezirk (§ 2 des Jagdpolizeigesetzes vom 7. März 1850).

2) Jene Stromstrecken gelten als „Grund und Boden" im Sinne der §§ 1—3 des Gesetzes vom 31. Oktober 1848 und §§ 1, 2 des Gesetzes vom 7. Februar 1850. Die Aufhebung des Jagdrechtes auf fremdem Grund und Boden erstreckt sich auch auf die in gemeinem Eigentum des Staates befindlichen Gewässer; die Natur der Regalität der Jagd auf öffentlichen Flüssen kann keinen Grund abgeben, die Anwendbarkeit des Gesetzes vom 31. Oktober 1848 darauf auszuschließen.

3) Die Voraussetzungen, welche § 2 des Gesetzes vom 7. März 1850 für das Recht zur eigenen Ausübung der Jagd hinstellt, liegen bei dem Fiskus als Eigentümer öffentlicher Flüsse nicht vor, da letztere weder einen land- oder forstwirtschaftlich genutzten Flächenraum darstellen, noch „Seeen" oder „zur Fischerei eingerichteten Teichen" gleich erachtet werden können.

4) Der zur Jagd auf dem gemeinschaftlichen Jagdbezirke Berechtigte kann ein wesentliches Interesse daran haben, die Jagd auf dem angrenzenden Strome mit auszuüben, da er dadurch in die Lage versetzt wird, das im gemeinschaftlichen Jagdbezirke angeschossene Wild im Stromgebiete zu verfolgen.

5) Durch die Hineinziehung des öffentlichen Stromes in den gemeinschaftlichen Jagdbezirk wird die mit der Zweifelhaftigkeit der Grenze zwischen Strombett und Ufer verbundene Rechtsunsicherheit beseitigt.

Nr. 23. Endurteil des III. Senats vom 21. Oktober 1889 (Entsch. Bd. XVIII S. 292).

Aus § 7 Abs. 1 des Jagdpolizeigesetzes vom 7. März 1850 erwächst dem Waldeigentümer kein klagbares Recht darauf, daß die Ausübung der Jagd auf einer von seinem Walde umschlossenen, im Eigentum einer Nachbargemeinde befindlichen Enklave von 300 Morgen Größe dem Gesetze gemäß geregelt werde (§ 105 des Zuständigkeitsgesetzes vom 1. August 1883).

Nr. 24. Endurteil des III. Senats vom 23. Mai 1889 (Entsch. Bd. XVIII S. 295).

1) Auf Grund des § 7 des Jagdpolizeigesetzes vom 7. März 1850 ist der Landrat als Jagdpolizeibehörde nicht berechtigt, den Ausschluß von Waldenklaven aus dem gemeinschaftlichen Jagdbezirk anzuordnen.

2) Zu den „Beteiligten" im Sinne des § 105 Nr. 3 des Zuständigkeitsgesetzes vom 1. August 1883 gehören: der Waldbesitzer, der Enklavenbesitzer und die Gemeindebehörde als Vertreterin der Besitzer der den gemeinschaftlichen Jagdbezirk bildenden Grundstücke. Die Jagdpolizeibehörde gehört nicht zu den Beteiligten, sie hat also auch kein Klagerecht.

XVI. Das Wasser.

Nr. 54.

(Einzuschalten auf S. 57 des Ergänzungsbandes für 1889.)

Endurteil des III. Senats vom 19. November 1888 (Entsch. Bd. XVII S. 329).

Im Geltungsbereiche der in gewissen Teilen des Fürstentums Lüneburg geltenden Deich- und Siel-Ordnung vom 15. April 1862 (Hannoversche G.-S. S. 34) bleibt für die dortigen Deich- und Sielverbände das Gesetz betreffend die Bildung von Wassergenossenschaften vom 1. April 1879 (G.-S. S. 297) außer Anwendung, jedoch nur soweit es sich um die Verhältnisse bestehender Genossenschaften zur Ent- und Bewässerung von Grundstücken handelt.

Nr. 55. Endurteil des III. Senats vom 20. Juni 1889 (Entsch. Band XVIII S. 259).

1) Nach § 7 des Gesetzes über die Benutzung der Privatflüsse vom 26. Februar 1843 (G.-S. S. 41) sind die Uferbesitzer an Privatflüssen — sofern nicht Jemand das ausschließliche Eigentum des Flusses hat (§ 1 a. a. O.) — zur Räumung des Flusses insoweit, als es zur Beschaffung der Vorflut notwendig ist, verpflichtet, wo nicht Provinzialgesetze, Lokalstatuten, ununterbrochene Gewohnheiten oder spezielle Rechtstitel ein anderes bestimmen (Endurteil vom 24. Juni 1886 — Entsch. XIII S. 223 —).

2) Uferbesitzer sind die Eigentümer der den Fluß begrenzenden Ufergrundstücke, nicht aber diejenigen, welchen nur Nutzungsrecht ohne Eigentum an den Ufergrundstücken zusteht.

3) Eine kontraktliche Verabredung, nach welcher der Verkäufer Adjazent bleiben und die Räumungspflicht behalten soll, kann nur privatrechtliche Befugnisse und Verpflichtungen unter den Kontrahenten begründen, nicht aber kann dadurch die öffentlich-rechtliche Verpflichtung den Uferbesitzern abgenommen werden.

4) Die Frage, ob Jemand aus Gründen des öffentlichen Rechtes zu einer Räumung verpflichtet ist, wird nach § 66 Abs. 2 des Zuständigkeitsgesetzes vom 1. August 1883 zu erörtern sein.

5) Das Bett, worin der Fluß sich bewegt, wird von demjenigen Teile des Landes gebildet, welcher nach den regelmäßigen Verhältnissen des Wasserstandes mit Wasser bedeckt ist; es umfaßt die Bodenfläche, worauf das Wasser steht, und das sich an die Sohle anschließende Seitenland, soweit es regelmäßig unter dem Wasserspiegel liegt. Wo der Spiegel, der Wasserstand, aufhört, da beginnt das Ufer, dasselbe reicht so weit, als das Wasser sich nach seinen gewohnten Abflußverhältnissen zu erheben pflegt (Endurteil vom 15. April 1884 — Entsch. Bd. XI S. 236, 237 —, Nieberdings Wasserrecht, neueste Auflage von 1889 (S. 70 § 18.*)

6) Wird ein bisheriges Ufergrundstück dauernd von dem Flusse überströmt, so hört es auf, Uferland zu sein und wird Teil des Flußbettes, gleichviel, ob die Erweiterung des Flußbettes Folge einer natürlichen oder einer künstlichen Hebung des Wasserstandes ist. Auch das in Folge künstlichen Aufstauens dauernd vom Flusse überstromte Uferland wird zu einem Teile des Flußbettes.

7) Das Allg. Landrecht und das Rheinische Recht kennen nicht ein Privat-

*) In den gedruckten Entscheidungen Band XVIII S. 265 ist noch die ältere Ausgabe von Nieberding (1866) angezogen, dieselbe ist aber neu bearbeitet von Regierungsrat F. Funk und ist erheblich verbessert und vermehrt.

eigentum an dem vom Wasser überströmten Bette eines Privatflusses; es giebt nach §§ 39 ff. Tit. 15 Teil II A.-L.-R. und nach § 1 des Gesetzes vom 28. Februar 1843 nur ein Privateigentum an der Gesamtheit der Nutzungsrechte an einem Privatflusse, d. h. Fischerei-, Jagd-, Rohr-, Schilf- u. s. w. Nutzung.

8) Alluvionen, Inseln, verlassene Flußbetten verlieren die Eigenschaft als Flußbetten, soweit sie dauernd vom Wasser verlassen werden, entweder ohne Weiteres durch Uebergang in das Eigentum des Uferbesitzers oder dadurch, daß der Uferbesitzer das Eigentum erwerben kann (§§ 225 ff., 263 ff. Tit. 9 Teil I A.-L.-R.).

Nr. 56. Endurteil des III. Senats vom 24. Oktober 1889 (Entsch. Bd. XVIII S. 268).

1) Die Frage, ob die Wasserpolizeibehörde befugt ist, aus dem Grunde, weil in Folge der Verkrautung und Versandung eines Flusses oberhalb einer Mühle der Zufluß zu der letzteren unzureichend ist, die Räumung aus § 7 des Gesetzes vom 28. Februar 1843 von den Adjazenten als solchen zu verlangen, ist zu verneinen.

2) Die Worte in dem angezogenen § 7 „soweit es zur Beschaffung der Vorflut notwendig ist" sind nicht dahin auszulegen, daß die Räumungspflicht auf die Wiederherstellung des durch die natürlichen Bodenverhältnisse gegebenen Ablaufes des Wassers (im Gegensatze zu Verbreiterungen oder Vertiefungen des Wasserlaufes) beschränkt sei, sondern vielmehr dahin, daß die Räumungspflicht von dem Vorhandensein eines Bedürfnisses, in seinem Ablaufe gehemmtes und dadurch spärlich wirkendes Wasser zu entfernen, abhängig sein, in Ermangelung eines solchen Bedürfnisses also nicht eintreten soll, auch wenn in Folge eines gehemmten Ablaufes des Wassers Triebwerke oder sonstige Anlagen unter dem verminderten oder verlangsamten Zuflusse des Wassers leiden (Min.-Erlaß vom 21. November 1859 — Min.-Bl. d. i. V. S. 347 —).

Nr. 57. Endurteil des III. Senats vom 3. Juni 1889 (Entsch. Band XVIII S. 274).

Diese Entscheidung dient zur Erläuterung des hannoverschen Gesetzes über die Entwässerung und die Bewässerung der Grundstücke, sowie über Stauanlagen vom 22. August 1847 (G.-S. S. 263). Hinsichtlich des § 19 dieses Gesetzes ist ausgeführt, daß diese Bestimmung zu Gunsten der landwirthschaftlichen Entwässerungs- oder Bewässerungsanlagen getroffen ist und als solche der Vorschrift im § 84 a. a. O. vorgeht, nach welcher solche Wasserleitungen nicht gestattet sein sollen, welche bewirken, daß der Zweck einer Stauanlage in dem bisherigen Umfange nicht mehr erreicht werden kann.

XVIII. Die Wege.

Nr. 93.

(Einzuschalten auf S. 65 des Ergänzungsbandes 1889.)

Endurteil des I. Senats vom 29. September 1888 (Entsch. Bd. XVII S. 279).

1) In dem § 1 Tit. 15 Teil II Allg. Landrechtes ist eine Definition des Begriffes „Landstraße" gegeben, welche aber unter heutigen Verhältnissen nicht mehr zutrifft. Die Eigenschaft eines Weges als „Landstraße" ist im Wesentlichen analog mit derjenigen der Oeffentlichkeit zu beurteilen. Die letztere entsteht durch ausdrückliche oder stillschweigende, unter Zustimmung der Polizeibehörde erfolgende Widmung für den öffentlichen Verkehr. Dem entsprechend muß ein Weg als „Landstraße" gelten, wenn er für den allgemeinen, über das

lokale Interesse hinausgehenden Verkehr, als „Grundlinie für den im Lande sich bewegenden Hauptverkehr", sei es ausdrücklich oder stillschweigend, bestimmt worden ist. Diese Bestimmung kann nur vom Staate ausgehen.

2) Wenn auch die polizeiliche Aufsicht über die vom Fiskus zu unterhaltenden Landstraßen zur Zeit dem Amtsvorsteher zusteht und dieser sonach befugt ist, anzuordnen, daß ein von ihm als Landstraße erachteter Weg gemäß § 11 Tit. 15 Teil II A. L.-R.'s vom Fiskus gebessert werde, so kann er doch die nicht bestehende Landstraßeneigenschaft und damit die fiskalische Baupflicht nicht neu begründen. Die Befugnis hierzu ist vielmehr der Landespolizeibehörde, event. mit Genehmigung der Zentralbehörden verblieben.

3) Wenn bei einem vorhandenen Wege die ausdrückliche Anerkennung als Landstraße fehlt und nur so viel feststeht, daß er als Verbindung zweier Städte u. s. w. zum allgemeinen Verkehr in größerem oder geringerem Umfange thatsächlich früher gedient hat und teilweise noch dient, so bleibt je nach den besonderen Umständen des einzelnen Falles zu erwägen, ob dessen Widmung für den allgemeinen Verkehr als stillschweigend erfolgt anzunehmen ist. Für die Bejahung kann unter Anderem in das Gewicht fallen, daß derselbe seiner äußeren Beschaffenheit und Einrichtung nach als eine einheitliche zur Verbindung zweier Städte angelegte Straße sich darstellt, insbesondere den provinzialrechtlich für Landstraßen ergangenen Vorschriften entsprechend gebaut und ausgerüstet ist, daß ferner seine Unterhaltung nach den für diese bestehenden Normen früher vom Staate bewirkt oder von Drittverpflichteten gefordert ist, daß er in amtlichen oder historischen Urkunden, Schriftstücken oder Karten oder nach der Uebung der Gegend als Landstraße bezeichnet wird u. s. w. Gegen jene Annahme würde es sprechen, wenn durch die örtliche Lage des Weges, wie z. B. bei Nebenwegen durch vorspringende Landesteile von Grenze zu Grenze oder aus Städten zu den Strom- und Meeresufern, die Möglichkeit eines allgemeinen Interesses zu allen Zeiten ausgeschlossen erscheint, wenn nach seiner ganzen Anlage in Breite und Steigungsverhältnissen anzunehmen ist, daß er selbst in früheren Zeiten dem geringsten Maße der Anforderungen, welche an ein für den allgemeinen Verkehr bestimmtes Kommunikationsmittel gestellt werden müssen, nicht entsprochen haben kann, oder wenn er endlich als ein blos für den Lokalverkehr bestimmtes, obwohl teilweise dem allgemeinen Verkehr dienendes Kommunikationsmittel um deswillen, weil er von dem nur für ersteren zum Wegebau Verpflichteten unterhalten wurde, oder wegen der Art seiner Entstehung anzusprechen ist; letzteres würde insbesondere da zutreffen, wo die Verbindung zweier Städte nachweislich erst dadurch hergestellt ist, daß die von jeder derselben zu den benachbarten Dörfern führenden Wege durch den von ordentlichen Wegebaupflichtigen bewirkten Ausbau des bis dahin fehlenden Mittelgliedes dem Durchgangsverkehr erschlossen sind.

4) Vor dem Inkrafttreten des Ostpreußischen Provinzialrechtes (Zusatz 226) vom 1. September 1802 war eine, dem Gutsbesitzer zum Landstraßenbau innerhalb des Gutsbezirks verpflichtende Observanz rechtlich unmöglich, weil ihm bis dahin eben diese Pflicht kraft des geschriebenen Rechtes (§ 9 des Ostpreußischen Wegereglements vom 24. Juni 1764) bereits oblag. Wenn nach Einführung des Provinzialrechtes die Landstraßen in der bisherigen Weise unterhalten wurden, so ist dadurch ein Gewohnheitsrecht nicht begründet, so lange ein solches nicht nachgewiesen wird.

5) Das Herkommen oder geschriebene Normen der lokalen Autonomie gehören nicht zu den Provinzialgesetzen oder zu besonderen Wegeordnungen.

6) Behufs Feststellung der Eigenschaft einer Landstraße bedarf es der Erörterung der Frage, ob ein Wegezug aus einer Mehrheit von Dorf zu Dorf

führender Nebenwege besteht oder in seiner ganzen Erstreckung nach Richtung und Beschaffenheit als ein einheitliches, zur Verbindung von Städten bestimmtes Kommunikationsmittel sich darstellt, ob der Weg den geltenden Vorschriften (§§ 14, 15, 24 des Wegereglements und dem Zusatz 226) entspricht u. s. w.

Nr. 94. Endurteil des I. Senats vom 26. September 1888 (Entsch. Bd. XVII S. 292).

1) Wenn ein Amtsvorsteher (der Fall ereignete sich in Ostpreußen) den Fiskus auffordert, zur Sicherung einer Landstraße gegen Beschädigung durch einen vorbeiströmenden Fluß eine Anzahl Buhnen nach einem bestimmten Anschlage anzulegen und wenn gleichzeitig eine benachbarte Gemeinde aufgefordert wird, die dazu erforderlichen Hand- und Spanndienste zu leisten, so handelt es sich um eine wegepolizeiliche Anordnung, welche diesen Charakter dadurch nicht verliert, daß die Wegepolizei außer den Verkehrs- auch alle übrigen der polizeilichen Obhut anvertrauten öffentlichen Interessen zu berücksichtigen hat (Endurteil vom 14. Juni 1879 — Entsch. Bd. V S. 222 —).

2) Der Anspruch auf Aufhebung einer wegepolizeilichen Verfügung kann nicht dadurch begründet werden, daß durch dieselbe nur einer der mehreren angeblich Verpflichteten in Anspruch genommen wird, da es diesem überlassen bleibt, die Mitleistung der übrigen auf einem der in § 56 Abs. 4, 5 oder 6 des Zuständigkeitsgesetzes vom 1. August 1883 bezeichneten Wege sich zu sichern.

3) Andererseits erstreckt sich die Befugnis der Wegepolizeibehörde nur gegen die aus öffentlichem Rechte Wegebaupflichtigen. Die Verpflichtung muß, auch wenn sie bestritten ist, unmittelbar auf dem Gesetze beruhen, sie erstreckt sich aber nicht auf solche Fälle, in welchen die Verpflichtung nur mittelbar aus dem Gesetze hervorgeht und erst durch eine kraft des Gesetzes von einer anderen, als der Ortspolizeibehörde erfolgenden Festsetzung begründet wird.

4) Eine derartige Festsetzung ist auf dem Gebiete des Wegerechtes bei der sogenannten Nachbarhülfe, welche andere Gemeinden, Kreise u. s. w. dem ordentlichen Wegebaupflichtigen zu leisten haben, vielfach durch Spezialgesetz einer anderen als der Wegepolizeibehörde übertragen z. B. in Schlesien (§ 7 des Wegereglements vom 11. Januar 1767, Endurteil vom 8. Oktober 1884 — Entsch. Band XI S. 219 —) dem Regierungspräsidenten, im Herzogtum Magdeburg (Edikt vom 14. Juli 1742, Endurteil vom 5. Oktober 1887 — Entsch. Band XV S. 300 —) dem Landrat, im Regierungsbezirk Kassel (Gesetz vom 16. März 1879 — G.-S. S. 225 —, § 61 des Zuständigkeitsgesetzes vom 1. August 1883) dem Bezirksausschusse. In allen diesen Fällen ist die Wegepolizeibehörde als solche erst dann zuständig, die Leistung der Nachbarhülfe zu erzwingen, wenn die Pflichtigen ermittelt sind bezw. der Umfang ihrer Pflicht durch die hierzu berufene Behörde festgesetzt ist.

5) Die in den §§ 13 und 14 Tit. 15 Teil II Allgemeinen Landrechtes erwähnte Verpflichtung der Einwohner zur Arbeitshülfe beim Landstraßenbau wird erst durch eine „Anordnung des Staates" bestimmt d. h. jetzt durch den Regierungspräsidenten.

In Ostpreußen ist jedoch der Umfang der dienstpflichtigen Gegend durch § 9 des ostpreußischen Wegereglements vom 24. Juni 1764 genau umgrenzt. Diese Vorschrift ist formell außer Kraft gesetzt und ersetzt durch Tit. 15 Teil II Allg. Landrechtes und den Zusatz § 226 des Provinzialrechtes. (Vergl. Endurteil vom 21. Juli 1882 — Entsch. Band IX S. 161 —.) Im Uebrigen ist die Praxis in dieser Frage noch heute schwankend, was sich ergiebt aus dem Ministerial-Reskript vom 9. April 1824 u. s. w.

6) Von den Unterhaltungspflichtigen kann Alles, was für die Bedürfnisse des öffentlichen Verkehrs notwendig ist, gefordert werden, somit auch unter

Umständen Maßregeln zur Sicherung des Weges gegen Abbruch durch Wasser, die Herstellung und Unterhaltung der Uferschutzwerke. (Endurteil vom 28. November 1883 — Entsch. Band X S. 181 —.)

7) Diese Pflicht besteht für die Wegebaupflichtigen nur insoweit, als dieselbe nicht nach öffentlichem Rechte einem Dritten obliegt z. B. die Reinigung der Straßen von Schlick (Endurteile vom 29. November 1876 — Entsch. Bd. I S. 265 — und vom 30. Oktober 1886 — Entsch. Bd. XIV S. 399 —, vom 23. Februar 1880 — Entsch. Bd. VI S. 300 —, letzteres betrifft einen Weg, welcher über die Krone eines Deiches läuft).

8) In öffentlichen Strömen müssen die Buhnenanlagen vom Fiskus hergestellt werden (§ 79 Tit. 15 Teil II Allg. Landrechts), sofern dieselben im Schiffahrtsinteresse erforderlich sind. Als „ordinäre Befestigungen" im Sinne des § 63 a. a. O. können Buhnenanlagen nicht angesehen werden.

9) Die Notwendigkeit und Angemessenheit wegepolizeilicher Anordnungen wird nicht durch die verwaltenden Instanzen festgestellt, sondern durch den Verwaltungsrichter (Endurteile vom 15. November 1876 — Entsch. Band I S. 255 —, vom 14. Juni 1879 — V S. 222 —, vom 16. Mai 1885 — XII S. 253 —).

10) Wegen des Umfanges der zu leistenden Hand- und Spanndienste (vergl. Endurteil vom 5. Oktober 1887 — Entsch. XV S. 295 —).

Nr. 95. Endurteil des I. Senats vom 20. Februar 1889 (Entsch. Band XVII S. 313).

1) Es ist zwar anzuerkennen, daß, wenn die Anlage und Inbetriebsetzung von Eisenbahnen die Notwendigkeit hervortreten läßt, das bestehende Netz der öffentlichen Wege zu ändern oder zu ergänzen, um ausreichende Zufuhrwege zu den Bahnhöfen zu schaffen, die entsprechenden Wegebauten an sich regelmäßig den Trägern der öffentlichen Wegebaulast in den betreffenden Bezirken obliegen, und daß der Unternehmer des Eisenbahn-Baues und Betriebes auch dadurch allein nicht in den Kreis der nach öffentlichem Rechte zur Unterhaltung der öffentlichen Wege Verpflichteten eintritt, daß er sich der ersten Anlage und dem Ausbau solcher notwendigen Zufuhrwege aus eigener Bewegung oder auf Anordnung der mit der Prüfung und Genehmigung der Eisenbahnprojekte betrauten Staatsbehörden unterzieht (§ 14 des Enteignungsgesetzes vom 11. Juni 1874).

2) Allein hierbei ist doch zu unterscheiden zwischen

a) den in Folge von Eisenbahnanlagen zur Ergänzung und Aenderung des öffentlichen Wegenetzes verbesserten, umgelegten oder neu angelegten Wegen und

b) Wegen, welche der Eisenbahn-Unternehmer nur schafft, um die Transport-Anstalt der Bahn, die Bahnhofsgebäude, Güterschuppen, Laderampe u. s. w. überhaupt erst dem Netze der öffentlichen Wege anzuschließen (§ 8 Nr. 5 des Gesetzes vom 3. November 1838 — G.-S. S. 505 —).

3) Der Anschluß sub b muß nicht notwendig durch einen öffentlichen Weg im Sinne des gemeinen Wegerechtes geschehen, denn die ihn herstellenden und von dem Eisenbahnbau-Unternehmer geschaffenen Anlagen (Wege, Vorplätze, Brücken u. s. w.) erscheinen als ein Teil oder Zubehör der Eisenbahnanlage selbst, ebenso nur die Eisenbahnperrons, die Ladestraßen, Warteplätze und sonstigen Anlagen, welche für nötig erachtet werden zur Benutzung der Eisenbahn als einer öffentlichen Verkehrsanstalt.

Diese Art von Wegen unterliegt hinsichtlich der Staatsaufsicht und der Unterhaltungslast dem Rechte der Eisenbahnanlage (Endurteile vom 31. März 1883

— IX S. 238 —, vom 8. Mai 1884 — X S. 215 —, vom 1. Oktober 1887 — XV S. 286 —).

4) Vergl. § 14 des Ansiedlungsgesetzes vom 25. August 1876 (G.-S. S. 405). Nicht jeder Wohnplatz braucht durch einen **öffentlichen** Weg zugänglich gemacht werden, daher liegt auch dem Träger der öffentlichen Wegebaulast nicht die Verpflichtung ob, die **öffentlichen** Wege bis zu **jedem** Wohnplatze hin zu erstrecken.

5) Besonders müssen beurteilt werden die Wege, welche die unentbehrliche Verbindung der Bahnhofsgebäude mit dem Netze der öffentlichen Wege vermitteln, zugleich aber weiteren Zwecken des öffentlichen Verkehrs dienen. Diese zählen zu den gemeinen öffentlichen Wegen.

6) Die Eisenbahnverwaltung, welche einen solchen Anschlußweg an eine öffentliche Straße anlegt, betreibt ihre eigene Angelegenheit und nicht die des Wegebaupflichtigen, sie hat also auch jenen Weg zu unterhalten bis solche Wege sich zu öffentlichen umgestalten (§ 24 des Gesetzes vom 3. November 1838).

Nr. 96. Endurteil des I. Senats vom 20. Februar 1889 (Entsch. Bd. XVII. S. 319).

1) Ein Zugangsweg zu einem Bahnhofe war an die Stelle eines früheren, nicht öffentlichen Feldweges getreten. Solche Zugangswege dienen zwar, wie die Eisenbahn selbst, „als eine öffentliche Straße zur allgemeinen Benutzung" (§ 8 Nr. 5 des Gesetzes vom 3. November 1838), sie sind aber so wenig, wie der Schienenweg, öffentliche Wege im Sinne des gemeinen Wegerechtes, so lange sie diese Eigenschaft nicht anderweit erlangt haben.

2) Ein Weg wird zu einem öffentlichen nicht lediglich durch die Thatsache der Unentbehrlichkeit und seiner allgemeinen Benutzung für den öffentlichen Verkehr, vielmehr muß zu diesem thatsächlichen Momente noch das rechtliche hinzutreten, daß er dem Verkehr kraft Privatrechtes nicht entzogen werden kann, daß er demselben unter ausdrücklicher oder stillschweigender Zustimmung der Wegepolizei gewidmet ist.

3) Im § 14 des Gesetzes vom 25. August 1876 (G.-S. S. 405) wird für eine neue Ansiedelung nur ein „offener", nicht ein „öffentlicher" Weg erfordert; gegen den Willen der Polizei und des Wegebaupflichtigen kann der Eigentümer eines Privatweges diesen weder durch Erklärung, noch durch thatsächliche Freigabe für den Gebrauch zu einem öffentlichen machen; wird dessen Oeffentlichkeit durch das Verkehrsbedürfnis erfordert, so hat die Wegepolizei den Wegebaupflichtigen zum Erwerb des Privatweges durch Enteignung und zu dessen Freigabe anzuhalten. (Endurteile vom 17. Januar 1883 — IX S. 219 —, und vom 16. Februar 1884 — X S. 209 —.)

4) Es steht weder in der Willkür des Privateigentümers, einen öffentlichen Weg zu schaffen, noch in der Willkür des Wegebaupflichtigen, dessen Schaffung zu verhindern.

5) Wenn durch den in Folge von Eisenbahnanlagen wachsenden öffentlichen Verkehr die Wegeunterhaltungslast vermehrt wird, so begründet dieser Umstand nicht die Verpflichtung des Eisenbahnunternehmers, an jener erhöhten Last teilzunehmen, so wenig, wie der durch städtischen Anbau, durch die Anlage einer Kirche u. s. w. gesteigerte Verkehr die Eigentümer der neugebauten Häuser, die Kirchengemeinde u. s. w. wegebaupflichtig macht.

Nr. 97. Endurteil des I. Senats vom 28. Juni 1888 (Entsch. Bd. XVII S. 324).

1) Die Endurteile vom 11. Oktober 1884 (XI S. 229) und vom 8. Januar 1887 (XIV S. 281) bezogen sich nicht auf Chausseeen. Die Ver-

bindlichkeit zur polizeimäßigen Reinigung von Chausseestrecken (Entfernung von Schnee- und Eismassen), welche zugleich städtische oder Dorfstraßen bilden, liegt den Gemeinden ob und nicht den Chausseebaupflichtigen (Endurteile vom 29. November 1876 — I S. 265 — und vom 30. Oktober 1886 — XIV S. 399 —, § 11 der Allerhöchsten Verordnung vom 16. Juni 1838 — G.-S. S. 353 —). Die Reinigung der Straßen und öffentlichen Plätze in Städten und Dörfern gehört überhaupt nicht zur Wegebaulast, sondern es liegen lediglich lokale polizeiliche Interessen vor, auch handelt es sich bei der Forträumung des Schneees nicht um die Beseitigung von Verkehrshindernissen.

2) Das „Reinigen" der Straßen beschränkt sich nicht auf „beschmutzende" Gegenstände, sondern auf alles nicht auf die Straße Gehörige (Min.-Erlaß vom 18. Mai 1854 — Min.-Bl. d. i. V. S. 112 —).

3) Der Landrat ist nicht zuständig, an Stelle der Ortspolizeibehörde gegen die zur Ausführung der Straßenreinigung verpflichtete Gemeinde unmittelbar einzuschreiten.

Nr. 98. Endurteil des IV. Senats vom 26. September 1889 (Entsch. Bd. XVIII S. 225).

1) Das Endurteil vom 2. November 1885 (XII S. 243) stützt sich auf § 52 Tit. 15 Teil II Allg. Landrechtes, welcher die Anlegung neuer Brücken über öffentliche Ströme ohne besondere Erlaubnis des Staates untersagt (Regal). Davon verschieden ist die Zuständigkeit, darüber zu wachen, daß, wo solche Brücken in Ausübung des gedachten Rechtes geschaffen sind, dieselben auch den polizeilicherseits an alle öffentlichen Kommunikationsmittel zu stellenden Anforderungen entsprechend erhalten werden.

2) Letzteres traf zu im vorliegenden Falle. Ein Amtsvorsteher hatte in erster Reihe aus sicherheitspolizeilichen Rücksichten die Anordnung getroffen, daß eine im Zuge eines Kommunikationsweges belegene und über einen Fluß führende Brücke instandgesetzt werde. Die in Anspruch genommene Gemeinde hielt auf Grund eines rechtskräftigen Erkenntnisses den Fiskus für mitverpflichtet. Die Zuständigkeit des Amtsvorstehers (als Ortspolizeibehörde) zum Erlaß seiner Verfügung war nicht zu bestreiten, auch wenn es sich um eine über einen öffentlichen Fluß führende Brücke handelte.

3) Rechtskräftige Erkenntnisse äußern gegen den Litisdenunziaten die im Gesetze bestimmte Wirkung nur für den Fall, daß bezüglich des im Streite befangenen Gegenstandes zwischen dem Litisdenunziaten und dem Litisdenunzianten Regreßansprüche gegen den ersteren begründende Rechtsverhältnisse bestehen.

4) Für die Frage nach der Oeffentlichkeit eines Stromes auf einer bestimmten Strecke im Sinne des § 38 Tit. 15 und § 21 Tit. 14 Teil II Allg. Landrechtes kommt es nicht darauf an, wie es sich mit der Schiffbarkeit oberhalb und unterhalb jener Strecke verhält. Nur die Schiffbarkeit der letzteren ist festzustellen, es fällt also nicht ohne Weiteres entscheidend ins Gewicht, ob der betreffende Fluß erst im vorigen Jahrhundert in seinem unteren Laufe künstlich schiffbar gemacht worden ist.

5) Nicht durchschlagend erscheint es, ob der Schiffsverkehr auf der beregten Stromstrecke ein stets gleichmäßiger gewesen ist und ob die dort verkehrenden Schiffsgefäße eine bestimmte, der gewöhnlichen überall entsprechende Bauart gehabt haben, sofern dieselben nur bei entstehendem Verkehrsbedürfnis wirklich in beladenen Fracht- und Lastkähnen bestanden haben, da die Frage der Schiffbarkeit nicht davon abhängig gemacht werden kann, ob von derselben jederzeit Gebrauch gemacht wird und ob die der Frachtschiffahrt dienenden bezw. Lasten tragenden Schiffsgefäße eine gewisse Konstruktion und Größe, sowie einen bestimmten Tiefgang haben.

6) Die Nichtflößbarkeit eines Flusses läßt keinen sicheren Schluß zu auf die gleichzeitige Nichtschiffbarkeit.

7) Wenn die §§ 53, 54 Tit. 15 Teil II Allg. Landrechtes für die Unterhaltung der Brücken zwischen öffentlichen Strömen und Privatflüssen unterscheiden und diese Last bei Brücken über öffentliche Ströme in der Regel demjenigen auferlegen, welcher die Nutzung des Stromes hat, so entsteht die Frage, ob hier unter öffentlichen Strömen nur die von Natur schiffbaren, oder auch die künstlich schiffbar gemachten Flüsse zu verstehen sind. Für die erstere Auslegung ist anzuführen, daß § 21 Tit. 14 und § 38 Tit. 15 Teil II A. L.-R. nur die von Natur schiffbaren Ströme in einen durchgreifenden Gegensatz zu den Privatflüssen, wie bezüglich des Eigentums, so auch der Nutzungsrechte, stellt, während in beiden Beziehungen die Rechtsverhältnisse an Privatflüssen, auch wenn sie schiffbar gemacht werden, sehr wohl, nämlich so weit es der Betrieb der Schifffahrt gestattet, bestehen bleiben können (§§ 39 bis 41 a. a. O.).

8) Bei den schiffbar gemachten Privatflüssen kann die Schiffbarkeit unter allen Umständen nur soweit in Betracht kommen, als sie das Ergebnis der darauf gerichteten staatlichen Einwirkung, der Schiffbarmachung, ist, nicht aber, falls und soweit sie die zufällige Folge einer anderen Thätigkeit, z. B. der Zweck der Flößbarmachung eines Privatflusses, ist. Die Einwirkung auf die rechtliche Natur der Privatflüsse reicht in solchen Fällen überall nicht weiter, als die Absicht des Staates, die von demselben ausgehende Bestimmung eines Privatflusses bezüglich seiner Benutzung als Privatstraße, geht.

Nr. 99. Endurteil des IV. Senats vom 24. September 1889 (Entsch. Bd. XVIII S. 232).

1) Streitigkeiten über die Verpflichtung zur Unterhaltung öffentlicher, beim Bau von Eisenbahnen bereits vorhandener und über diese hinweg gelegter Wege (Bahn-Uebergänge) sind von den Verwaltungsgerichten zu entscheiden (§ 56 des Zuständigkeitsgesetzes vom 1. August 1883).

2) Handelt es sich um Entschädigungsansprüche dafür, daß der Eisenbahnbetrieb in Folge der Neuanlegung öffentlicher, die Eisenbahn kreuzender Wege erschwert werde, so hat hierüber nur der ordentliche Richter zu entscheiden.

Nr. 100. Endurteil des I. Senats vom 15. September 1888 (Entsch. Bd. XVIII S. 237).

1) Nach § 57 des Zuständigkeitsgesetzes vom 1. August 1883 ist ein Beschluß der Wegepolizeibehörde über die Einziehung eines öffentlichen Weges in ortsüblicher Weise und außerdem durch das Kreisblatt und das Amtsblatt zu veröffentlichen. Ist diese Bekanntmachung überhaupt, oder auch nur im Amtsblatte unterblieben, so ist der bezügliche Beschluß als ein nicht rechtmäßiger anfechtbar, weil es sich in diesem Falle um ein verallgemeinertes Popularrecht handelt, für Jeden aus dem Publikum und ohne alle Einschränkung.

2) Letzteres erscheint nicht zutreffend bei dem § 16 des Ansiedlungsgesetzes vom 25. August 1876. Vergl. das Endurteil vom 1. März 1882 (Entsch. VIII S. 349).

Nr. 101. Endurteil des IV. Senats vom 12. November 1889 (Entsch. Bd. XVIII S. 239).

1) Gegen die Einziehung oder Verlegung eines Weges kann nicht der Einspruch erhoben werden, daß der Einsprechende ein Privatrecht auf Benutzung des Weges zum Verkehr z. B. durch Verjährung erworben habe.

2) Wenn es den einzelnen Gliedern des Publikums gestattet ist, ihre Besitzungen durch private Zugangswege und Kommunikationsmittel an öffentliche Wege anzuschließen, so ist die so vermittelte Benutzung der öffentlichen

Wege an sich und regelmäßig nichts anderes, als derjenige freie Gebrauch der Straße, welcher einem Jeden zum Reisen und Fortbringen seiner Sachen gestattet ist (§ 7 Tit. 15 Teil II A. L.-R.).

3) Oeffentliche Wege gehören zu den dem bürgerlichen Verkehre entzogenen Sachen, an welche durch Verjährung keine die Verfügung der Polizeigewalt über dieselbe einschränkenden Rechte erworben werden können (§ 2 Tit. 15 Teil II, § 581 Tit. 9 Teil I A. L.-R., Endurteil vom 3. Juni 1882 — Entsch. IX S. 218 —).

4) Ein Widerspruch gegen eine solche Wegeverlegung könnte nur dann als gerechtfertigt gelten, wenn ein polizeilich zu verfolgendes Interesse zur Verlegung des Weges überhaupt nicht ersichtlich wäre oder die dadurch etwa geschädigten Interessen von überwiegender Bedeutung wären.

Nr. 102. Endurteil des IV. Senats vom 10. September 1889 (Entsch. Bd. XVIII S. 242).

Hat Jemand die Einziehung eines Weges beantragt und einen seinem Antrage entsprechenden Beschluß erlangt, so hat der Extrahent nicht das Recht, als Beigeladener im Streitverfahren über den Beschluß diesen durch Einlegung von Rechtsmitteln zu vertreten. Letzteres stand nur dem Amtsvorsteher zu, welcher den Beschluß gefaßt hatte.

Nr. 103. Endurteil des IV. Senats vom 18. Juni 1889 (Entsch. Bd. XVIII. S. 244).

1) Einem einzelnen Mitgliede des Publikums steht nicht die Klage auf Anerkennung eines Weges als eines öffentlichen gegen den Wegebaupflichtigen zu. Der § 56 des Zuständigkeitsgesetzes vom 1. August 1883 (Absatz 5) setzt zur Rechtfertigung des Klagerechtes voraus, daß die Oeffentlichkeit des betreffenden Weges nicht streitig ist.

2) Der § 11 des Hannoverschen Wegegesetzes vom 28. Juli 1851 (G.-S. S. 141) überträgt, vorbehaltlich der Beschwerde (§ 60 des Zust.-Gesetzes vom 1. August 1883), der Gemeinde die Bestimmung darüber, welche Wege als Gemeindewege anzulegen, aufzugeben oder für solche zu erklären sind und versteht unter dem letztgedachten Ausdrucke nur die Bestimmung der Gemeinde, daß ein thatsächlich schon bestehender Weg in Zukunft ein Gemeindeweg werden bezw. als solcher unterhalten werden solle.

Nr. 104. Endurteil des IV. Senats vom 25. November 1889
(Entsch. Band XVIII S. 251).

Die Entscheidung betrifft lediglich das Hannoversche Wegerecht und behandelt die Fragen, in welcher Weise öffentliche Wege zu Landstraßen erklärt werden und mit welchem Zeitpunkte die Verpflichtung zur Unterhaltung solcher Wege als Landstraßen auf die hannoverschen Wegeverbände übergehen. Die Antworten ergeben sich aus der angezogenen umfangreichen hannoverschen Wegegesetzgebung. Hierbei ist speziell bemerkt, daß die Kirchspielsgerichte im Kreise Hadeln zur Handhabung der Landstraßen-Bau-Polizei nicht zuständig sind.

XIX. Das Gewerbe.

A. Die Gast- und Schankwirtschaft.

Nr. 68.
(Einzuschalten auf S. 67 des Ergänzungsbandes für 1889.)
Endurteil des III. Senats vom 4. Februar 1889 (Entsch. Bd. XVII S. 386).

In dem Ministerialerlaß vom 4. März 1889 (Min.-Bl. d. i. V. S. 64 und Wochenschrift „Selbstverwaltung" Jahrgang 1889 S. 380) ist die Anschauung zum Ausdruck gelegt, daß es zur Abhaltung von Instrumentalmusiken keineswegs in jedem Falle einer ortspolizeilichen Erlaubnis bedarf. Daraus folgt, daß es einer solchen Erlaubnis auch dann nicht bedarf, wenn etwa ältere Polizeiverordnungen eine solche vorschreiben sollten (§ 33a der Reichs-Gewerbe-Ordnung). Früher waren derartige Musikaufführungen von einer Erlaubnis abhängig gemacht, diese Vorbedingung ist aber jetzt fortgefallen.

Nr. 69. Endurteil des III. Senats vom 29. November 1888 (Entsch. Bd. XVII S. 400).

1) Es ist keine gesetzliche Bestimmung vorhanden, auf welche die Annahme gestützt werden könnte, der Inhaber einer Konzession zum Betriebe der Gast- und Schankwirtschaft in einem bestimmten Hause gehe durch den Verkauf dieses Hauses ohne Weiteres mit rechtlicher Notwendigkeit der Konzession verlustig. Ein solcher Verlust kann in Frage kommen, wenn bei Gelgenheit des Verkaufs des Lokales der Konzessionsinhaber auf seine Konzession definitiv Verzicht geleistet hat.

2) Ebenso wenig besteht eine gesetzliche Vorschrift, nach welcher die Erteilung einer Konzession zum Betriebe der Gastwirtschaft an den Käufer eines Hauses, dessen Verkäufer Inhaber einer bereits früher erteilten Konzession zum Gastwirtschaftsbetriebe in demselben Hause ist, mit rechtlicher Notwendigkeit den Verlust dieser älteren Konzession zur Folge habe, denn es können auch mehrere Konzessionen in demselben Lokale und an mehrere Personen erteilt werden.

3) Sollte einer dieser Konzessionsinhaber durch seine privatrechtlichen Beziehungen zu den anderen Konzessionsinhabern thatsächlich zeitweilig behindert sein, den Gewerbebetrieb in dem Lokale auszuüben, so steht, sobald das thatsächliche Hindernis gehoben ist, der Wiederaufnahme des zeitweilig eingestellten Betriebes gesetzlich nichts entgegen, falls nicht etwa inzwischen gemäß § 49 Abs. 3 der Reichs-Gewerbe-Ordnung vom 21. Juni 1869 in Folge der Betriebseinstellung ein Erlöschen der Konzession eingetreten sein sollte. (Min.-Erlaß vom 8. Januar 1888 — Min.-Bl. d. i. V. S. 45 —.)

Der Inhalt des Endurteils vom 30. Dezember 1881 (Entsch. Bd. VIII S. 279) steht diesen Grundsätzen nicht entgegen.

E. Hebeammen- und Entbindungsanstalten.

Nr. 6.

(Einzuschalten auf S. 68 des Ergänzungsbandes für 1889.

Endurteil des III. Senats vom 7. Februar 1889 (Entsch. Bd. XVII S. 365).

Bei einer geprüften und mit einem rechtsgültigen Zeugnis versehenen Hebeamme stellte sich bei einer Nachprüfung durch den Kreisphysikus heraus, daß dieselbe gleichwohl die bei der Erteilung des Prüfungszeugnisses vorausgesetzte technische Befähigung nicht besaß, deshalb wurde auf Antrag des Amtsvorstehers auf Zurücknahme des Prüfungszeugnisses erkannt und letzteres auch in dem Falle für zulässig erachtet, wenn das Verhalten der Hebeamme nicht auf einem vertretbaren Verschulden beruhte. (§ 120 Nr. 5 des Zuständigkeitsgesetzes vom 1. August 1883, § 30 Abs. 2 und § 53 Abs. 2 der Reichs-Gewerbe-Ordnung.)

F. Aerzte und Apotheker.

Nr. 2.

(Einzuschalten auf S. 381 des Stammwerkes.)

Endurteil des III. Senats vom 6. September 1888 (Entsch. Bd. XVII S. 357).

1) Ein in Berlin wohnender Zahntechniker beabsichtigte ein Schild an seinem Hause anzubringen mit folgender Inschrift: „In Deutschland nicht ge-

prüft Dr. med. R. in Amerika approbierter Zahnarzt und Homöopath (nicht hier) im Auslande approbiert". Die hierzu nachgesuchte polizeiliche Erlaubnis wurde auf Grund des § 147 Nr. 3 der Reichs-Gewerbe-Ordnung versagt, jedoch vom Ober-Verwaltungsgericht in Folge erhobener Klage erteilt, weil der in jener Vorschrift unter Strafe gestellte Thatbestand dann nicht vorliege, wenn der Bezeichnung „Arzt" (Zahnarzt) Zusätze angefügt seien, welche es für Jedermann erkennbar zum Ausdruck bringen, daß der sich so Bezeichnende nur im Auslande approbiert und nicht eine in Deutschland geprüfte Medizinalperson ist.

2) Zwar war das polizeiliche Verbot hinsichtlich der Führung des Titels „Dr. medicinae" begründet, weil die Amerikanischen Universitäten diesen Titel gar nicht verleihen dürfen (§§ 2 und 10 Tit. 17 Teil II A. L.-R's), allein die Bezeichnung: „In Amerika approbierter Zahnarzt und Homöopath (nicht hier) im Auslande approbiert" enthielt keinen Verstoß gegen § 360 Nr. 8 des Reichs-Straf-Gesetzbuches. Durch diese Zusätze konnte auch nicht der Glaube erweckt werden, daß der Betreffende sich als eine in Deutschland approbierte Medizinalperson ausgeben wollte.

3) Das Maß der Anforderungen der öffentlichen Ordnung auf dem hier in Frage stehenden Gebiete der gewerblichen Ausübung der Heilkunde ist durch die polizeilichen Vorschriften der §§ 29 und 147 Nr. 3 der Gewerbe-Ordnung begrenzt. Diese Grenze darf von der Polizeibehörde nicht überschritten werden.

H. Wandergewerbescheine.

Nr. 8.

(Einzuschalten auf S. 98 des ersten Ergänzungsbandes.)

Endurteil des III. Senats vom 4. Oktober 1888 (Entsch. Bd. XVII S. 394).

Nach § 44 und § 44a der Reichsgewerbe-Ordnung vom 1. Juli 1883 (siehe die Ausgabe von Berger 1890) ist die Legitimationskarte dem ein stehendes Gewerbe Betreibenden nur zu erteilen zum Waarenaufkaufe oder zum Aufsuchen von Bestellungen für die Zwecke des von ihm (nicht jedes beliebigen anderen) betriebenen stehenden Gewerbes, und diese nähere Bezeichnung des Gewerbebetriebes muß in der Legitimationskarte enthalten sein. Wer also eine Legitimationskarte zum Handel oder Aufsuchen von Bestellungen von Rindvieh, Häuten und Fellen haben will, muß auch dasselbe Gewerbe als ein stehendes betreiben, und es genügt nicht, wenn er als stehendes Gewerbe nur die Metzgerei betreibt. Es war nicht die Absicht des Gesetzgebers, durch den Absatz 1 in § 44 in seiner bisherigen Fassung jeden Handwerker und Schankwirt für befugt zu erklären, auf einen Legitimationsschein Haus bei Haus alle möglichen Waaren aufzukaufen oder Bestellungen auf alle möglichen Waaren zu suchen und auf diese Weise neben seinem stehenden Gewerbe ein zweites Gewerbe im Umherziehen, welches mit jenem in gar keiner Verbindung steht, selbst zu betreiben oder durch Reisende betreiben zu lassen. Um dies recht klar auszudrücken, hat jetzt jener Absatz 1 in § 44 den Zusatz erhalten: „für die Zwecke seines Gewerbebetriebes" und § 44a den Zusatz: „die nähere Bezeichnung des Gewerbes."

J. Gewerbliche Anlagen.

Nr. 9.

(Einzuschalten auf S. 99 des ersten Ergänzungsbandes.)

Endurteil des III. Senats vom 21. Oktober 1889 (Entsch. Bd. XVIII S. 303).

1) Wenn für einen bestimmten Teil eines Gemeindebezirkes durch Polizeiverordnung ein Verbot erlassen ist, nach welchem solche gewerbliche Anlagen

nicht errichtet werden sollen, welche bei dem Betriebe durch Verbreitung schädlicher Dünste bezw. starken Rauches oder durch Erregung eines ungewöhnlichen Geräusches Gefahren, Nachteile oder Belästigungen des Publikums herbeiführen würden, so ist damit noch keineswegs ein Verbot zur Anlegung von Fabrikgebäuden (z. B. von Brauereien) ausgesprochen, vielmehr war dafür nur der Umstand maßgebend, daß die beabsichtigte Ableitung der Abwässer aus der Brauerei mittels eines offenen Grabens nach dem benachbarten Strome gesundheitsschädliche Ausdünstungen verursachen würde.

2) Durch die Vorschriften in §§ 143, 144 des Landesverwaltungsgesetzes vom 30. Juli 1883 und § 5 des Polizeiverwaltungsgesetzes vom 11. März 1850 hat das Verordnungsrecht der dort bezeichneten Behörden nicht auf den Erlaß solcher Vorschriften beschränkt werden sollen, welche gleichmäßig auf alle Teile des Gemeindebezirkes Anwendung finden sollen, so daß die Polizeibehörde nicht befugt wäre, nur lediglich für einen Teil des Gemeindebezirkes bestimmte Vorschriften zu erlassen, vielmehr können solche Vorschriften auch für räumlich begrenzte Teile des Gemeindebezirkes erlassen werden.

3) Solche Vorschriften können mit Erfolg erlassen werden zum Schutze der zur Erholung des Publikums bestimmten Wege und Plätze (A. L.-R. II 17 § 10, § 6 lit. f. des P.-V.-G. vom 11. März 1850).

4) Dem Erlaß einer solchen Verordnung stehen die §§ 1, 16, 23, 27 der Reichs-Gewerbe-Ordnung nicht entgegen.

5) Die Anlage von Bierbrauereien kann an gewissen Stellen sowohl gesundheitsgefährlich werden, als auch bedeutende Belästigungen für das in der Nähe verkehrende Publikum herbeiführen, namentlich durch das Verpichen der Fässer und die Abwässer.

L. Innungen.

Nr. 8.

(Einzuschalten auf S. 69 des Ergänzungsbandes für 1889.)

Endurteil des III. Senats vom 3. Juni 1889 (Entsch. Bd. XVIII S. 320).

1) Die in § 125 Abs. 2 des Zuständigkeitsgesetzes vom 1. August 1883 erwähnte Klage bei dem Bezirksausschusse findet nur statt gegen die in § 95 Abs. 1 und § 104 der Reichs-Gewerbe-Ordnung vom 21. Juli 1869 erwähnten „Entscheidungen" der Aufsichtsbehörde, nicht aber gegen alle sonstigen Verfügungen der Aufsichtsbehörden. Wegen des § 104 ist jetzt die Fassung des Gesetzes vom 18. Juli 1881 (R.-G.-Bl. S. 233) maßgebend.

2) Unter „Entscheidungen" sind hier ausschließlich Entscheidungen der Aufsichtsbehörden über die im § 95 Abs. 1, Satz 2 und im § 104 Abs. 4 a. a. O. bezeichneten Streitigkeiten zu verstehen.

Nr. 9. Endurteil des III. Senats vom 6. Juni 1889 (Entsch. Bd. XVIII S. 327).

1) Handelt es sich um die Versagung der Genehmigung zur Errichtung einer neuen Innung neben einer bereits bestehenden (§ 98b Abs. 3 der Reichs-Gewerbe-O.), und bewegen sich die Gründe der Versagung in den Grenzen des pflichtmäßigen Ermessens des Bezirksausschusses, mithin auf thatsächlichem Gebiete, so entziehen sie sich der Kritik des Revisionsrichters, welcher nicht die Zweckmäßigkeit, sondern nur die Rechtmäßigkeit der Versagung nachzuprüfen hat.

2) Die Anwendung des § 98b setzt nicht eine vollständige Identität der betreffenden Gewerbe oder Bezirke voraus, sondern es genügt, wenn innerhalb des Bezirkes der beabsichtigten neuen Innung auch nur für eins der daran beteiligten Gewerbe schon eine Innung besteht.

XX. Krankenversicherung der Arbeiter und eingeschriebene Hülfskassen.

Nr. 24.

(Einzuschalten auf S. 72 des Ergänzungsbandes für 1889.)

Endurteil des III. **Senats vom 4. Februar** 1889 (Entsch. Bd. XVII S. 426).

1) Es steht ein gesetzliches Hindernis nicht entgegen, daß das Kassenstatut einer eingeschriebenen Hülfskasse über Mitglieder, welche ihre statutarischen Pflichten verletzen, abgesehen von der nach § 3 Abs. 1 Nr. 2 und § 15 des Gesetzes vom 7. April 1876 (R.=G.=Bl. S. 125) im Statut zu regelnden Ausschließung aus der Kasse, Rechtsnachteile verhängt, vorausgesetzt nur, daß die getroffenen Bestimmungen nicht gegen den Abs. 2 des § 3 verstoßen. Ein solcher Verstoß liegt nicht vor, wenn das Statut die gegen ihre Pflichten handelnden Kassenmitglieder zur Zahlung eines Geldbetrages als Ordnungsstrafe an die Kasse verbindlich macht.

2) Nach § 10 a. a. O. darf der Anspruch auf Unterstützung nur auf geschuldete Beiträge, also nicht auf verwirkte Ordnungsstrafen aufgerechnet werden. Der Anspruch des Mitgliedes auf Unterstützung bleibt darach unberührt von dem Anspruche der Kasse auf die Ordnungsstrafe.

Nr. 25. **Endurteil des** III. **Senats vom 14. Februar** 1889 (Entsch. Bd. XVII S. 432).

Eine Krankenkasse, welcher die Fürsorge für einen Verletzten seitens der Berufsgenossenschaft überwiesen worden ist, darf die Zahlung der im § 6 Abs. 1 Nr. 1 des Gesetzes vom 15. Juni 1883 (R.=G.=Bl. S. 73) bezeichneten Leistungen (Hälfte des Mindestbetrages des Krankengeldes) erst auf Grund des Nachweises fordern, daß sie jene Leistungen auch thatsächlich gewährt hat, mithin nicht schon dann, wenn sie sich der Fürsorge überhaupt unterzogen hat.

Nr. 26. **Endurteil des** III. **Senats vom 10. September** 1888 (Entsch. Band XVII S. 435).

Das Krankenversicherungsgesetz vom 15. Juni 1883 bezeichnet selbst die auf Grund desselben der Gemeindekrankenversicherung bezw. den Orts=, Betriebs= u. s. w. Krankenkassen obliegenden Leistungen als Unterstützungen, und keinesfalls können jene Ansprüche als Entschädigungsansprüche gegen Dritte im Sinne des § 57 Abs. 4 a. a. O. gelten, da in diesem Paragraphen (Abs. 1) unter „Dritten" diejenigen Personen bezeichnet sind, welche nicht auf Grund dieses Gesetzes, sondern aus anderen Rechtstiteln zu Leistungen an den Erkrankten verpflichtet sind.

Ansprüche aus privatrechtlichem Fundamente sind der Erörterung im Verwaltungsstreitverfahren entzogen.

Nr. 27. **Endurteil des** III. **Senats vom 4. November** 1889 (Entsch. Bd. XVIII S. 337).

1) In Angelegenheiten der eingeschriebenen Hülfskassen sind die von den Aufsichtsbehörden vorgenommenen Androhungen und Festsetzungen von Geldstrafen und sonstigen Zwangsmittel (§ 33 des Gesetzes vom 7. April 1876 in der Fassung des Gesetzes vom 1. Juni 1884 — R.=G.=Bl. S. 54 —) in Preußen nach Maßgabe der §§ 127—129 des Landesverwaltungsgesetzes vom 30. Juli 1883 anfechtbar (Nr. 13 der ministeriellen Anweisung vom 14ten Juli 1884 — Wochenschrift „Selbstverwaltung", Jahrg. 11, S. 251—253 —).

Mit dem Rechtsmittel gegen die Androhung und Festsetzung von Geldstrafen und sonstigen Zwangsmitteln kann auch die Anordnung, um deren Durchsetzung es sich handelt, angegriffen werden (Plenarentscheidung des O.-V.-G. vom 16. Juni 1879 — Entsch. Bd. V S. 426 —).

2) Das Aufsichtsrecht über die freien Hülfskassen und deren Verwaltungsstellen ist ein beschränktes. Sie unterliegen nach dem oben angeführten § 33 der staatlichen Aufsicht nur „in Bezug auf die Befolgung des Gesetzes", also nicht in Bezug auf die Buch- und Kassenführung.

3) Unberechtigt ist die Anordnung, daß sämmtliche Einnahmen und Ausgaben der bisher getrennt behandelten „Krankenkasse" und „Sterbekasse" in ein und dasselbe Einnahme- und Ausgabe-Journal übernommen werden.

Nr. 28. Endurteil des III. Senats vom 7. November 1889 (Entsch. Bd. XVIII S. 346).

1) Der Landrat hat als Aufsichtsbehörde nicht das Recht, von der Kranken- und Begräbniskasse eines Gewerkvereins ein Mitgliederverzeichniß einzufordern, eine solche Befugnis kann auf § 27 Abs. 1 des Hülfskassengesetzes vom 7. April 1876 (1. Juni 1884) nicht begründet werden. Derselbe verpflichtet die Hülfskassen allerdings zur Einsendung von „Uebersichten über die Mitglieder", aber nur „in den vorgeschriebenen Fristen und nach den vorgeschriebenen Formularen", er hat also periodisch einzureichende, nicht aber einmalige, für einen vorübergehenden Zweck aufzustellende Uebersichten im Auge (Bekanntmachungen des Reichskanzlers vom 16. Oktober 1884 und 7. Juli 1887 — R.-Zentralbl. S. 266 bezw. 187 —).

2) Die Uebersichten werden lediglich zu dem Zwecke eingefordert, um die krankenversicherungspflichtigen Mitglieder der den Anforderungen des § 75 des Gesetzes vom 15. Juni 1883 nicht mehr genügenden Kasse der betreffenden Arbeitgeber, der Gemeinde-Kranken-Versicherungen, Ortskrankenkassen u. s. w. behufs der Anmeldung, der Heranziehung zu Kassenbeiträgen u. s. w. nahmhaft zu machen.

3) Das Endurteil vom 19. November 1884 (Entsch. Bd. XI S. 389) steht dieser Auffassung nicht entgegen.

Nr. 29. Endurteil des III. Senats vom 24. Oktober 1889 (Entsch. Bd. XVIII S. 349).

Die in dem Betriebe eines Unternehmers beschäftigten und deshalb krankenversicherungspflichtigen Personen sind alle diejenigen, welche mit der Herstellung der in dem betreffenden Betriebe gewonnenen Erzeugnisse beschäftigt sind. Dabei macht es keinen Unterschied, ob sie kontraktlich von dem Betriebsunternehmer selbst angenommen sind, oder von einer Mittelperson z. B. von einem in einer Fabrik angestellten Gewerksmeister, welcher seinerseits Gesellen und Lehrlinge hält. Dieser Grundsatz ist wichtig für die Fälle des § 57 Abs. 2 des Gesetzes vom 15. Juni 1883.

Nr. 30. Endurteil des III. Senats vom 10. Oktober 1889 (Entsch. Bd. XVIII S. 355).

Häufig entsteht in der Praxis die Frage, ob eine wiederholte Krankheit derselben Person als die Fortsetzung der früheren oder als eine neue Krankheit anzusehen sei. Diese Frage ist nicht nach der Ansicht oder der Handlungsweise des Kassenmitgliedes, sondern nach objektiven, von Sachverständigen festzustellenden Merkmalen zu entscheiden. Die einmal eingetretene Krankheit dauert so lange fort, als die objektive Notwendigkeit der ärztlichen Behandlung u. s. w. oder der Einstellung der Erwerbsthätigkeit besteht. Besteht diese Notwendigkeit in beiderlei Beziehung nicht mehr, so ist die Krankheit beendigt, und die von Neuem hervortretende Notwendigkeit der ärztlichen Behandlung oder der Gewährung von Arznei bezw. von Heilmitteln als der Eintritt einer neuen Krankheit anzusehen.

Nr. 31. Endurteil des III. **Senats vom 29. April 1889** (Entsch. Bd. XVIII S. 358).

1) Die seitens eines Armenverbandes einer Person gewährte Unterstützung kann nur dann als eine solche gelten, welche der Armenverband in Erfüllung seiner gesetzlichen Verpflichtung geleistet hat, wenn die betreffende Person im Sinne des Gesetzes als „hülfsbedürftig" anzusehen gewesen war.

2) Diese Hülfsbedürftigkeit ist dann ausgeschlossen, wenn der Kranke, als Mitglied einer Ortskrankenkasse den Weg, den die Kassenstatuten zur Herbeiführung der ärztlichen Behandlung bezw. der Aufnahme in eine Krankenanstalt vorschreiben, bereits beschritten, alsdann aber ohne zwingenden Grund verlassen und, obwohl immer noch in der Lage, diesen Weg wieder einzuschlagen, dennoch den Armenverband zu seiner Unterstützung angerufen hat. Der Armenverband, welcher diese Umstände kennend Unterstützung gewährt hat, handelt nicht in Ausübung seiner gesetzlichen Pflicht, er unterstützt keine Hülfsbedürftigen im armenrechtlichen Sinne.

XXI. Das Bauwesen.

Nr. 55.

(Einzuschalten auf S. 103 des ersten Ergänzungsbandes.)

Endurteil des IV. **Senats vom 2. Juli 1889** (Entsch. Bd. XVIII S. 362.)

1) Nach § 239 Tit. 9 Teil I Allg. Landrechtes ist jeder Uferbesitzer das Ausreißen des Stromes durch dazu dienliche Uferbefestigungen zu verhindern, wohl befugt. Allein von einer derartigen Uferbefestigung unterscheidet sich wesentlich ein Bau, welcher in das Wasser, das Flußbett selbst, hineingeführt werden und nicht zur Befestigung oder Wiederherstellung verfallener Ufer, sondern zur Herrichtung eines anderweiten, das Flußbett einengenden Ufers dienen soll. Ein solcher Bau ist dem Uferbesitzer nicht gestattet und zwar auch nicht in dem Falle, wo der Fluß erst kurz zuvor die alten Ufer zerstört und sich durch Fortreißen des hinterliegenden Landes ein neues oder ein anderweites Bett und damit neue Ufer gebildet hat. Das auf diese Weise durch Naturereignisse geschaffene neue Flußbett genießt denselben Schutz, wie das alte Bette.

2) Vergl. § 4 des Gesetzes vom 28. Februar 1843. *Gesetzliche* Beschränkungen des Eigentums begründen keinen Entschädigungsanspruch, jedenfalls aber nicht im Verwaltungsstreitverfahren.

Nr. 56. Endurteil des IV. **Senats vom 12. November 1889** (Entsch. Bd. XVIII S. 368).

Durch § 25 der Baupolizeiordnung für die Städte der Provinz Pommern vom 5. November 1880 ist die Anbringung von Oeffnungen (auch Fenster) in den an die Nachbargrenze näher als 5 Meter herantretenden Außenwänden ebenso für die bereits bestehenden, wie für die neu aufzuführenden Bauwerke untersagt. Im Sinne dieser Vorschrift muß die Anlegung von Oeffnungen in einer solchen *schon vorhandenen* Außenwand der Errichtung einer *neuen* Außenwand mit Oeffnungen gleichgestellt werden. Wenn also ein Hausbesitzer unter der Herrschaft jener Baupolizeiordnung in einer von der Nachbargrenze nicht 5 Meter entfernten *Außenwand* seines Hauses, welche vor dem Inkrafttreten der B.-P.-O. mit Fenstern hergestellt ist, neuerdings ein anderweites Fenster ausbricht, so kann er polizeilich angehalten werden, das letztere wieder zuzumauern.

Nr. 57. Endurteil des IV. Senats vom 26. September 1889 (Entsch. Bd. XVIII S. 371).

1) Wenn in einer Baupolizeiordnung Normen darüber aufgestellt werden, inwieweit mit der Bebauung in den Vorgärten eingegriffen werden darf, so liegen diese Bestimmungen auf baupolizeilichem Gebiete. Dasselbe gilt hinsichtlich der Einrichtung, Verwendung und Benutzung der Vorgärten.

2) Die Vorgärten bilden ein Mittelglied zwischen Straße und Baugrund; wie aber die Bebauung der Grundstücke sich an die Straße anzuschließen hat, das zu bestimmen ist Aufgabe der Baupolizei.

3) Die Vorgärten sind nichts weiter als Zubehörungen derjenigen Bauwerke, welche auf dem Grundstücke errichtet werden; sie setzen schon begrifflich eine Bebauung des Grundstückes voraus und entstehen erst mit dieser Bebauung; denn auf einem unbebauten Grundstücke kann ein Vorgarten nicht angelegt werden. Derartige Zubehörungen und Nebenanlagen der Bauwerke fallen an sich der Regelung durch die Baupolizeibehörde anheim.

4) Dasselbe gilt von den Höfen, deren Einrichtung und Verwendung zu Einbauten und zu anderen Zwecken den Maßnahmen der Baupolizei unterliegt, und daraus ergiebt sich die Zuständigkeit der Baupolizeibehörde, die Innehaltung der betreffenden Normen zu überwachen.

5) Wenn durch Polizeiverordnung festgestellt wird, daß die Vorgärten zu gewerblichen Zwecken nicht verwendet werden dürfen, so ist mit dieser Vorschrift die der Polizei gezogene Schranke nicht überschritten. Nicht jeder Gewerbebetrieb kann in den Vorgärten zugelassen werden, regelmäßig wird vielmehr die Betreibung eines Gewerbes im Vorgarten teils mit dem Zwecke desselben, teils mit denjenigen Rücksichten, welche auf den Straßenverkehr zu nehmen sind, mehr oder weniger unvereinbar erscheinen.

6) Die Polizei kann auch jeden Gewerbebetrieb in den Vorgärten verbieten, mithin auch das Schankgewerbe.

Nr. 58. Endurteil des IV. Senats vom 22. Oktober 1889
(Entsch. Band XVIII S. 376).

1) In Berlin kann in rechtlicher Beziehung nicht zwischen den für Berlin vor und nach Erlaß des Baufluchtengesetzes vom 2. Juli 1875 (G.-S. S. 561) angeordneten Vorgärten, die überall nicht Teile der Straße sind, unterschieden werden.

2) Die Herstellung und Unterhaltung der Vorgärten — mögen sie älteren oder neueren Ursprungs sein — muß, wegen der engen Beziehung, in welcher sie teils zu den Baugrundstücken teils zur Straße stehen, der polizeilichen Regelung anheimfallen. Deshalb ist eine polizeiliche Vorschrift, wodurch die gartenmäßige Herstellung und die gittermäßige Einfriedigung der Vorgärten den Besitzern zur Pflicht gemacht wird, gerechtfertigt; es kann in dieser Beziehung auch ein polizeilicher Zwang geübt werden.

3) Kein Anlieger ist berechtigt, ohne Zustimmung der Polizeibehörde eine ihm gehörige Fläche zu einem Bestandteile der öffentlichen Straße zu machen, deshalb ist es unthunlich, das Vorgartenland bürgersteigartig abzupflastern und dem Publikum als Bürgersteig preiszugeben.

4) Soweit das Vorgartenland an die Stadtgemeinde abgetreten und in Folge der Abtretung zur Straße gezogen ist, besteht rechtlich ein Vorgarten überhaupt nicht mehr, soweit aber lediglich eine Eigentumsübertragung stattgefunden hat, so ist hierdurch ein „ganz außergewöhnliches“ (!?) Rechtsverhältnis entstanden.

(Zusatz des Herausgebers: Noch außergewöhnlicher wird aber das Rechtsverhältnis, wenn der Hausbesitzer den Vorgarten an die Gemeinde abzutreten bereit ist und die letztere die Annahme verweigert oder für die Annahme noch eine hohe Entschädigung verlangt. Dieser Fall ist neuerdings vorgekommen.)

Nr. 59. Endurteil des IV. Senats vom 18. Juni 1889 (Entsch. Bd. XVIII S. 382).

1) Für den Begriff „Straße" ist der Name z. B. „Kommunikation" u. s. w. völlig bedeutungslos. Derselbe gilt von anderen in Berlin vorkommenden Bezeichnungen z. B. Weg, Damm, Hof, Allee, Gasse, Graben u. s. w.

2) Die vollständig durchgeführte Pflasterung bildet kein notwendiges Erfordernis für das Vorhandensein einer „Straße", namentlich wenn dieselbe innerhalb der (ehemaligen) Ringmauer liegt, in unmittelbarer Verbindung mit dem städtischen Straßennetze steht und unbestritten dem öffentlichen Verkehr dient.

3) Die Eigenschaft als „Straße" erlischt nicht, wenn eine Stadtmauer abgebrochen wird und an Stelle einer äußeren und inneren Kommunikation eine aus beiden bestehende „neue" städtische Straße entsteht (hier die Skalitzerstraße).

4) Der Ausdruck „neue" oder „neuangelegte" ist indessen in diesem Falle im Sinne des Gesetzes vom 2. Juli 1875 nicht anwendbar, weil eine Straße als neue oder neuangelegte nicht gilt, wo bereits eine alte Straße besteht. Ein in einer ähnlichen Angelegenheit (Elsasserstraße) ergangenes Kammergerichtserkenntnis vom 13. Mai 1881 steht dieser Auffassung nicht entgegen.

5) Die Neuanlegung einer Straße setzt nicht voraus, daß eine Straße von anderem Charakter und Aussehen, von anderer Einteilung und anderem Ausbau entsteht, sondern daß überhaupt erst eine Straße geschaffen, also an einer Stelle, wo bisher keine Straße war, eine solche hergestellt werde.

6) Hiernach ist die heutige Skalitzerstraße eine sogenannte „historische". Nachzulesen ist der Erlaß des Handelsministers vom 12. April 1870.

Nr. 60. Endurteil des IV. Senats vom 15. Oktober 1889 (Entsch. Bd. XVIII S. 387).

1) Der Wiederaufbau eines abgebrochenen oder durch Naturereignisse zerstörten Gebäudes fällt unter den Begriff der „Errichtung" eines Gebäudes im Sinne des § 12 des Gesetzes vom 2. Juli 1875.

2) Die hierin liegende Härte kann durch mildernde ortsstatutarische Vorschriften ausgeschlossen werden.

Nr. 61. Endurteil des IV. Senats vom 25. November 1889
(Entsch. Bd. XVIII S. 390).

Wenn auch gesetzlich feststeht, daß die Landräte die Organe der Chausseepolizei sind, so folgt daraus doch nicht, daß sie zuständig sind, die örtliche Baupolizei bei Bauten an Chausseen zu handhaben; letzteres jedenfalls nicht über die Wahrung der chausseepolizeilichen Interessen hinaus. Die Regel bildet die Zuständigkeit des Amtsvorstehers (§ 59 der altl. Kreisordnung, Hessen-N. §§ 27—33, Westfalen und Rheinprovinz § 29, Schleswig-Holstein § 51).

XXII. Ansiedlungen und Kolonien.

Nr. 15.

(Einzuschalten auf S. 103 des ersten Ergänzungsbandes.)

Endurteil des III. Senats vom 13. Dezember 1888 (Entsch. Bd. XVII S. 437).

Wenn Jemand einen Antrag stellt, ihm zur Erbauung eines Wohnhauses in der Feldmark, d. h. außerhalb eines Dorfes, einen Baukonsens zu erteilen, ohne daß er die Genehmigung zu einer neuen Ansiedlung beantragt, so muß sich die Ortspolizeibehörde zunächst über den Baukonsens schlüssig machen. Glaubt sie, denselben versagen zu müssen, weil der zu errichtende Neubau als eine neue Ansiedlung im Sinne der §§ 14 ff. des in der Provinz Hannover geltenden Gesetzes vom 4. Juli 1887 (G.-S. S. 324) anzusehen sei, so kann sie eine den Baukonsens aus diesem Grunde versagende Verfügung erlassen, sie darf aber nicht ohne Weiteres fingieren, es liege ein Antrag auf Erteilung einer Ansiedlungsgenehmigung vor und lediglich den Bescheid erteilen, daß die erbetene Erlaubnis zur Gründung einer Ansiedlung erteilt werde.

Das Endurteil vom 28. Mai 1884 (P. und W. Rechtsgrundsätze S. 183 Nr. 7) steht dieser Auffassung nicht entgegen.

XXIII. Versicherungen.

Nr. 13.

(Einzuschalten auf S. 104 des ersten Ergänzungsbandes.)

Endurteil des III. Senats vom 19. November 1888 (Entsch. Bd. XVII S. 404).

1) Für den Fachverein der Buchbinder und verwandten Berufsgenossen zu Berlin besteht ein Statut, welchem der Polizeipräsident die Bestätigung versagte, weil die von dem Unterstützungsverbande in dem Statut vorgesehenen, Unterstützung reisender und arbeitsloser Mitglieder betriebenen, Kasseneinrichtungen sich ihrer thatsächlichen Wirksamkeit nach als Versicherungsanstalten im Sinne des preußischen Versicherungsgesetzes vom 17. Mai 1853 (G.-S. S. 293) darstellten und deshalb für Preußen nach §§ 1 ff. des gedachten Gesetzes in Verbindung mit § 340 Nr. 6 des Preußischen und § 360 Nr. 9 des Reichs-Strafgesetzbuches der staatlichen Genehmigung bedürften, worüber der Nachweis nicht geführt sei. Dabei wurde event. die Schließung des Vereins angedroht, falls nicht binnen einer bestimmten Frist die staatliche Zulassung erwirkt oder doch beantragt sei. Die betreffende Verfügung des Polizeipräsidenten wurde aufgehoben.

2) Die letztere war ergangen als eine ortspolizeiliche und nicht etwa als Ausfluß eines nicht polizeilichen Aufsichtsrechtes.

3) Weder der Unterstützungsverband, noch der Fachverein selbst waren als Versicherungsanstalten im Sinne des Gesetzes vom 17. Mai 1853 anzusehen, denn der Begriff der Versicherung, sowohl der Sachen- als der Personenversicherung, ist dadurch bedingt, daß für den Fall des Eintritts eines schädigenden Ereignisses eine Leistungspflicht übernommen wird. Diese Leistungspflicht muß einen Rechtsanspruch darstellen und nicht blos auf dem Ermessen des Verbandsvorstandes beruhen.

4) In der Anmerkung zu diesem Endurteile ist noch ein anderes des III. Senats vom 3. Januar 1889 mit ähnlichem Inhalte mitgeteilt.

XXIV. Die Handelskammern.

Nr. 2.

(Einzuschalten auf S. 435 des Stammwerkes.)

Endurteil des III. Senats vom 17. Oktober 1889 (Entsch. Bd. XVIII S. 331).

1) Bei den engeren Wahlen zur Handelskammer (§ 14 des Gesetzes vom 24. Februar 1870 — G.-S. S. 134 —) sind als Wähler sämtliche in

der Wählerliste als wahlberechtigt aufgeführte, nicht aber lediglich die zum ersten Wahlgange erschienenen Personen zuzulassen.

2) Gegenstand des Einspruches und der Klage gegen die Wahl von Mitgliedern der Handelskammer ist nach § 15 a. a. O., sowie § 135 des Zuständigkeitsgesetzes vom 1. August 1883 ausschließlich die Gültigkeit der Wahl. Hierüber hat der Bezirksausschuß zu entscheiden, nicht aber für den Fall der Ungültigkeitserklärung der Wahl Bestimmung darüber zu treffen, in welcher Weise nunmehr eine anderweite Wahl vorzunehmen sei.

Vierte Abteilung.

Der Verwaltungsprozeß.

XXVI. Das Streitverfahren.

Nr. 32.

(Einzuschalten auf S. 74 des Ergänzungsbandes für 1889.)

Endurteil des IV. Senats vom 8. November 1889 (Entsch. Bd. XVIII S. 444).

Nach § 483 der deutschen Zivilprozeß-Ordnung vom 30. Januar 1877 verliert die Anschließung ihre Wirkung, wenn die Berufung zurückgenommen oder als unzulässig verworfen wird. Dasselbe findet statt im Verwaltungsstreitverfahren auch hinsichtlich der Revision.

XXVII. Instruktionelle Verfügungen über das Streitverfahren.

Nr. 19.

(Einzuschalten auf S. 456 des Stammwerkes.)

Verfügung des III. Senats vom 17. Januar 1889 (Entsch. Bd. XVII S. 450).

1) Diejenige Beschlußbehörde, gegen deren Beschluß der Antrag auf mündliche Verhandlung im Verwaltungsstreitverfahren gestellt ist, hat über diesen Antrag in den Formen des letzteren Verfahrens selbst zu entscheiden, und es liegt kein Anhalt dafür vor, daß in dem Falle des § 58 des Landesverwaltungsgesetzes vom 30. Juli 1883 von dieser allgemeinen Regel abgewichen werden soll.

2) Wenn nach dem Vorflutsgesetze vom 15. November 1811 ein Antrag auf Beschaffung der Vorflut gestellt ist, so wird nach vorgängiger örtlicher Untersuchung von dem Kreisausschusse im Beschlußverfahren bestimmt, ob und unter welchen Modalitäten die Ablassung des Wassers auszuführen ist. Gegen diesen Beschluß findet der Antrag auf mündliche Verhandlung im Verwaltungsstreitverfahren statt. (§ 68 des Zust.-Ges. vom 1. August 1883.) Dieser Entscheidung hat sich der Kreisausschuß auch in dem Falle zu unterziehen, wenn die Entwässerungsangelegenheit sich auf Grundstücke mehrerer Regierungsbezirke bezieht.

Nr. 20. Bescheid des II. Senats vom 14. September 1889 (Entsch. Bd. XVIII S. 447).

Derselbe bezieht sich auf den Anspruch der als Partei obsiegenden Behörde wegen Erstattung der durch Wahrnehmung der mündlichen Verhandlung entstandenen Auslagen, wenn die Vertretung vor dem Bezirksausschusse zwar weniger, die vor dem Ober-Verwaltungsgericht aber mehr betrug, als in jeder Instanz die gesetzlichen Gebühren eines Rechtsanwaltes betragen haben würden und wenn die Verhandlung in Abwesenheit der Gegenpartei erfolgte.

Chronologisches Register.

Abkürzungen: E. = Endurteil. V. = Verordnung.

1535.

Pommersche Kirchenordnung, S. 48.

1563.

Pommersche Kirchenordnung, S. 48.

1742.

Edikt vom 14. Juli, S. 58.

1764.

Ostpreußisches Wegereglement vom 24. Juni, S. 57, 58.

1765.

General-Landschul-Reglement für Schlesien vom 3. November, S. 48.

1766.

Kurfürstl. Hess. Regulativ vom 28. Februar, S. 45.

1767.

Schlesisches Wegereglement vom 11. Januar, S. 58.

1783.

Allgem. Hypothekenordnung vom 20. Dezember, S. 9.

1794.

Preußisches Allgemeines Landrecht.
Publikationspatent vom 5. Februar.

Einleitung § 49, S. 29.
Teil I. Tit. 2 §§ 6, 8, 9, S. 9.
— „ „ 2 § 14, S. 48.
— „ „ 9 §§ 225 ff., §§ 263 ff., S. 56.
— „ „ 9 § 239, S. 69.
— „ „ 9 § 550, S. 33.
— „ „ 9 § 581, S. 63.
Teil II. Tit. 1 §§ 210, 214, S. 33.
— „ „ 11 § 59, S. 25.
— „ „ 11 §§ 165, 166, S. 9.
— „ „ 11 § 174, S. 9.
Teil II. Tit. 11 § 550, S. 31.
— „ „ 11 § 667, S. 10.
— „ „ 11 § 678, S. 11.
— „ „ 11 § 731, S. 48.
— „ „ 11 § 818, S. 11.
— „ „ 12 §§ 12 ff., S. 44.
— „ „ 12 §§ 29, 34, S. 45.
— „ „ 12 § 33, S. 44.
— „ „ 12 §§ 34—38, S. 48.
— „ „ 12 § 43, S. 14.
— „ „ 14 § 21, S. 61.
— „ „ 14 § 21, S. 62.
— „ „ 15 § 1, S. 56.
— „ „ 15 § 2, S. 63.
— „ „ 15 § 7, S. 63.
— „ „ 15 § 11, S. 57.
— „ „ 15 §§ 13, 14, S. 58.
— „ „ 15 § 38, S. 61.
— „ „ 15 §§ 38—41, S. 62.
— „ „ 15 §§ 39 ff., S. 56.
— „ „ 15 § 52, S. 61.
— „ „ 15 §§ 53, 54, S. 62.
— „ „ 15 § 79, S. 59.
— „ „ 16 § 253, S. 9.
— „ „ 17 §§ 2, 10, S. 65.
— „ „ 17 § 10, S. 66.

1801.

Schlesisches Schulreglement vom 18. Mai, § 7, S. 44.
— — S. 48.

1802.

Ostpreußisches Provinzialrecht vom 1. September, S. 57, 58.

1810.

Gesindeordnung vom 8. November, S. 51.

1811.

Vorflutgesetz vom 15. November, S. 74.

1812.

Ministerial-Reskript vom 17. April, S. 51.

1820.

Gesetz vom 30. Mai, § 13, S. 39.
Gesetz vom 30. Dezember, § 10, S. 19.
V. vom 30. Dezember, §§ 18 ff., S. 19.

1821.

Gemeinheitsteilungsordnung vom 7. Juni, S. 48.

1822.

Gesetz vom 11. Juli, S. 25.
— — S. 26.
— — S. 37.
— — §§ 8 und 10f, S. 39.
— — § 10, S. 25.
— — § 10e, S. 19.

1824.

Ministerial-Reskript vom 9. April, S. 58.

1832.

Militärkirchenordnung v. 12. Februar, S. 43.
Ministerial-Reskript vom 4. August, S. 43.

1834.

Ministerial-Instruktion vom 27. September, S. 43.
Kurhessische Gemeindeordnung vom 23. Oktober, § 73, S. 19.

1838.

V. vom 16. Juni, S. 61.
Ministerial-Reskript v. 17. September, S. 43.
Gesetz vom 8. November, S. 59.
— — S. 60.

1840.

Gesetz vom 18. Juni, S. 18.
— — §§ 1 ff., S. 33.
— — § 2, S. 20.
— — §§ 7, 14, S. 20.

1842.

Gesetz vom 31. Dezember, S. 48.
— — S. 49.

1843.

Gesetz vom 26. Februar, §§ 1, 7, S. 55.
Gesetz vom 28. Februar, § 1, S. 56.
— — § 4, S. 69.
— — § 7, S. 56.
Gesetz vom 9. November, §§ 1 und 8, S. 28.

1844.

V. vom 11. November, S. 44.

1845.

Gesetz vom 3. Januar, S. 42.
Hann. Gesetz vom 26. Mai, S. 45.
Preuß. Schulordnung vom 11. Dezember, S. 42.
— — S. 43.
— — S. 47.

1846.

Gesetz vom 21. Juli, S. 44.
— — S. 46.
— — S. 47.
— — S. 48.

1847.

Hann. Gesetz vom 22. August, S. 56.
Erk. des ehem. Ober-Trib. vom 23. Dezember, S. 11.

1848.

Gesetz vom 5. September, S. 8.
Gesetz vom 31. Oktober, §§ 1—3, S. 54.

1849.

V. vom 3. Januar, S. 6.

1850.

Preuß. Verfassungsurkunde vom 31. Januar, Art. 21, S. 14.
Gesetz vom 7. Februar, §§ 1, 2, S. 54.
Jagdpolizeigesetz vom 7. März, § 2, S. 54.
— — §§ 2 und 4, S. 53.
— — §§ 2a, 12, S. 53.
— — § 7, S. 54.
— — § 15, S. 52.
Gemeindeordnung vom 11. März, S. 32.
Gesetz über die Polizeiverwaltung vom 11. März, S. 32.
— — §§ 3, 4, S. 39.
— — S. 51.
— — S. 66.

1851.

Gesetz vom 1. Mai, S. 7.
— — S. 11.
— — § 14, S. 33.
— — § 28, S. 9.
— — §§ 28, 30, 36, S. 34.
— — § 30, S. 14.
Hann. Wegeordnung vom 28. Juli, S. 8.
Hann. Wegegesetz vom 28. Juli, S. 63.

1852.

Gesetz vom 3. Mai, S. 6.
Gesetz vom 21. Juli, §§ 16, 78, 89 ff. und 95, S. 27.

Gesetz vom 27. Juli, S. 8.
— — §§ 23—25, S. 8.

1853.

Gesetz vom 17. Mai, S. 72.
Gesetz vom 24. Mai, S. 32.
Städteordnung vom 30. Mai, S. 29.
— — § 4, S. 14.
— — § 4, S. 19.
— — § 4, S. 25.
— — § 4, S. 31.
— — § 4 Abs. 3 und § 8 Abs. 2, S. 28.
— — § 11, S. 17.
— — §§ 13 und 18, S. 29.
— — § 21 Abs. 3, § 24, § 27 Abs. 3, S. 30.
— — § 27, S. 32.
— — § 42, S. 32.
— — § 56, S. 26.
— — §§ 58, 80, S. 27.

1854.

Ministerialerlaß vom 18. Mai, S. 61.

1855.

Konkursordnung vom 8. Mai, S. 43.
Ministerialerlaß vom 30. November, S. 19.

1856.

Westfälische Städteordnung vom 19. März, § 4, S. 15.
— — §§ 58, 82, S. 27.
Rheinische Städteordnung vom 15. Mai, §§ 28 ff. und 66 ff., S. 27.
— — § 49, S. 14.

1858.

Hann. revidirte Städteordnung vom 24. Juni, § 119, S. 18.

1859.

Hann. Jagdordnung vom 11. März, S. 53.
Gesetz vom 28. April, S. 7.
— — S. 8.
Hann. Landgemeindeordnung vom 28. April, S. 39.
Gesetz vom 28. April, § 1 und §§ 28 ff., S. 8.
Hann. Landgemeindeordnung vom 28. April, §§ 8, 25, S. 40.
Ministerialerlaß vom 21. November, S. 56.
Ministerialerlaß vom 26. November, S. 52.

1861.

Gesetz vom 24. Mai, S. 20.
Deutsches Handelsgesetzbuch vom 24. Juni, Art. 86, 91, 92, 158, 167, S. 24.
— 250, S. 21.

1862.

Deich- und Sielordnung vom 15. April, S. 55.

1865.

Berggesetz vom 24. Juni, S. 12.
Kurhess. Jagdgesetz vom 7. September, S. 53.

1867.

Preußisch-Oldenburgischer Staatsvertrag vom 17. Januar, S. 22.
Gemeindeverfassungsgesetz für Frankfurt vom 25. März, § 69, S. 14.
V. vom 23. Mai, § 12, S. 19.
Zollvereinsvertrag vom 8. Juli, Art. 5 II, § 7, S. 18.
V. vom 23. September, S. 19.
— — S. 25.
— — S. 26.
— — S. 37.

1868.

Ministerialerlaß vom 6. Dezember, S. 19.

1869.

Subhastationsordnung vom 15. März, § 1, S. 9.

1870.

Gesetz vom 24. Februar, S. 72.
Ministerialerlaß vom 12. April, S. 71.
Bundesgesetz vom 13. Mai, S. 13.
— — S. 22.
Gesetz vom 1. Juni, S. 40.

1871.

Gesetz vom 8. März, S. 40.
— — § 29, S. 8.
— — § 74, S. 40.

1872.

Altländische Kreisordnung
vom 13. Dezember,
siehe Gesetz vom 19. März 1881.
Pensionsgesetz vom 27. März, § 20, S. 27.
Gesetz vom 5. Mai, S. 9.
Grundbuchordnung vom 5. Mai, S. 43.
Allgem. Bestimmungen vom 15. Oktober, S. 15.

1873.

Ministerial-Instruktion vom 10. März, S. 5.
— — Art. 14, S. 2.
Gesetz vom 25. Mai, S. 7.
— — S. 33.
Synodalordnung vom 10. September, S. 11.
— — § 24, S. 31.
Erk. des ehem. Ober-Trib. vom 15. September, S. 26.

1874.

Reichsmilitärgesetz vom 2. Mai, S. 19.
Enteignungsgesetz vom 11. Juni, § 14, S. 59.

1875.

Gesetz vom 20. Juni, § 21 Nr. 9 und § 50 Nr. 6, S. 11.
Gesetz vom 2. Juli, S. 15.
— — S. 70, 71.
— — §§ 12 und 15, S. 16.
— — §§ 12, 15, S. 17.
— — § 15, S. 17.

1876.

Deutsches Reichsstrafgesetzbuch v. 26. Februar, § 360, Nr. 9, S. 72.
Reichs-Gesetz vom 7. April, S. 67.
Gesetz vom 3. Juni, S. 47.
Gesetz vom 3. Juni, Art. 24, Nr. 4, S. 11
Gesetz vom 14. August, S. 40, 41.
Gesetz vom 25. August, S. 42.
— — S. 60.
— — § 14, S. 60.
— — § 16, S. 62.
E. vom 15. November, S. 59.
E. vom 29. November, S. 59.
— — S. 61.

1877.

Ministerial-Instruktion vom 3. Januar, §§ 3, 4, 5, 11, 19, S. 34.
— — § 19a, S. 7.
Deutsches Gerichtsverfassungsgesetz vom 27. Januar, § 13, S. 20.
Deutsche Zivilprozeß-Ordnung vom 30. Januar, § 483, S. 74.
Gesetz vom 26. Februar, S. 8.
Ministerial-Erlaß vom 10. August, S. 5.
E. vom 10. November, S. 6,
— — vom 24. November, S. 44.

1878.

E. vom 5. September, S. 2.
— — vom 1. Dezember, S. 51.

1879.

Gesetz vom 16. März, S. 58.
Gesetz vom 1. April, S. 55.
E. vom 14. Juni, S. 58.
— — S. 59.
Plen.-E. vom 16. Juni, S. 68.

1880.

E. vom 19. Januar, S. 10.
— — vom 4. Februar, S. 45.
E. vom 23. Februar, S. 59.
— — vom 10. November, S. 51.

1881.

E. vom 24. Januar, S. 6.
— — vom 17. März, S. 53.

Altländische Kreisordnung
in der Fassung des Gesetzes vom 19. März 1881.
— — § 14, S. 9.
— — § 14, S. 21.
— — §§ 14, 17, S. 9.
— — § 15, S. 9.
— — § 23, S. 1.
— — § 24, S. 1.
— — § 25, S. 40.
— — § 28, S. 9.
— — § 31, S. 32.
— — §§ 31—33, S. 45.
— — § 31, 35, S. 39.
— — § 59, S. 71.
— — §§ 69-72, S. 32.
— — § 76, S. 12.
— — § 86, S. 4.
— — § 86, S. 9.
— — § 89, 90, S. 3.
— — § 96, S. 3.
— — § 96, S. 4.
— — § 96, S. 5.
— — § 100, S. 5.
— — § 106, S. 5.
— — § 106, S. 6.
— — § 108, S. 2.
— — § 108, S. 5.
— — § 110, S. 4.
— — § 112a, S. 3.
— — § 113, S. 5.
— — § 116, S. 2.
— — § 121, S. 1.
— — § 131, S. 6.
— — § 180, S. 11.
— — § 199, S. 9.
— — § 200, S. 2.

Wahlreglement zu den Kreisordnungen.
— — § 1, S. 1.
— — § 2, S. 1.
— — § 8, S. 5.

Altländische Provinzialordnung
in der Fassung des Gesetzes vom 22. März.
— — § 23, S. 1.
E. vom 26. März, S. 23.
Kammerger.-Erk. vom 13. Mai, S. 71.

Erk. des Reichsger. vom 11. Juli, S. 17.
Ministerial-Erlaß vom 13. August, S. 7.
E. vom 5. Dezember, S. 51.
— — vom 30. Dezember, S. 64.

1882.

Revidierte Instruktion des Oberkirchenrats vom 25. Januar, § 35, S. 31.
E. vom 1. März, S. 62.
— — vom 20. Mai, S. 25.
— — vom 3. Juni, S. 63.
— — vom 21. Juli, S. 58.

1883.

E. v. 17. Januar, S. 60.
— — vom 28. Februar, S. 45.
— — vom 31. März, S. 59.
— — vom 11. Mai, S. 51.
— vom 11. Juni, S. 5.
Krankenversicherungsgesetz v. 15. Juni, S. 67.
— — § 6, S. 67.
— — § 57, S. 67.
— — § 57, S. 68.
— — § 75, S. 68.

Reichsgewerbeordnung
vom 21. Juni 1869 in der Fassung des Gesetzes vom 1. Juli.
— — §§ 1, 16, 23, 27, S. 66.
— — §§ 29 und 147 Nr. 3, S. 65.
— — § 30 Abs. 2 und § 53 Abs. 2, S. 64.
— — § 33a, S. 64.
— — § 37, S. 36.
— — §§ 44, 44a, S. 65.
— — § 49 Abs. 3, S. 64.
— — §§ 95, 104, S. 66.
— — § 98b, S. 66.
— — § 147 Nr. 3, S. 65.
Gesetz vom 13. Juli, S. 9.

Gesetz über die allgem. Landesverwaltung
vom 30. Juli.
— — § 50 Abs. 3, S. 21.
— — § 50 Abs. 3, S. 29.
— — § 52, S. 50.
— — § 58, S. 74.
— — § 61, S. 47, 48.
— — § 68, S. 3.
— — § 126, S. 40.
— — §§ 127—129, S. 67.
— — §§ 143, 144, S. 66.
— — § 160, S. 43.

Zuständigkeitsgesetz
vom 1. August.
— — § 10, S. 29.
— — § 10, S. 32.
— — §§ 10, 11, S. 28.
— — §§ 10, 11, S. 30.
— — § 15, S. 27.
— — § 16, Abs. 3, S. 19.
— — § 18, S. 20.
— — § 18, Nr. 2, S. 20.
— — § 20, S. 27.
— — § 20, Nr. 3, S. 27.
— — §§ 27, 163, S. 40.
— — § 34, S. 33.
— — § 34, S. 40.
— — § 36, S. 39.
— — § 46, Abs. 3, S. 43.
— — § 47, S. 46.
— — § 47, Abs. 1, S. 46.
— — § 48, S. 47.
— — § 56, S. 62.
— — § 56, S. 63.
— — § 56, Abs. 4, 5, 6, S. 58.
— — § 57, S. 62.
— — § 60, S. 63.
— — § 61, S. 58.
— — § 64, S. 8.
— — § 66, S. 55.
— — § 68, S. 74.
— — § 103, S. 53.
— — § 105, S. 54.
— — § 120, S. 64.
— — § 125, S. 66.
— — § 135, S. 73.
— — § 160, S. 20.
E. vom 19. September, S. 51.
— — vom 11. Oktober, S. 10.
— — S. 13.
— — vom 12. November, S. 13.
— — vom 28. November, S. 51.
— — S. 59.

1884.

E. vom 16. Februar, S. 60.
— — vom 15. April, S. 55.

Hannoversche Kreisordnung
vom 6. Mai.
— — § 24 ff., S. 39.
— — § 33, S. 40.
— — § 36, S. 32.
— § 36, S. 39.
— — §§ 36—38, S. 45.

Hannoversche Kreisordnung
vom 6. Mai.

— — § 42, S. 4.
— — § 42, S. 9.
— — §§ 45, 46, S. 3.
— — § 52, S. 3.
— — § 52, S. 5.
— — § 56, S. 4.
— — § 56, S. 5.
— — § 62, S. 5.
— — § 62, S. 6.
— — § 64, S. 2.
— — § 64, S. 5.
— — § 66, S. 4.
— — § 69, S. 3.
— — § 70, S. 5.
— — § 73, S. 2.
— — § 77, S. 1.
— — § 88, S. 6.
— — § 103, S. 12.
— — § 108, S. 11.
— — §§ 111—113.
— — § 121, S. 2.
— — § 121, S. 9.
E. vom 8. Mai, S. 60.
— — vom 28. Mai, S. 72.
Reichsgesetz vom 1. Juni, S. 67.
Bekanntm. des Reichskanzlers vom 7. Juli, S. 68.
Ministerialanweisung vom 14. Juli, S. 67, 68.
E. vom 8. Oktober, S. 58.
— — vom 11. Oktober, S. 60.
— — vom 13. Oktober, S. 11.
Ministerial-Erlaß vom 2. November, S. 52.
E. vom 19. November, S. 68.
— — vom 22. Dezember, S. 46.

1885.

E. vom 12. Februar, S. 11.
Gerichtsvollzieher-Ordnung vom 23. Februar, S. 25.
E. vom 11. März, S. 44.
— — vom 13. April, S. 6.
— — vom 11. Mai, S. 6.
— — vom 16. Mai, S. 59.

Hessen-Nassauische Kreisordnung
vom 7. Juni.

— — § 20, S. 1.
— — § 21, S. 1.
— — §§ 27—33, S. 71.
— — § 36, S. 40.
— — § 37, S. 32.
— — § 37, S. 39.
— — § 37, S. 46.
— — §§ 37—39, S. 45.
— — § 43, S. 4.
— — § 43, S. 9.
— — §§ 46, 47, S. 3.
— — § 53, S. 3.
— — § 53, S. 4.
— — § 53, S. 5.
— — § 57, S. 5.
— — § 63, S. 6.
— — § 63, S. 5.
— — § 65, S. 2.
— — § 65, S. 5.
— — § 67, S. 4.
— — § 70, S. 3.
— — § 71, S. 5.
— — § 74, S. 1.
— — § 78, S. 1.
— — § 89, S. 6.
— — § 104, S. 12.
— — § 109, S. 11.
— — § 120, S. 9.
— — § 121, S. 2.

Provinzialordnung für Hessen-Nassau
vom 8. Juni.

— — § 11, S. 2.
— — § 20, S. 1.
E. vom 15. Juni, S. 9.
Kommunalsteuergesetz vom 27. Juli, S. 21, 22.
— — § 1, S. 23.
— — § 1, S. 35.
— — § 1 Abs. 3, S. 14.
— — §§ 1 und 4, S. 22.
— — §§ 1, 2, 5, 7, S. 38.
— — § 2, S. 23.
— — §§ 2, 7, S. 35.
— — § 3, S. 12.
— — § 5, S. 22.
— — § 5, S. 37.
— — § 7, S. 22, 23.
— — § 7a, S. 24.
— — § 7b, S. 23.
— — § 9, S. 13.
— — § 9, S. 14.
— — § 9 Abs. 2, S. 13.
— — § 11, S. 24.
— — § 12, S. 39.
E. vom 14. September, S. 51.
— — vom 26. September, S. 26.
— — vom 2. November, S. 61.
— — vom 30. November, S. 14.

E. vom 30. November, S. 25.

1886.

E. vom 7. Januar, S. 13.
— — vom 18. Januar, S. 7.
— — vom 25. März, S. 5.
— — vom 27. April, S. 8.
— — vom 29. April, S. 51.
— — vom 24. Juni, S. 55.
— — vom 28. Juni, S. 6.

Westfälische Kreisordnung vom 31. Juli.

— — § 29, S. 71.
— — § 23, S. 32.
— — § 23, S. 45.
— — § 23, S. 39.
— — § 29, S. 33.
— — § 35, S. 4.
— — § 35, S. 9.
— — §§ 38, 39, S. 3.
— — § 44, S. 3.
— — § 44, S. 4.
— — § 44, S. 5.
— — § 50, S. 5.
— — § 50, S. 6.
— — § 52, S. 2.
— — § 52, S. 5.
— — § 54, S. 4.
— — § 57, S. 3.
— — § 58, S. 5.
— — § 61, S. 2.
— — § 65, S. 1.
— — § 76, S. 6.
— — § 91, S. 12.
— — § 96, S. 11.
— — § 103, S. 9.
— — § 104, S. 2.
E. vom 26. Oktober, S. 36.
— — vom 30. Oktober, S. 59.
— — S. 61.
— — vom 2. Dezember, S. 44.

1887.

E. vom 8. Januar, S. 60.
— — vom 15. Januar, S. 16.
— — vom 18. Januar, S. 28.
— — S. 30.
— — vom 11. Februar, S. 13.
Gesetz vom 12. März, Art. III, S. 33.
E. vom 20. April, S. 48.
— — vom 22. April, S. 31.
— — vom 17. Mai, S. 37.
Gesetz vom 26. Mai, S. 42.

Kreisordnung f. die Rheinprovinz v. 30. Mai.

— — § 23, S. 32.
— — § 23, S. 39.
— — § 23, S. 45.
— — § 29, S. 71.
— — § 35, S. 4.
— — § 35, S. 9.
— — §§ 38, 39, S. 3.
— — § 44, S. 3.
— — § 44, S. 4.
— — § 44, S. 5.
— — § 50, S. 5.
— — § 50, S. 6.
— — § 52, S. 2.
— — § 52, S. 5.
— — § 54, S. 4.
— — § 57, S. 3.
— — § 58, S. 5.
— — § 61, S. 2.
— — § 65, S. 1.
— — § 76, S. 6.
— — § 91, S. 12.
— — § 96, S. 11.
— — § 103, S. 9.
— — § 104, S. 2.
E. vom 24. Juni, S. 38.
Gesetz vom 4. Juli, §§ 14 ff., S. 72.
E. vom 9. September, S. 22.
— — vom 13. September, S. 13.
— — S. 22.
— — vom 24. September, S. 36.
— — vom 1. Oktober, S. 60.
— — vom 5. Oktober, S. 58.
— — S. 59.
— — vom 1. November, S. 16.

1888.

E. vom 2. Januar, S. 51.
Ministerialerlaß vom 8. Januar, S. 64.

Kreisordnung für Schleswig-Holstein vom 26. Mai.

— — § 18, S. 39.
— — § 23, S. 32.
— — §§ 28—30, S. 45.
— — § 51, S. 71.
— — §§ 62—65, S. 32.
— — § 72, S. 4.
— — § 72, S. 9.
— — §§ 75, 76, S. 3.
— — § 82, S. 3.
— — § 82, S. 4.
— — § 82, S. 5.

Kreisordnung für Schleswig-Holstein vom 26. Mai.
— — § 86, S. 5.
— — § 91, S. 12.
— — § 92, S. 5.
— — § 92, S. 6.
— — § 94, S. 2.
— — § 94, S. 5.
— — § 96, S. 4.
— — § 99, S. 3.
— — § 100, S. 5.
— — § 103, S. 2.
— — § 119, S. 6.
— — § 144, S. 11.
— — § 156, S. 9.
— — § 157, S. 2.
— — § 188, S. 1.
Ministerialerlaß vom 31. Mai, S. 27.
E. vom 23. Juni, S. 60.
— — vom 27. Juni, S. 8.
— — vom 4. September, S. 13.
— — vom 6. September, S. 64.
— — vom 10. September, S. 67.
— — vom 13. September, S. 52.
— — vom 14. September, S. 29.
— — S. 30.
— — vom 15. September, S. 40.
— — S. 62.
— — vom 19. September, S. 40.
— — vom 24. September, S. 52.
— — vom 25. September, S. 3.
— — vom 26. September, S. 58.
— — vom 29. September, S. 50.
— — vom 4. Oktober, S. 65.
— — vom 10. Oktober, S. 39.
— — vom 19. Oktober, S. 14.
— — vom 23. Oktober, S. 28.
— — vom 25. Oktober, S. 32.
— — vom 27. Oktober, S. 32.
— — vom 1. November, S. 53.
— — vom 2. November, S. 4.
— — S. 29.
— — vom 6. November, S. 1.
— — S. 2.
— — vom 16. November, S. 17.
— — vom 17. November, S. 33.
— — vom 19. November, S. 55.
— — S. 72.
— — vom 22. November, S. 53.
— — vom 23. November, S. 5.
— — S. 36.
— vom 28. November, S. 33.
E. vom 29. November, S. 64.
— — vom 30. November, S. 27.
— — vom 1. Dezember, S. 27.
Erk. des Reichsgerichts v. 6. Dezember, S. 26.
E. vom 7. Dezember, S. 24.
— — vom 8. Dezember, S. 47.
— — vom 12. Dezember, S. 37.
— — vom 13. Dezember, S. 71.
— — vom 14. Dezember, S. 31.
— — vom 18. Dezember, S. 28.
— — vom 19. Dezember, S. 12.
— — S. 42.
— — vom 21. Dezember, S. 27.

1889.

E. vom 2. Januar, S. 7.
— — vom 3. Januar, S. 72.
— — vom 4. Januar, S. 11.
— — S. 18.
— — S. 19.
Verfügung des Ober-Verwalt.-Ger. vom 17. Januar, S. 74.
E. vom 17. Januar, S. 50.
— — vom 22. Januar, S. 27.
— — vom 26. Januar, S. 46.
— — vom 30. Januar, S. 34.
— — vom 4. Februar, S. 63.
Plen.-E. vom 6. Februar, S. 6.
E. vom 4. Februar, S. 67.
— — vom 7. Februar, S. 64.
— — vom 8. Februar, S. 20.
— — vom 9. Februar, S. 11.
— — vom 14. Februar, S. 67.
— — vom 15. Februar, S. 14.
— — vom 19. Februar, S. 15.
— — vom 20. Februar, S. 33.
— — S. 59.
— — S. 60.
— — vom 1. März, S. 19.
— — vom 2. März, S. 7.
Ministerialerlaß vom 4. März, S. 63.
E. vom 16. März, S. 37.
— — vom 20. März, S. 46.
— — vom 22. März, S. 15.
— — S. 22.
— — vom 23. März, S. 42.
— — vom 30. März, S. 35.
— — vom 2. April, S. 23.
— — vom 13. April, S. 43.
Gesetz vom 16. April, S. 8.
E. vom 16. April, S. 32.
— — vom 26. April, S. 21.

E. vom 29. April, S. 69.
— — vom 1. Mai, S. 9.
— — S. 19.
— — vom 4. Mai, S. 39.
— — S. 45.
— — vom 7. Mai, S. 21.
— — vom 21. Mai, S. 24.
— — vom 22. Mai, S. 44.
— — vom 23. Mai, S. 54.
— — vom 25. Mai, S. 48.
— — vom 29. Mai, S. 40.
— — S. 44.
— — vom 31. Mai, S. 38.
— — vom 3. Juni, S. 56.
— — S. 66.
— — vom 5. Juni, S. 47.
— — vom 6. Juni, S. 66.
— — vom 12. Juni, S. 44.
— — vom 18. Juni, S. 6.
— — S. 63.
— — S. 71.
— — vom 20. Juni, S. 55.
— — vom 21. Juni, S. 21.
— — vom 22. Juni, S. 44.
— — S. 47.
— — vom 25. Juni, S. 51.
— — vom 2. Juli, S. 69.
— — vom 7. September, S. 39.
— — vom 10. September, S. 63.
— — vom 11. September, S. 38.
— — vom 13. September, S. 5.
Bescheid des Ober-Verw.-Ger. vom 14. September, S. 74.

E. vom 24. September, S. 25.
— — S. 62.
— — vom 26. September, S. 61.
— — S. 70.
— — vom 8. Oktober, S. 11.
— — S. 25.
— — vom 9. Oktober, S. 48.
— — vom 10. Oktober, S. 52.
— — S. 68.
— — vom 11. Oktober, S. 25.
— — vom 12. Oktober, S. 50.
— — vom 15. Oktober, S. 9.
— — vom 17. Oktober, S. 72.
— — vom 18. Oktober, S. 31.
— — vom 21. Oktober, S. 54.
— — S. 65.
— — vom 22. Oktober, S. 70.
— — vom 24. Oktober, S. 56.
— — S. 68.
— — vom 25. Oktober, S. 26.
— — vom 26. Oktober, S. 39.
— — S. 51.
— — vom 30. Oktober, S. 27.
— — vom 4. November, S. 67.
— — vom 5. November, S. 22.
— — vom 7. November, S. 68.
— — vom 8. November, S. 74.
— — vom 12. November, S. 62.
— — S. 69.
— — vom 23. November, S. 50.
— — vom 25. November, S. 63.
— — S. 71.
— — vom 14. Dezember, S. 43.

Alphabetisches Register.

Die beigefügten Zahlen verweisen auf die Seiten.

A.

Abänderung eines Wahlbezirks vor einer Ergänzungswahl 30; Vornahme der Wahl 30; von Grabstellengeldern, Beschluß des Kirchenvorstandes (Gemeindekirchenrats) und der Gemeindevertretung 11; Genehmigung der staatlichen Aufsichtsbehörde 11; der festgesetzten örtlichen Wahlbezirke nur im Falle der Auflösung der Stadtverordnetenversammlung 29; wesentliche und unwesentliche, eine solche Unterscheidung kennt das Gesetz nicht 30.

Abbruch der Stadtmauer, Entstehen einer neuen Straße 71; Nichterlöschen der Eigenschaft als Straße 71;

Abgabe, Ausschreibung derselben seitens der Gemeinde, zu einem bestimmten Betrage 17; deren Entrichtung von dem Pflichtigen nicht verlangt werden durfte, Anmeldung im Subhastationstermine 12; für Veräußerung von Immobilien, Währschaftsgeld 20; Verjährung 20; von Branntwein, Erhebung und Einführung seitens der Kommune 18; Ortsstatut 18; Mangel der Gültigkeit 18; Berechnung des Reineinkommens 7; Gratifikationen an Beamte und Arbeiter 7; freiwillige Zuwendungen an dieselben 7; für Volksschulen 42; Stellgelder für Begräbnisplätze auf den Kirchhöfen 10; Kirchenkasse 10;

Abgabepflicht einer gewerblichen Unternehmung 35; begründet durch einen für die Besteuerung erheblichen Betrieb 23.

Abgabepflichtiger, Aufenthalt desselben nebst Familie während des Steuerjahres 24; Besteuerung des auswärtigen gewerblichen Einkommens 24.

Abgabenverteilungsmaßstab in Hannover bei Kreisabgaben 8; Steuererhebung nach demselben 8.

Abgeordnete der Landkreise, Wahl als Provinziallandtagsabgeordnete 2.

Ablehnung des Amtes als Gemeindevorsteher 40; Beschluß hierüber 40.

Ableitung von Gewässern, gesundheitsgefährliche Ausdünstungen 66.

Abnutzung der Landstraßen, Präzipualbeiträge 8; Legitimation des Kreis-Ausschusses 8; der Kommission 8; Klage im Verwaltungsstreitverfahren 8.

Abschreibungen auf Substanzverringerungen bei den Bergwerken 12; Beweis der Angemessenheit 12; bei Verminderung des Aktienkapitals 14; Reingewinn 14; Verluste 14.

Absteckung der Wege auf den für den Verkehr benutzten Eisdecken der Seeen im sicherheitspolizeilichen Interesse, Kosten der Polizei-Verwaltung 32.

Abwälzung der Straßenanlegungskosten von der Gemeinde auf die angrenzenden Grundstücksbesitzer 17.

Abwässer, Belästigungen des Publikums 66.

Abzugsfähigkeit der von Erwerbsgesellschaften an Beamte und Arbeiter gezahlten Gratifikationen bei Berechnung von Kreisabgaben 7; Bestehen einer rechtlichen Verpflichtung 7.

Accise vom Branntwein nicht Konsumtionsabgabe von demselben 18.

Adjazenten, Beiträge zu den Freilegungs- (Grunderwerbs-) Kosten einer neuen Straße 15; Einforderung 15; Räumung eines Flusses in Folge Versandung oder Verkrautung 56; Wasserpolizeibehörde 56.

Agentur einer gewerblichen Unternehmung 35.

Aktiengesellschaften, wahlberechtigt zur Wahl von Kreistagsabgeordneten 4; Veränderung der Höhe des Grundkapitals 14; Berechnung des Steuerobjekts 14; Abschreibungen 14; Reingewinn 14; Gewerbebetrieb durch die Gesellschaft selbst 21; Erwerbsgesellschaft 21; Teilhaber 21; sind wahlberechtigt 28; auch steuerpflichtig 28; Organisation 28; Rechtssubjekt durch dieselben ins Leben gerufen, Selbständigkeit 28; Unterscheidung von Genossenschaften und offenen Handelsgesellschaften 28.

Aktienkapital bei einem Straßenbahnunternehmen 14; Reduktion 14; Berechnung des Steuerobjekts 14; Verminderung 14; Abschreibungen 14; Reingewinn 14.

Aktien- oder Pflichtrüben, Gegenleistung an die Aktionäre für Lieferung 11; nicht Ausgaben bei der Kreisabgabenbesteuerung 11.

Aktienzuckerfabrik, Aktien- oder Pflichtrüben und Überrüben 11; Kreisabgaben 11; Fabrikeinkommen 11.

Aktionäre einer Aktienzuckerfabrik, Gegenleistung für gelieferte Aktien- oder Pflichtrüben und Überrüben 11.

Aktives Wahlrecht, Ruhen desselben während der Dauer einer Untersuchung 5.

Allgemeine Landesverwaltung, Wahl von Kommissionen für Zwecke derselben 2; Einspruch gegen die Wahl 2; Entscheidung über den Einspruch 2.

Alluvionen, verlieren Eigenschaft als Flußbetten 56.

Amt des Gemeindevorstehers, Ablehnung 40; Beschluß hierüber 40.

Amtmann in Westfalen, Einspruch gegen die Heranziehung zu den Kommunalabgaben 33; kann nicht hierauf Beschluß fassen 33.

Amtsbezirk, nicht gleichbedeutend mit Gemeinde 33; —e in Hannover juristische Personen 7; Bildung 7; Bestand 7; in Hannover, auf deren Kosten errichtete Anstalten 8; Verteilung und Aufbringung der Kreisabgaben 8; Abgabenvertheilungsmaßstab 8; mit korporativen Rechten in Hannover 8; Träger von vermögensrechtlichen Rechten und Pflichten 8; Besteuerungsrecht 8.

Amtsverband, Tragung der Kosten der Ortspolizei-Verwaltung 32; —**verbände** in Westfalen, Kreistagswahlen 6; Angelegenheiten 32.

Amtsversammlungen in Hannover, Grundlagen 7; Korporation 7; Träger von vermögensrechtlichen Rechten und Pflichten 8; Besteuerungsrecht 8.

Amtsvorsteher, wegepolizeiliche Anordnung auf Anlegung von Buhnen zum Schutz der Landstraße 58; Brücke im Zuge eines Kommunikationsweges, Instandsetzung 61; Zuständigkeit 61; Zuständigkeit bei Bauten an Chausseen 71.

Androhung und Festsetzung von Geldstrafen und Zwangsmitteln gegen eingeschriebene Hülfskassen 67; Anfechtung 67; Zwangsmittel 67.

Anfechtbarkeit eines Beschlusses auf Einziehung eines öffentlichen Weges wegen Nichtveröffentlichung des Beschlusses 62; Popularrecht 62.

Anfechtung eines endgültigen Beschlusses des Stadtausschusses durch dessen Vorsitzenden 40; der Gültigkeit der Beschlüsse der Gemeindevertretung in Verwaltungsstreitsachen durch den Gemeindevorstand 28; Klage 28; Entscheidung 28; von Anordnungen, durch die Geldstrafen und Zwangsmittel angedroht und festgesetzt werden 67; Rechtsmittel 67.

Anfechtungsrecht der Kreistagsmitglieder bezüglich der Beschlüsse des Kreistages 1.

Anforderungen der öffentlichen Ordnung auf dem Gebiete der gewerblichen Ausübung der Heilkunde 65; Polizeibehörde 65; für Volksschulen 42.

Angelegenheit, städtische, Verwaltung derselben, Anlegung einer neuen Straße durch die Gemeinde 18; —**en** der Amtsverbände 32; der Kommunal-Verwaltungsbezirke 1; der staatlichen Verwaltungsbezirke 1; der Landgemeinden und Gutsbezirke 33; der Provinzialverbände 1; der Schule 42; der Kirche 42; des Personenstandes 42; der Städte 26; der Städte 27; polizeiliche 50.

Angemessenheit der Abschreibungen auf Substanzverringerungen bei Bergwerken 12; Beweis durch den Bergwerkseigentümer 12; wegepolizeilicher Anordnungen, Verwaltungsrichter 59.

Angeschuldigter, disziplinarisch, Verletzung amtlicher Pflichten 27; Dienstunfähigkeit 27; Dienstentlassung 27.

Anlage einer Straße in Berlin, Verpflichtung der Grundeigentümer zur Erstattung der Kosten 17; einer städtischen Straße, Beginn

16; Beschluß der städtischen Gemeinden, Aufstellung des Bebauungsplanes und Festsetzung der Fluchtlinie 16; Herstellung der den Gegenstand des Unternehmens bildenden Waare oder Leistung in derselben 36; Vorbereitung der Waare 36; verschiedene Betriebsstätten enthaltend 36; einem Unternehmer gehörig 36; einem gewerblichen Zwecke dienend 36; für sich bestehende gewerbliche, freie Beurteilung des Verwaltungsregisters 38; der Vorgärten 70; —n gewerbliche 65; Verbot wegen Verbreitung schädlicher Dünste, starken Rauches, Erregung ungewöhnlichen Geräusches, Gefahren, Nachteile oder Belästigungen für das Publikum 66; gewerbliche, Teile des zur Unternehmung vereinigten Kapitals 36; nicht Betriebsstätten 36; verschiedene auf einer Betriebsstätte 36.

Anlegung von Buhnen und Leistung von Hand- und Spanndiensten zur Sicherung einer Landstraße gegen Beschädigungen durch einen vorbeiströmenden Fluß, Anordnung des Amtsvorstehers 58; wegepolizeiliche Anordnung 58; von Gemeindewegen in Hannover, Bestimmung der Gemeinde 63; einer neuen Straße, Bauten an derselben während der Anlegung 16; Straßenherstellungskosten 16; Bauten vor Anlegung derselben 16; einer neuen Straße durch die Gemeinde nicht Geschäftsführung für den Anlieger, Verwaltung einer städtischen Angelegenheit 18.

Anlieger, Ersatz der aufgewendeten Straßenanlegungskosten 16; Zustimmung der Polizeibehörde, um eine Grundstücksfläche zum Straßentheil zu machen 70.

Anmeldung einer Abgabe im Subhastationstermine 17; bei der Subhastation einer Teilforderung der Gemeinde an den Straßenanlieger für Straßenanlage 18.

Annahme von krankenversicherungspflichtigen Personen in dem Betriebe eines Unternehmers 68.

Anordnung, polizeiliche, die Nachtwachen zu verstärken 39; Straßenbeleuchtung zu erweitern 39; Kosten 39; —**en**, wegepolizeiliche, Notwendigkeit und Angemessenheit, Verwaltungsrichter 59; polizeiliche, Gesindestreitsachen 51; Streit über die Rechtmäßigkeit 51.

Anrechte, Mitbenutzung einer Landgemeinde 39; Neuanbauer 39; Einkaufsgeld 39.

Anschließung an die Berufung, Zurücknahme der letzteren 74; desgl. der Revision 74.

Anschlußweg der Eisenbahnverwaltung an eine öffentliche Straße, Unterhaltung 60.

Ansiedlung, offener, nicht öffentlicher Weg zu derselben 60; zugänglich durch einen Weg 60; neue, Vorhandensein, Versagung des beantragten Baukonsenses 72; Nichterteilung der Ansiedlungsgenehmigung ohne Antrag 72; —**en** 71.

Ansiedlungsgenehmigung, nur Erteilung, wenn Antrag vorliegt 72.

Anspruch, privatrechtlicher, neben den öffentlich rechtlichen Momenten, Klage im Verwaltungsstreitverfahren 43.

Ansprüche aus privatrechtlichem Fundamente, Verwaltungsstreitverfahren 67.

Anstalten, auf Kosten der Amtsbezirke in Hannover errichtete 8; Verteilung und Aufbringung der Kreisabgaben 8; Abgabenverteilungsmaßstab 8; öffentliche, Kosten für die Pläne für den Betrieb der Holzungen und für die Revision der Pläne 41.

Anstaltsgeistlicher, Gemeindeabgabenfreiheit 25.

Anstellung, Begriff 26; der Gemeindebeamten 26; auf Lebenszeit 26; definitive 26.

Antrag auf Beschaffung der Vorflut 74; Kreisausschuß, Beschlußverfahren 74; auf mündliche Verhandlung und Entscheidung 74; Beschlußbehörde 74.

Anträge auf Berichtigung des Verzeichnisses der zu den drei Wahlverbänden bei Kreistagswahlen gehörigen Personen 4; Beschluß des Kreisausschusses 4; Klage beim Bezirksausschuß 4.

Anwendbarkeit des Gesetzes, klarer Wortlaut desselben 13.

Anwesenheit der Kreistagsmitglieder, Beschlußfähigkeit des Kreistages 1; einer bestimmten Anzahl von Wählern bei der Wahlhandlung 1.

Anwohner, gutsherrliche, Klage nicht gegen die Gesammtheit 43; Grundherr nicht gesetzlicher Vertreter 44; Einschulung 44.

Apotheker 64.

Arbeit, gütererzeugende 35; —**er**, Krankenversicherung 67.

Arbeitshülfe beim Landstraßenbau, Anordnung des Regierungspräsidenten 58; in Ostpreußen 58.
Arbeitsthätigkeit, fester örtlicher Mittelpunkt, Betriebsstätte 38.
Armenangelegenheiten 40.
Armenverband, Unterstützung durch denselben 69; Hülfsbedürftigkeit des Unterstützten 69.
Arzt 64, Bezeichnung 65.
Aufbau der mit Korporationsrechten versehenen kommunalen Verbände 7; der Gemeinden 7; der Provinzen 7.
Aufbringen der Kreisabgaben in Hannover 8; Abgabenverteilungsmaßstab daselbst 8.
Aufbringung der Gemeindebedürfnisse 17; der Straßenanlegungskosten 17: der Schulbedürfnisse 44; des Lehrergehalts und des Heizungsgeldes für die zweite Schulstelle 44.
Aufenthalt, mehrmonatlicher, des Abgabenpflichtigen nebst Familie während des Steuerjahres 24.
Aufhebung des Jagdrechts auf fremden Grund und Boden 54: auf den Gewässern im gemeinen Eigentum des Staats 54; einer wegepolizeilichen Verfügung, Inanspruchnahme nur eines der mehreren angeblich Verpflichteten 58.
Aufhören der Funktion der Wahlversammlung 2.
Auflagen, Begriff 10; Machtbefugnis des Staates, Vermögen mit denselben zu belasten 10; für allgemeine Zwecke 10; für besondere Zwecke 10.
Auflösung der Stadtverordnetenversammlung, Abänderung der festgesetzten örtlichen Wahlbezirke 29; des Gutsbezirks, Fortgewährung des Schulbrennholzes 43.
Aufnahme in die Innung 66; Gemeindebehörde 66.
Aufsichtsbehörde der Innungen 66; Klage gegen die Entscheidungen derselben 66; staatliche, Genehmigung von Grabstellengeld 11.
Aufsichtsrecht über die freien Hülfskassen und Verwaltungsstellen 68; Buch- und Kassenführung derselben 68.
Aufsuchen von Bestellungen, Legitimationskarte 65.
Aufwendungen, erforderliche zur Erzielung eines Ertrages oder Gewinnes seitens eines Gewerbetreibenden 7.
Ausgaben zur Erzielung eines Ertrages oder Gewinnes, Abzugsfähigkeit bei Berechnung der Kreisabgaben 7; für Gehälter und Löhne der Stationen und Betriebsstätten 22; an Löhnen und Gehältern in den Gemeinde- und Gutsbezirken 22; an Gehältern und Löhnen seitens des Eisenbahnfiskus 38; in der Belegenheitsgemeinde 38; für Unterhaltung der Gebäude 34.
Ausgang nach der Straße 17.
Auslagen, erwachsene baare, Ersatz 3; der obsiegenden Partei, Erstattung 74.
Ausland, Betrieb des Gewerbes daselbst durch preußische Gewerbetreibende 14.
Ausländisches Einkommen, Besteuerung seitens der Gemeinde 13.
Auslegung der Heberolle, Beginn der Einspruchsfrist 33.
Ausreißen des Stromes, Uferbefestigungen 69.
Ausschließung der Gerichtspersonen 48; aus der Innung 66; Gemeindebehörde 66; aus einer eingeschriebenen Hülfskasse 67.
Ausschluß der Hülfsbedürftigkeit durch Verlassen einer Krankenanstalt ohne zwingenden Grund 69; der Regierungspräsidenten von der Verhandlung und Entscheidung 47; Teilnahme am Richterspruch 47; von Waldenklaven aus dem gemeinschaftlichen Jagdbezirk durch den Landrat 54; eines Wahlmannes von der Kreistagsabgeordnetenwahl durch den Wahlvorstand 5; Ungültigkeit der Wahl 5.
Ausschlußfrist, Einspruchsfrist 33; Endigung derselben 33.
Ausschreiben und Regulativ des Fürstlich-Hessischen Konsistorium vom 28. Februar 1766, landesherrliche Verordnung 45; bauliche Unterhaltung der Kirchen-, Pfarr- und Schulgebäude 45.
Ausschreibung einer Steuer, unentbehrliche Vorbedingung die Bekanntmachung des Betrages derselben 16; der Abgabe seitens der Gemeinde zu einem bestimmten Beitrage 17.
Außenwände an der Nachbargrenze, Fenster und Öffnungen 69; Anbringung 69; Zumauerung 69.
Außerkraftsetzung der Branntweinabgabe 18.
Ausübung des Besteuerungsrechts 28; Veranlagung des Pflichtigen zur Steuer 28; Heranziehung zu derselben 28; Aufforderung zur Entrichtung derselben 28; freiwillige

Zahlung 28; zwangsweise Beitreibung 28; des Hebungsrechts des Staats 10; Uebertragung desselben an Korporationen und Private 10.

B.

Bare Auslagen, Ersatz 3.
Bahnhöfe, Schaffung von Zufuhrwegen zu denselben 59.
Bahnübergänge, Unterhaltung 62; Verwaltungsrichter 62.
Bankgeschäft, Verdoppelung des Betriebskapitals 14; Betriebsergebnis 14; Fonds, für den Umlauf bestimmte und verfügbare 14.
Bau des Schul- und Küsterhauses 44; in das Wasser, in das Flußbett 69.
Baubeginn vor erteilter Bauerlaubnis, unerlaubte Handlung 17.
Bauerlaubnis, Baubeginn vor erteilter 17; unerlaubte Handlung 17; Wirkung 17; nicht Vorteile für den Hauseigentümer 17.
Bauhandwerker, vorübergehende Leistungen auf den wechselnden Bauplätzen 35.
Baukonsensversagung, weil neue Ansiedlung vorliegt 72.
Bauliche Unterhaltung der Kirchen-, Pfarr- und Schulgebäude im Fürstentum Hessen 75;
Baupflicht der Eingepfarrten 45; fiskalische, bei Landstraßen 57.
Baupolizei, örtliche bei Bauten an Chausseen, Zuständigkeit 71; Landrat, Wahrung der chausseepolizeilichen Interessen 71; Zuständigkeit der Amtsvorsteher 71.
Baupolizeibehörde, Zuständigkeit bei Vorgärten 70; bei Verwendung der Höfe zu Einbauten 70; Verhinderung des Gewerbebetriebs in Vorgärten 70.
Bauten an einer in der Anlage begriffenen Straße fallen unter das Ortsstatut 16; Beitragspflicht der Eigentümer 16; Beschluß, Schulvorstand 46; an Chausseen, Handhabung der örtlichen Baupolizei 71; Landrat, Wahrung der chausseepolizeilichen Interessen 71; Zuständigkeit der Amtsvorsteher 71.
Bauwerke, Vorgärten, Zubehör 70; Nebenanlagen der Bauwerke 70.
Bauwesen 69.
Beamte von Erwerbsgesellschaften, Gratifikationen derselben, Abzugsfähigkeit bei Berechnung der Kreisabgaben 7; freiwillige Zuwendungen an dieselben, Einfluß auf den Gewinnertrag des Unternehmens 7; Steuerbenefizium 26; notwendiges Domizil bei der Kommunalbesteuerung 39; angestellte, nicht Ehrenbeamte 31; Besoldung oder Remuneration 31.
Beanstandung der Wahlen der Kreistagsabgeordneten und Wähler, Recht des Kreistags hierzu 5.
Bebauung der Vorgärten 70.
Bebauungsplan, Herstellung einer städtischen Straße auf Grund desselben, Kosten 16.
Bedürfnisse, kirchliche, Beitragspflicht der Rittergüter 44.
Beeinträchtigung öffentl. Interessen, Grundstück 51; Eigentümer desselben 51.
Beendigung einer Krankheit 68; eines Dienstverhältnisses 51; Richter, Entscheidung 51, 52.
Befolgung der gesetzlichen Vorschriften für das Wahlverfahren 2.
Befreiung von Schullasten in den sächsischen Landesteilen 44; von Hausväterbeiträgen, Gutsherr des Schulorts 45.
Beginn der Anlage einer städtischen Straße 16; eines Dienstverhältnisses, Polizei, Richter, Entscheidung 51, 52.
Begräbnisplätze auf den Kirchhöfen, Stellgelder 10; Kircheneinkünfte 10; Abgaben 10; Gebühr 10.
Behinderung, zeitliche, des Konzessionsinhabers zur Ausübung des Gewerbebetriebes 64; Wiederaufnahme des Gewerbebetriebes 64.
Behörden, Verordnungsrecht 66.
Beigeladener und Kläger, Wirkung der Beiladung 5.
Beiladung zum Verwaltungsstreitverfahren 5; Wirkung 5.
Beisitzer bei der Stadtverordnetenwahl, Stellvertreter 31.
Beiträge zu den Kosten der Freilegung (Grunderwerbungskosten) einer neuen Straße, Einforderung 15; Kommunallasten 15.
Beitragspflicht zu Kreislasten der Besitzer von Kuxen älteren Rechts 9; persönliche, zu öffentlichen Abgaben seitens der Mühlen, Vorwerke und Höfe außerhalb des Gemeindebezirks 46; der Rittergüter, Schullast 44; kirchliche Last 44; der angrenzenden Eigentümer zu den Straßenherstellungskosten 16.
Bekanntmachung der Steuer an den Pflichtigen, Vorbedingung der Steuerheranziehung 16.
Belastung, neue, für Volksschulen 42.
Belästigungen für das Publikum, gewerbliche Anlagen 66.

Belegenheitsgemeinde, Besteuerung des fiskalischen Eigentums 38; Ausgaben an Gehältern und Löhnen 38.
Beleuchtung einer Villenkolonie 51; der Flure und Treppen der Mietshäuser 51; der Hofräume 51; der Plätze 51; der Grundstücke 51; der Wege 51; und Wegeunterhalung 51.
Benutzung einer Gemeindeanstalt, Gebühr 10; Festsetzung der letzteren 10; Normen 10; der Volksschulen, gesetzliche Pflicht 14; der Vorgärten 70.
Bergbautreibende Gesellschaft, Ausgabe an Löhnen und Gehältern 22.
Bergbaubetrieb, Einkommen, Gemeindebesteuerung 24; des Fiskus, Besteuerung 38.
Bergbau-Unternehmungen, Reineinkommen 12; Einschätzungsgrundsätze 12.
Bergwerk, Substanzverringerung, Berechnung 13; Veranlagung zu Gemeindeabgaben 13; Substanzverringerung, Abschreibung derselben 13; erworbene Einnahmen des Staats 10.
Bergwerks-Aktiengesellschaft, Abschreibungen auf Substanz-Verringerung bei Einschätzung zu städtischen Kommunalabgaben 12.
Bergwerksbesitzer, Berechtigung zur Wahl von Kreistagsabgeordneten 4.
Bergwerkseigentum, Befugnis zur Aufsuchung und Gewinnung des verliehenen Minerals im Verleihungsfelde 12; verliehenes, unbewegliche Sache 9.
Bergwerkseigentümer, Abschreibung auf Substanzverringerung 12; Beweis der Angemessenheit der Abschreibung 12; Kreisabgaben 9; Wahlverband der größeren ländlichen Grundbesitzer 9.
Bergwerksunternehmung, Substanzminderung 12; Abschreibung 12.
Berichtigung des Verzeichnisses der zu den drei Wahlverbänden bei Kreistagsabgeordnetenwahlen gehörigen Personen 4; Beschluß des Kreisausschusses 4; Klage beim Bezirksausschusse 4.
Berufsgenossenschaft, Fürsorge für einen Verletzten, Überweisung an die Krankenkasse 67; Nachweis der gewährten Leistungen 67.
Berufung, Anschließung 74; Zurücknahme der Berufung, Wirkung 74.
Beschaffung der notwendigen Vorflut, Umfang der Räumungspflicht 56; von Vorflut, Beschlußfassung des Kreisausschusses 74; Antrag auf mündliche Verhandlung 74.
Beschlüsse der Gemeindevertretung in Verwaltungsstreitsachen, Anfechtung der Gültigkeit derselben durch den Gemeindevorstand 28; der Gemeindevertretung, betreffend Einsprüche gegen die Richtigkeit der für die Bürgervorsteherwahl aufgestellten Wählerliste 28; Klage 28; des Kreistags, Anfechtungsrecht der Kreistagsmitglieder 1; des Provinziallandtags, Klage 1; des Provinziallandtags hinsichtlich der Wahl der Provinziallandtags-Abgeordneten, Klagerecht 1; der Wähler bei der Wahlhandlung 1; des Wahlvorstandes 1; bei Kreistagsverhandlungen 1.
Beschluß wegen Neueinführung oder Abänderung von Grabstellengeld 11; der Landgemeinden auf Erhebung eines Einkaufsgeldes 39; Befugnis 39; endgültiger, eines Stadtausschusses, Anfechtung durch dessen Vorsitzenden 40; des Kreistages wegen Verteilung der Kreistagsabgeordneten 3; Klagerecht der Beteiligten hiergegen 3; des Kreistages wegen Heranziehung der Unternehmer von Fabriken mit Präzipualbeiträgen zur Unterhaltung der Landstraßen wegen erheblicher Abnutzung derselben 8; Klage im Verwaltungs-Streitverfahren 8; des Kreisausschusses über Anträge auf Berichtigung des Verzeichnisses der drei Wahlverbände für Kreistagsabgeordnetenwahlen 4; Klage beim Bezirksausschusse 4; der Schulaufsichtsbehörde über Verteilung der Baulast 47; der Schulaufsichtsbehörde über Art und Umfang eines Schulbaues und Verteilung der Kosten unter die Verpflichteten 47; über die Ablehnung des Amtes als Gemeindevorsteher 40.
Beschlußbehörde, Entscheidung über den Antrag auf mündliche Verhandlung 74.
Beschlußfähigkeit des Kreistages 1; der Stadtverordneten-Versammlung 32.
Beschränkungen, gesetzliche, des Eigentums, Entschädigungsanspruch 69.
Beschulung der Kolonisten einer neuen Kolonie 42.
Beseitigung eines Eingriffs in subjektive Rechte des Klageprätendenten, Klageberechtigung 3; der Doppelbesteuerung 13.
Besetzung, unvollständige des Wahlvorstandes, Ungültigkeit des Wahlgeschäfts 31; vollständige des Wahlvorstandes 30;

unvollständige, ist erhebliche Unregelmäßigkeit 30; wesentlicher Mangel des Wahlverfahrens 30.

Besitzer von Liegenschaften, Veranlagung zur Grund- und Gebäudesteuer 9; Wahlverband der größeren ländlichen Grundbesitzer 9; Kreisabgaben 9; des aufgelösten, früher selbständigen Gutsbezirks, nicht mehr Gutsherr des Schulortes 42; Pflicht zur Herstellung und Unterhaltung der Vorgärten 70; polizeiliche Vorschrift hierzu 70; polizeilicher Zwang hierzu 70.

Besoldung der Kreisbeamten, Pflicht der Kreise 11; der Gerichtsvollzieher, Besteuerung 25; feste, Begriff 37; Gegensatz von Stücklohn 37.

Bestellungen, Aufsuchen, Legitimationskarte 65.

Besteuert, Begriff 28.

Besteuerung des Ueberschusses der Einnahmen aus einer Zollgerechtigkeit 10; ausländischen Einkommens seitens der Gemeinde 13; des auswärtigen gewerblichen Einkommens 24; erheblicher Betrieb für dieselbe 23; liegt nicht vor, wenn nur eine Veranlagung vorgenommen ist 28, 29; des fiskalischen Eigentums in der Belegenheitsgemeinde 38; des Fiskus aus Gewerbebetrieb 38; aus Eisenbahn- und Bergbau-Unternehmungen 38; aus Domänen und Forsten 38.

Besteuerungsrecht der Amtsversammlungen und Amtsbezirke in Hannover 8; Ausübung 28.

Beteiligte, Klagerecht gegen den Beschluß des Kreistags bezüglich der Vertheilung der Kreistagsabgeordneten 3; bei Jagdausübung auf Enklaven 54; Waldbesitzer, Enklavenbesitzer und Gemeindebehörde 54; nicht Jagdpolizeibehörde 54; —r an dem Wahlresultate der Kreistagsabgeordneten in Folge Zugehörigkeit zum Wahlverbande 3.

Beteiligung der Stadtgemeinde, wenn diedieselbe mit anderen Gemeinden zusammen einen Ortsarmenverband bildet 40.

Betrag neuer Steuern, Vorbedingung die Bekanntmachung desselben 16.

Betrieb der Holzungen, Pläne 41; in demselben beschäftigte krankenversicherungspflichtige Personen 68; Annahme derselben 68; einer Gasanstalt in einer angrenzenden Landgemeinde 36; des Handelsgewerbes, Vermögenseinlage 21; Beteiligung am Gewinn und Verlust 21; Gewinnanteil kommunalsteuerfrei 21; erheblicher, für die Besteuerung 23; Begründung einer Abgabenpflicht 23.

Betriebseinstellung, Konzessionserlöschung 64

Betriebskapital, stehendes, Teil desselben, welcher in Form von Gebäuden mit dem Boden verbunden ist 36; Verdoppelung desselben, Bankgeschäft 14.

Betriebsplan, neuer, für den Betrieb der Holzungen 41; Feststellung 41; Kosten 41.

Betriebsstätte, Anlage einem Unternehmer gehörig und einem Zwecke dienend 36; einheitliche, über den Bezirk einer Stadt- und Landgemeinde sich erstreckende 35; verschiedene Anlagen auf derselben 36; Vorhandensein 38; fester örtlicher Mittelpunkt der Arbeitsthätigkeit 38; einer gewerblichen Unternehmung 35; im weiteren Sinne 35; im engeren Sinne 35; ein Raum 35; für das Straßengewerbe 35; —n Ausgaben für Gehälter und Löhne 22; verschiedene in einer Anlage 36; mehrere auf demselben Flächenraum 36; über- und untereinander 36; zur Champagnerbereitung 36; Keller für Brauereien 36; ohne gewerbliche Anlagen möglich 36.

Bett des Flusses, Bildung 55; Umfassung 55; eines Privatflusses, vom Wasser überströmt, Eigentum an demselben 56.

Beurteilung, freie, des Verwaltungsrichters, ob für sich bestehende gewerbliche Anlage 38;

Bewachung, polizeiliche Kosten 51; einer Villenkolonie 51.

Bewässerung von Grundstücken in Hannover 56; Anlagen, landwirtschaftliche 56.

Bezirk, Begriff. 30.

Bezirksausschuß, Klage bei demselben wegen Beschlusses des Kreisausschusses über Anträge auf Berichtigung des Verzeichnisses der 3 Wahlverbände 4; Festsetzung der Nachbarhülfe beim Wegebau 58; Entscheidung über die Gültigkeit der Wahlen für Handelskammern 73.

Bierbrauereien, Anlage 66; Verpichen der Fässer 66; Abwässer 66.

Bildung des Wahlvorstandes im Wahltermine 1.

Branntweinabgabe für Rechnung der Kommune 18; Erhebung 18; Einführung 18; Ortsstatut 18; Außerkraftsetzung 18; Wieder-

einführung 18; Neueinführung, Vermeidung 18; Versagung der Neueinführung 18.
Branntwein, Accise von demselben 18; Consumtionsabgabe von demselben 18.
Brennereien, Anlegung 66; Ableitung der Gewässer 66; gesundheitsschädliche Ausdünstungen 66; Keller für dieselben, Betriebsstätten 36.
Brücke im Zuge eines Kommunikationsweges, Instandsetzung 61; Zuständigkeit 61; —n über öffentliche Ströme 62; über Privatflüsse 62; Unterhaltung 62.
Brückengeld, Einnahmen 10; Quelle 10; Hebeberechtigung 10; Zollgerechtigkeit 10.
Brunnenstuben, Wasserwerk 35.
Bruttoeinnahmen einer Versicherungsgesellschaft aus Rückversicherungsverträgen 23.
Bürger, stimmberechtigte, Einspruch gegen die Gültigkeit der Stadtverordnetenwahlen 30; stimmfähiger, Einspruch gegen das Wahlverfahren bei Stadtverordnetenwahlen 32.
Bürgerliche Gemeinden, Verpflichtung derselben zur Unterhalung der Elementarschulen 46; Vertretung 46.
Bürgermeister allein Gemeindevorstand in den Stadtkreisen der Rheinprovinz 27; dirigierende, Verhängung von Warnungen und Disziplinarstrafen gegen Magistratsmitglieder 27; Stellvertreter derselben bei den Stadtverordnetenwahlen 31.
Bürgerrecht in einer Stadt Westfalens, Wählbarkeit eines Einwohners für Kreistagswahlen 6.
Bürgervorsteherwahl, Wählerliste für dieselbe 28; Einspruch gegen die Richtigkeit der Liste 28.
Buchführung der freien Hilfskassen und deren Verwaltungsstellen, Aufsicht 68.
Buhnen, Anlegung derselben zur Sicherung einer Landstraße gegen Beschädigungen durch den vorbeiströmenden Fluß 58; Leistung von Hand- und Spanndiensten 58; Anordnung des Amtsvorstehers 58; wegepolizeiliche Anordnung 58.
Buhnenanlagen in öffentlichen Strömen, vom Fiskus anzulegen 59; ordinäre Uferbefestigungen nicht 59.

C.

Champagnerbereitung, Betriebsstätten 36.
Chausseegeld, Einnehmer 10; Quelle 10; Hebeberechtigung 10; Zollgerechtigkeit 10.
Chausseepolizei, Landrat, Organ 71.
Chausseestrecken, polizeimäßige Reinigung von Schnee- und Eismassen 61; Verpflichtung 61.

D.

Damm, Bezeichnung für Straße 71.
Deich- und Sielordnung in Lüneburg, Deich- und Sielverbände 55; Genossenschaften zur Ent- und Bewässerung von Grundstücken 55.
Diensteinkommen eines Geistlichen 25; eines Strafanstaltsgeistlichen 25; der Gendarme, Freilassung von Gemeindeabgaben 19; der Gerichtsvollzieher, Besteuerung 25.
Dienstentlassung wegen Verletzung amtlicher Pflichten und Dienstunfähigkeit 27.
Dienstleistungen, vorübergehende oder mechanische, Gemeindebeamte hierzu bestimmt 26.
Dienststand, aktiver, Militärperson 19, 25.
Dienstunfähigkeit, Dienstentlassung 27.
Dienstverhältnis eines Beamten, vorübergehendes 26; lösbares 26; dauerndes 26; Beginn 51; Fortsetzung 51; Beendigung 51; Streitigkeiten 51; Polizei 51.
Diskussionen im Wahllokale 1; des Wahlvorstandes 1; bei Kreistagsverhandlungen 1.
Dividende an die Versicherten, Lebensversicherungsgesellschaft 21.
Disziplinarangelegenheiten der Gemeindebeamten 39.
Disziplinarstrafen der Bürgermeister gegen Magistratsmitglieder 27.
Disziplinarverfahren, Einleitung des förmlichen 27; Vorschriften 27.
Doctor med., Bezeichnung 65.
Domäne, in einen Stadtbezirk eingeschult 43; Vereinbarung der Bedingungen 43; Bestätigung der Schulaufsichtsbehörde 43; —n und Forsten, Besteuerung des Fiskus 38.
Domizil, Gründung, Erwerb der Rechte als preußischer Unterthan 48; notwendiges der Beamten bei der Kommunalbesteuerung 39.
Doppelbesteuerung, Beseitigung 13; Gemeindebesteuerung 13; Gesetz wegen Beseitigung derselben, Heranziehung zu den direkten Staatssteuern der Bundesstaaten 22; Gemeindebesteuerung 22; dieselbe verhindernde Vorschriften 14.
Dörfer gemischter Religion, Gebäude einer evangelischen Schule 48.
Dotierung des Kreisthierarztes seitens des

Kreises, Klage auf Leistung derselben 12; nicht Zwangsetatisierung 12.
Dünste, schädliche, Verbreitung, gewerbliche Anlagen 66.
Durchbrechung des ordentlichen Rechtszustandes, Jagdgesetz 52.
Durchschnitt, dreijähriger, bei Berechnung des Steuerobjekts 14.
Durchschnittsberechnung des Reinertrages und der Ausgaben für Unterhaltung der Gebäude 34.

E.

Eckhaus mit der Vorderseite einer Straße zugekehrt, Wohnhaus an derselben 17.
Ehemann, Nießbraucher des Eingebrachten 35.
Ehrenbeamter, Begriff 31; Ersatz von Auslagen 31; Vergütigung für sächliche Ausgaben 31.
Eigentum, fiskalisches, Besteuerung in der Belegenheitsgemeinde 38.
Eigentümer außerhalb des Stadtbezirks belegener Grundstücke sind nicht Mitglieder der Stadtgemeinde 17; eines Privatweges, denselben zum öffentlichen machen 60; eines von einem selbständigen Jagdbezirke umschlossenen, diesem angeschlossenen Grundstückes, Entschädigung 53; eines im Wege der Subhastation erworbenen Grundstücks, Straßenanlegungskosten 17; öffentlich-rechtliche Verpflichtung zur Unterhaltung oder Umgestaltung des Grundstücks, so daß polizeilich zu schützende öffentliche Interessen nicht geschädigt werden 51; von Kuxen 9; dieselben brauchen nicht im Besitz eines Berg- oder Grubenwerks zu sein 9; von Privatwegen, Beleuchtung 51; von nicht zu dem Stadtbezirke gehörigen Grundstücken, Beiträge zu den Straßenherstellungskosten 16.
Eigentumsbeschränkung, gesetzliche, Entschädigungsanspruch 69; Verwaltungsstreitverfahren 69.
Eigentumsübertragung von Vorgartenland an die Stadtgemeinde 70.
Einbauten, Verwendung der Höfe hierzu 70; Baupolizeibehörde 70.
Einberufung eines Kreistagsmitgliedes durch den Kreistag 6.
Einforderung der Beiträge zu den Kosten der Freilegung einer neuen Straße darf nicht eine provisorische sein 15.
Einfriedigung, gitterartige der Vorgärten 70.
Einführung einer Branntweinabgabe für Rechnung der Kommune 18; Ortsstatut 18; Mangel der Gültigkeit 18.
Eingebrachtes, Eigenschaft 35.
Eingepfarrte, Baupflicht zur Unterhaltung der Kirchen-, Pfarr- und Schulgebäude im Fürstentum Hessen 45.
Eingeschriebene Hülfskassen 67; Kassenstatut 67; Auslieferung 67; Ordnungsstrafe 67.
Eingriff in subjektive Rechte eines Klageprätendenten, Klageberechtigung 3.
Einkaufsgeld eines Neuanbauers in einer Landgemeinde behufs Mitbenutzung eines Anrechtes 39; für die Teilnahme an den Gemeindenutzungen 39; Befugnis zum Beschlusse 39.
Einkommen aus Grundbesitz 10; Grabstellenbeiträge 11; ausländische Besteuerung seitens der Gemeinde 13; auswärtiges gewerbliches, Besteuerung bei mehr als dreimonatlichem Aufenthalte in der Gemeinde 24; aus Grundeigentum 24; aus Pacht 24; aus Gewerbe 24; aus Eisenbahn- oder Bergbaubetrieb 24; Heranziehung zur Gemeindesteuer 24; aus selbstbewirtschaftetem Grundbesitz, Ermittelung 34; aus verpachteten Grundstücken, Berechnung 34; desgleichen aus selbstbewohnten Gebäuden 34; gewerbliches einer Versicherungsgesellschaft 23; Gemeindebesteuerung 13; Anspruch der Wohnsitzgemeinde 13; der Kirchengesellschaften aus kirchlichen Gebäuden 9; Besteuerung 9; des Staats aus Eisenbahnbetrieb 22; Verteilung auf mehrere Gemeinde- und Gutsbezirke 22; zufließender in Form von Gebühren, wirtschaftliche und rechtliche Quelle 10; Heberechtigung 10.
Einkommenbesteuerung der Forensen in ihren Wohnsitzgemeinden 14.
Einlage des persönlich haftenden Gesellschafters einer offenen Handelsgesellschaft 24; Zurückziehung derselben 25.
Einleitung des förmlichen Disziplinarverfahrens, Vorschriften 27; der gerichtlichen Untersuchung auch gleichbedeutend mit Eröffnung der Voruntersuchung 5; Beschluß der Eröffnung des Hauptverfahrens 6; Ruhen des Wahlrechts 6.
Einnahme aus Grundbesitz 10; -Überschuß aus einer Zollgerechtigkeit, Besteuerung 10; —n aus Rückversicherungen 24; einer Versicherungsgesellschaft 23.

Einreichung der Parteierklärung vor dem Verhandlungstermine 3.
Einrichtung, erste, einer Straße, Verpflichtung zur Erstattung der Kosten 17; von Höfen 70; der Vorgärten 70; —**en**, kommunale in Hannover, Kosten 39; Feststellung und Zwangsetatisierung 39.
Einschätzung der Forensen zu Kreisabgaben 9; der physischen Personen 13; Besteuerung als Forense in einer preußischen Gemeinde 13.
Einschulung einer Domäne in einen Stadtbezirk 43; Vereinbarung der Bedingungen 43; Bestätigung der Schulaufsichtsbehörde 43; Beitragspflicht der Gutsanwohner 43; gutsherrlicher Anwohner nur in Schulen, die der allgemeinen Schulpflicht dienen 44.
Einspruch des wahlberechtigten Gemeindemitgliedes gegen die Gültigkeit der Stadtverordnetenwahlen, Erhebung 29; gegen die Gültigkeit der Stadtverordnetenwahlen 30; des Gemeindevorstandes 30: der Gewählten 30; der stimmberechtigten Bürger 30; Beschluß der Gemeindevertretung 30; Klage 30; gegen die Heranziehung zu Kommunalabgaben in Westfalen auch beim Amtmann 33; gegen die Kreistagswahlen zum Kreisausschusse 2; zu Kommissionen für Zwecke der allgemeinen Landesverwaltung 2; zu Kommissionen für Kreiszwecke 2; Entscheidung über den Einspruch 2; gegen die Richtigkeit der für die Bürgervorsteherwahl aufgestellten Wählerliste 28; Beschlüsse der Gemeindevertretung 28; gegen das Wahlverfahren, jeder stimmfähige Bürger berechtigt 32; in Stadt- und Landgemeinden 32; gegen die Richtigkeit von Handelskammerwahlen 73.
Einspruchsfrist ist keine Verjährungsfrist 33; sondern Ausschlußfrist 33; Beginn 33.
Einspruchsrecht der Mitglieder der Wahlversammlung für Provinziallandtagsabgeordneten-Wahlen 1.
Eintragung in das Grundbuch bedürfen nicht die auf dem Grundbesitz haftenden öffentlich-rechtlichen Lasten 43.
Eintrittsgeld bei Lustbarkeiten von Vereinen und Privaten, Merkmal der Öffentlichkeit 52; bei öffentlichen Lustbarkeiten 52.
Einwohner in Städten der Provinz Westfalen, Wählbarkeit für Kreistagswahlen 6; Besitz des Bürgerrechts bezw. des Gemeinderechts 6; Verpflichtung zur Arbeitshülfe beim Landstraßenbau 58; Anordnung des Regierungspräsidenten 58.
Einzelkaufmann, Recht zur Führung der Firma, 38; Gemeindebesteuerung 38.
Einziehung eines Weges, Einspruch 62; Privatrecht auf Benutzung des Weges zum Verkehr durch Verjährung 62; eines öffentlichen Weges 62; Beschluß der Wegepolizeibehörde 62; Nichtveröffentlichung desselben 62; Anfechtung 62; Popularrecht 62.
Eisdecke, Herstellung eines Weges über dieselbe, Wegebaupflichtiger 33; —**n** der Seen, Absteckung von Wegen für den Verkehr auf denselben, Kosten der Polizeiverwaltung 32.
Eismassen, polizeimäßige Reinigung von denselben 61.
Eisenbahn, Wege über dieselbe, Unterhaltung 62; Verwaltungsrichter 62.
Eisenbahnanlagen, in Folge derselben verbesserte, umgelegte, neu angelegte Wege 59.
Eisenbahnbetrieb, Einkommen, Gemeindebesteuerung 22, 24; des Fiskus, Besteuerung 38; Reineinkommen 22; des Staats, Einkommen 22; Stationen 22; Betriebsstätten 22; Erschwerung durch Anlegung neuer öffentlicher Wege, Entschädigungsanspruch 62.
Eisenbahnbetriebs-Unternehmer, Schaffung von Zufuhrwegen zu den Bahnhöfen 59.
Eisenbahndirektion, Königliche, höhere Verwaltungsbehörde 37.
Eisenbahnen, Anlage und Inbetriebsetzung, Notwendigkeit der Veränderung und Ergänzung von Wegen 59; Zufuhrwege zu Bahnhöfen 59; erworbene Einnahmen des Staats 10.
Eisenbahnfiskus, an Kaufleute verpachtete Lagerschuppen, nicht selbständige gewerbliche Unternehmungen 37; Einnahme aus Pachtzins 38; Besteuerung 38; Belegenheitsgemeinde 38; Ausgaben an Gehältern und Löhnen 38.
Eisenbahnperrons, Zubehör der Eisenbahnanlage 59.
Eisenbahnstation, Steuerfreiheit 22.
Eisenbahnunternehmer, Vermehrung der Wegeunterhaltungslast durch den wachsenden öffentlichen Verkehr 60; Wege zur Anschließung der Transportanstalt der Bahn, der Bahnhofsgebäude, Güterschuppen, Laderampe an das öffentliche Wegenetz 59.

Eisenbahnbau-Unternehmer, Anlage von Zufuhrwegen zu den Bahnhöfen 59.
Eisenbahnverwaltung, Station 22; Abschluß von Transportgeschäften 22.
Eisensteingruben, Betriebsstätten 38.
Elementarschulen, dienen der allgemeinen Schulpflicht 44; Zwang (gesetzlicher) zum Besuche derselben 44; Unterhaltung seitens der Gemeinden und Schulverbände 2c. 44; Verpflichtung zur Unterhaltung derselben durch die bürgerlichen Gemeinden 46.
Elementarschullehrer, Kommunalsteuerfreiheit 15.
Empfänger von Gratifikationen, Besteuerung 7.
Endgültige Entscheidung des Kreistages über den Einspruch gegen Wahlen desselben 2.
Enklave einer Nachbargemeinde, Ausübung der Jagd 54; Ruhen der Jagd in Kurhessen 54; —n Jagdausübung, Beteiligte 54.
Enklavenbesitzer, Beteiligter bei Ausübung der Jagd auf einer Enklave 54.
Entbindungsanstalten 64.
Enteignung eines Privatweges durch den Wegebaupflichtigen 60.
Entfernter Wohnsitz, Wahlablehnung 40.
Entlassung aus dem Dienste 27; Verlust des Titels und der Pension 27.
Entschädigung des Eigentümers eines vom selbständigen Jagdbezirke umschlossenen, diesem angeschlossenen Grundstückes 53; für Grunderwerb zu zahlende, Prozeß 18; Prozeßkosten 18; Erstattung 18.
Entschädigungsanspruch eines bei einer Krankenkasse Versicherten gegen Dritte 67; gesetzliche Eigentumsbeschränkung 69; Verwaltungsstreitverfahren 69.
Entschädigungsansprüche wegen Erschwerung des Eisenbahnbetriebs in Folge Neuanlegung öffentlicher Wege 62; ordentlicher Richter 62.
Entscheidung, endgültige, des Kreistages über den Einspruch gegen Wahlen desselben 2; der Aufsichtsbehörden über die Innungen, Klage 66.
Entstehung der Oeffentlichkeit eines Weges 56; Widmung für den öffentlichen Verkehr 56.
Ent- und Bewässerung von Grundstücken, Deich- und Sielverbände 55.
Entwässerung einer Straße, Verpflichtung zur Erstattung der Kosten 17; von Grundstücken in Hannover 56; Anlagen, landwirtschaftliche 56.
Entwässerungsangelegenheit, die sich auf Grundstücke mehrerer Regierungsbezirke bezieht 74; Zuständigkeit des Kreisausschusses 74.
Erforderliche Aufwendungen zur Erzielung eines Ertrages oder Gewinnes seitens eines Gewerbetreibenden, Abzugsfähigkeit bei Kreisabgaben-Berechnung 7.
Erfordernis der Wahlberechtigung der juristischen Person 23.
Ergänzungs- und Ersatzwahlen, Trennung 32; Einzelwahlen 32.
Ergänzungswahlen zum Kreistage 2; im Wahlverbande der Landgemeinden 2; im Wahlverbande der größeren Grundbesitzer 2; Zeitraum zwischen den beiden Wahltagen 2; zu Stadtverordneten in Verbindung mit Neuwahlen zu Stadtverordneten behufs Erhöhung der Zahl derselben, Verfahren 29; zur Stadtverordneten-Versammlung, Vornahme 30.
Erheblicher Betrieb für die Besteuerung 23; Begründung einer Abgabenpflicht 23.
Erhebung des Einspruchs des wahlberechtigten Gemeindemitgliedes gegen die Gültigkeit der Stadtverordnetenwahlen 29; einer Branntweinabgabe für Rechnung der Kommune 18; Ortsstatut 18; Mangel der Gültigkeit 18.
Erhöhung der Zahl der Stadtverordneten, Neuwahlen 29; Verbindung derselben mit den Ergänzungswahlen 29.
Erholung, Plätze und Wege zur Erholung für das Publikum, Schutz desselben 66.
Erkenntnisse, rechtskräftige, Wirkung gegen den Litisdenunziaten 61.
Erlaubnis, ortspolizeiliche zur Abhaltung von Instrumentalmusik 64.
Erlöschen der Konzession in Folge Betriebseinstellung 64.
Eröffnung der Voruntersuchung wegen Meineides nicht Einleitung einer gerichtlichen Untersuchung 5; Ruhen des Wahlrechts 5; mündliche, zu Protokoll, Zustellung einer polizeilichen Verfügung 50.
Errichtung einer neuen Innung, Versagung der Genehmigung 66; Zweckmäßigkeit der Versagung, Verwaltungsrichter 66; und Unterhaltung der Volksschulen, gesetzliche Pflicht 14; von Grabdenkmälern, Kommunalauflage 19; Gebühr 20.

Ersatz der baaren Auslagen 3.
Ersatz- und Ergänzungswahlen, Trennung 32; Einzelwahlen 32.
Ersatzwahlen zur Stadtverordnetenversammlung dürfen nicht in demselben Wahlakte und in unmittelbarem Anschlusse an die regelmäßigen Ergänzungswahlen vorgenommen werden 31; zur Stadtverordneten-Verlammlung, Vornahme 30.
Erschwerung des Eisenbahnbetriebes in Folge Neuanlegung öffentlicher Wege, Entschädigungsansprüche 62.
Erstattung der Auslagen der obsiegenden Partei 74; der Prozeßkosten für wegen Grunderwerb zu zahlende Entschädigung 18.
Erträge der gemeinschaftlichen Jagdnutzung, Verteilung durch den Jagdvorstand 53; Klage 53.
Erwerb eines Privatweges durch den Wegebaupflichtigen 60; oder Verlust der Rechte als preußischer Unterthan 48; Gründung eines Domizils im Inlande 48; Aufschlagung eines beständigen Wohnsitzes 48.
Erwerbsgesellschaften, Abzugsfähigkeit von denselben an ihre Beamten und Arbeiter gezahlten Gratifikationen bei Berechnung von Kreisabgaben 7; Gewerbebetrieb durch die Gesellschaft selbst 21; Mitglieder 21.
Erworbene Staatseinnahmen, im Wege der Privatwirtschaft aus Forsten, Bergwerken und Eisenbahnen 10.
Erzielung eines Gewinnes oder Ertrages, Ausgaben hierzu 7; Abzugsfähigkeit bei Berechnung der Kreisabgaben 7.
Evangelische Bewohner in einem Schulbzirk in Hannover, Schulhausbau 46; Streit 46; Beteiligte 46; Klagerecht des Magistrats 46; Schule in Dörfern gemischter Religion 48.
Execution, Begriff 45; Scheidung des Ausdrucks 45; von der Steuerpflicht 45; von Schullasten 45.
Executionsprivileg der Rittergüter 45.
Existenz einer Handelsgesellschaft, Firmenbezeichnung 38,
Expropriationen berühren nicht die Grenze des Wahlbezirks 30.
Extrahent der Wegeeinziehung, Einlegung von Rechtsmitteln als Beigeladener 63; Verwaltungsstreitverfahren 63.

F.

Fabrikate, geldähnliche, Verkauf 50; Einschreiten der Polizei 50.
Fabrikeinkommen, Kreisabgaben 11.
Fabrikgebäude, Anlegung 66; mit Dampfkraft 36.
Fachverein der Buchbinder, Unterstützungsverband, Versicherungsanstalt 72; staatliche Genehmigung 72; Androhung der Schließung 72; Nachsuchung der staatlichen Zulassung 72.
Fähranstalt, verpachtete fiskalische, Besteuerung des Fiskus 38.
Fällige Steuern 18.
Feldweg, Umwandlung in eine städtische Straße 16; Kosten der angrenzenden Eigentümer 16.
Felle, Handel und Aufsuchen von Bestellungen 65.
Fenster, Anbringung in den Außenwänden an der Nachbargrenze 69; Zumauerung 69
Feste Besoldung, Begriff 37; Gegensatz von Stücklohn 37.
Festsetzung von Geldstrafen und Zwangsmitteln gegen eingeschriebene Hülfskassen 67; Anfechtung 67; Rechtsmittel 67.
Feststellung der Kosten für Verstärkung der Nachtwachen und Erweiterung der Straßenbeleuchtung 39; durch den Landrat in Hannover 39; städtischer Haushaltsetat 39.
Filiale einer gewerblichen Unternehmung 35.
Firmenbezeichnung einer Handelsgesellschaft, Existenz der letzteren 38.
Fiskalischer Gutsbezirk, Vertretung 45; Gutsvorsteher 45.
Fiskus, auf den Besitz desselben umgelegte Schullast 45; Vertretung 45; Prozeßlegitimation 45; Besteuerung aus Gewerbebetrieb 38; aus Eisenbahn- und Bergbau-Unternehmungen 38; aus Domänen und Forsten 38; Besteuerung vom Pachtzinse 38; fiskalische Fähranstalt 38; zum Schenkwirtschaftsbetriebe dienende Halle 38; Buhnenanlagen in öffentlichen Strömen 59; eigene Jagdausübung als Eigentümer öffentlicher Flüsse 54; nicht wahlberechtigt 28; zahlt keine Staatssteuern in der Stadt 28; Wegebaupflichtiger für Herstellung eines Weges über die Eisdecke eines fiskalischen Sees 33.
Flächenraum, mehrere Betriebsstätten auf demselben 36.
Flößbarmachung eines Privatflusses 62.

Fluchtliniengesetz, Erleichterung der Gemeinden 17; Abwälzung der Straßenanlegungskosten auf die angrenzenden Eigentümer 17.

Flure und Treppen der Mietshäuser, Beleuchtung 51.

Fluß, neues Bett gebildet 69; Fortreißen des hinterliegenden Landes 69; öffentlicher, eigene Jagdausübung des Fiskus 54; Räumung in Folge Verkrautung oder Versandung durch die Adjazenten 56; auf Verlangen der Wasserpolizeibehörde 56; Nichtflößbarkeit 62.

Flußbett, neues gebildet 69; durch Naturereignisse 69; —**en**, verlassene, verlieren Eigenschaft als Flußbetten 56.

Förderkosten, Ersatz 12.

Förderschacht 36.

Forderung, Rückstand einer zur Hebung gestellten 17.

Forensale Beitragspflicht zu Kreislasten der Besitzer von Kuxen älteren Rechts 9.

Forense, Besteuerung als solcher in einer preußischen Gemeinde 13; —**n**, Einschätzung zu Kreisabgaben 9; Einkommenbesteuerung in ihren Wohnsitzgemeinden 14; Teil des Gesammteinkommens aus außerhalb des Gemeindebezirks stattfindendem Gewerbe- pp. Betriebe 14.

Forsten, Besteuerung des Fiskus 38; erworbene Einnahmen des Staats 10.

Forstfrevel, verübter, Jagdscheinversagung 52.

Fortgesetzte Krankheit 68.

Forträumen von Schnee nicht Beseitigung eines Verkehrshindernisses 61.

Fortsetzung eines Dienstverhältnisses, Polizei 51, 52; Richter, Entscheidung 51, 52.

Freigabe eines Privatweges 60.

Freilassung der Gendarme von den Gemeindeabgaben 19.

Freilegung einer Straße, Verpflichtung zur Erstattung der Kosten 17.

Freilegungskosten einer neuen Straße, Beiträge der Adjazenten 15; Einforderung 15; Kommunallasten 15.

Freiwillige Zuwendungen an Beamte und Arbeiter, Berechnung des Reineinkommens bei Besteuerung desselben 7.

Frist, Begriff 33.

Fürsorge für einen von der Berufsgenossenschaft überwiesenen Verletzten an die Krankenkasse 67; Nachweis der letzteren über gewährte Leistungen 67.

Fürstlich-Hessisches Konsistorium, Ausschreiben und Regulativ vom 28. Februar 1766, landesherrliche Verordnung 45; bauliche Unterhaltung der Kirchen-, Pfarr- und Schulgebäude 45.

Fuhrwerksverleiher, Betriebsstätte 38; Geschäft 38.

G.

Gäste, öffentliche Lustbarkeiten 52.

Gartenmäßige Herstellung der Vorgärten 70.

Gasaktiengesellschaft, Sitz 36; Betrieb einer Gasanstalt in der angrenzenden Landgemeinde 36.

Gasanstalt, Betrieb in einer angrenzenden Landgemeinde 36; Beleuchtung einer Stadt 37; Rohrnetz 37; Gasabgabe an Privatkonsumenten 37.

Gaslaternen, nicht Betriebsstätte 37.

Gasometer, nicht Verkaufsstätte 37.

Gasse, Bezeichnung für Straße 71.

Gast- und Schankwirtschaft 63.

Gastwirtschaftskonzession, Verlust durch Hausverkauf 74; Verzicht 64.

Gebäude, Errichtung während Anlegung einer Straße 16; Straßenherstellungskosten der Eigentümer 16; vor Anlegung der Straße Straßenherstellungskosten 16; baufälliger Untersuchung, Kosten 47; deren Festsetzung durch die Schulaufsichtsbehörde 47; Errichtung einer geringfügigen Anzahl derselben an einem Wege 16; vermietete, steuerpflichtiges Reineinkommen 33, Feststellung 33; selbstbewohnte, Berechnung des Einkommens 34; Unterhaltungskosten derselben 34; genutzt durch Vermieten oder Selbstbewohnen 34; genutzt zum Betriebe der Landwirtschaft oder von Gewerben 34; Unterhaltung, Ausgaben hierfür 34; Veranschlagung der Unterhaltungskosten 34; einer evangelischen Schule, Herstellung in Dörfern vermischter Religion 48; abgebrochenes, oder durch Naturereignisse zerstörtes, Wiederaufbau 71.

Gebühr, rechtlicher und wirtschaftlicher Charakter 10; für Benutzung einer Gemeindeanstalt 10; Festsetzung 10; Normen 10; —**en** für Errichtung von Grabdenkmälern 20; ist Gemeindelast 20; Begriff 10; Abgaben 10; Unterscheidung von Steuern 10; Gemeinsamkeit mit Steuern 10; Auflagen 10; aus demselben zufließendes Einkommen 10; wirthschaftliche und rechtliche Quelle desselben 10; Hebeberechtigung 10.

Gebührenforderung, rechtliches Fundament für die Entstehung 10.
Gefährdung der öffentlichen Sicherheit, Begriff 52, Durchbrechung des ordentlichen Rechtszustandes 52; der öffentlichen Sicherheit, Jagdgesetz 52; öffentlicher Interessen, Grundstück 51, Eigentümer desselben 51.
Gefahren für das Publikum, gewerbliche Anlagen 66.
Gefangenanstalt, Geistlicher 25.
Gegenleistung für Benutzung einer Gemeindeanstalt 10.
Gehälter und Löhne, Ausgaben 22; und Löhne, Ausgabe seitens des Eisenbahnfiskus 38.
Gehülfen, außerordentliche und einstweilige in den Bureaus der Staatsbehörden 37; Gemeindeabgaben 37.
Geistliche, Diensteinkommen 25; Gemeindeabgabenfreiheit 25; Parochie 25; Kirchengesellschaft 25; an Gefangenanstalten, Strafanstalten 25.
Geldähnliche Fabrikate, Verkauf 50; Einschreiten der Polizei 50.
Geldstrafen, Androhung und Festsetzung 67; Anfechtung 67; Rechtsmittel 67.
Geldumlauf, Regelung 50.
Geldwesen, Regelung 50.
Gemeinde, Anlegung einer neuen Straße nicht Geschäftsführung für den Anlieger 18; Verwaltung einer städtischen Angelegenheit 18; Ausschreibung der Abgabe zu einem bestimmten Beitrage 17; bürgerliche Schulunterhaltungslast 46; Nachweis der verausgabten Grunderwerbskosten 17; nicht Polizeibezirk 32; kommunale Korporation 32; Besteuerung ausländischen Einkommens 13; politische, Erhebung von Grabstellengeldern 11; Spaltung ihres Anspruches an den Straßenanlieger 18; Anmeldung der Teilforderung bei der Subhastation 18; Tragung der Kosten der Ortspolizeiverwaltung 32.
Gemeindeabgabe, endgültige Feststellung, abhängig von erst künftig eintretenden Ereignissen oder Rechtsakten 15; Heranziehung 15; —n, städtische 12; Grabstellengelder, von der politischen Gemeinde erhoben 11; Steuerveranlagung der Bergwerke 13; Substanzverringerung 13, Abschreibung 13; und Dienste 33; städtische verjährte, jedoch bezahlte, Rückerstattung 20; Klage 20; Klagefrist 20; Klageabweisung 20; Freilassung der Gendarmen von denselben 19; desgl. der Gendarmerie-Offiziere 19; der Regierungsbaumeister 37; der Staatsdiener 37; der außerordentlichen und einstweiligen Gehülfen der Staatsbehörden 37.
Gemeindeabgabenfreiheit eines Geistlichen 25; eines Strafanstaltsgeistlichen 25.
Gemeindeamt, Uebertragung 26; Kündigung 27.
Gemeindeanstalt, Benutzung, Gegenleistung 10; Benutzung 10; Gebühr 10, Festsetzung der letzteren 10, Normen 10.
Gemeindebeamte, Anstellung 26; nicht zu vorübergehenden oder mechanischen Dienstleistungen bestimmt 26; —n, Disziplinarangelegenheiten 39.
Gemeindebedürfnisse, Aufbringung 17.
Gemeindebehörde, Aufsicht über die Innungen 66, Entscheidung 66, Klage beim Bezirksausschusse 66; beteiligt bei Ausübung der Jagd auf einer Enklave 54.
Gemeindebesteuerung einer Versicherungsgesellschaft, Berechnung des steuerpflichtigen Reineinkommens 21, 23; des Staats bezüglich des Eisenbahnbetriebs 22; Doppelbesteuerung zulässig 22; des Einkommens 13; Anspruch der Wohnsitzgemeinde 13, Doppelbesteuerung 13; der Gerichtsvollzieher 25; einer offenen Handelsgesellschaft 21.
Gemeindebezirk, Teil desselben, Polizeivorschriften 66; Teil des Gesammteinkommens aus Gewerbe- pp. Betrieb außerhalb desselben 14; persönliche oder dingliche Verbindung mit demselben, Voraussetzung der Heranziehung zu Gemeindelasten 17; —e, bergbautreibende Gesellschaft 22; Ausgaben an Löhnen und Gehältern 22; Verteilung des Einkommens 22.
Gemeindedienste 33.
Gemeindeeinkommensteuer der Mitglieder einer Molkereigenossenschaft 21; einer Lebensversicherungsgesellschaft 21.
Gemeindeholzungen 40.
Gemeindekirchenrath, Grabstellengeld 11.
Gemeindekrankenversicherung, obliegende Leistungen 67; Unterstützungen 67.
Gemeindelast, Gebühr für Einrichtung von Grabdenkmälern 20; Heranziehung, setzt eine persönliche oder dingliche Verbindung mit

dem Gemeindebezirk voraus 17; —en. Straßenbaukosten 17; Aufbringung 17; Zugehörigkeit des Grundstücks zum Stadtbezirk 17; Straßenherstellungskosten 16; Ortsstatut 16; angrenzende Hauseigentümer 16.

Gemeinden, Unterhaltug der der allgemeinen Schulpflicht dienenden Schulen 44; und Gutsbezirke, Gewerbebetrieb über dieselben 23; Gemeindesteuerberechnung 23; Aufbau durch das bestehende Recht 7; über mehrere sich erstreckende Betriebsstätte eines Wasserwerks 35; tragen in der Regel die Polizeilasten 33; Kosten für die Pläne zum Betriebe der Holzungen und für die Revision der Pläne 41; politische, nicht kreissteuerfrei 9; Aufbau derselben in kommunaler Beziehung 7; Erleichterung durch das Fluchtliniengesetz 17; Abwälzung der Straßenanlegungskosten auf die angrenzenden Eigentümer 17; Wahrung ihrer Gerechtsame bezüglich Unterhaltung der Schule im Geltungsgebiete der preußischen Schulordnung 46; und Gutsbezirk, Schulverband 46; Verteilung der Schullasten 46.

Gemeindenutzungen, Teilnahme an denselben 39; Einkaufsgeld 39; Befugnis zum Beschlusse 39.

Gemeinderecht in einer Stadt Westfalens, Wählbarkeit eines Einwohners für Kreistagswahlen 6.

Gemeindesteuer, mehrfacher Wohnsitz des Abgabepflichtigen 24; mehrmonatlicher Aufenthalt desselben nebst Familie 24; der Sitzgemeinde 23; Berechnung bei einem Gewerbebetrieb über mehrere Gemeinden und Gutsbezirke 23; Merkmal 19; auf Einkommen aus Grundeigentum 24; aus Pacht 24; aus Gewerbe 24; aus Eisenbahn- oder Bergbaubetrieb 24.

Gemeindesteuerfreiheit der Kirchendiener 31; der Kirchenkassenrendanten 31.

Gemeindesteuer-Veranlagung mit Vorbehalt 15.

Gemeindevermögen 33.

Gemeindeverordnete in Landgemeinden, Einspruch gegen das Wahlverfahren 32.

Gemeindevertretung, Beschluß über die Ablehnung des Amts als Gemeindevorsteher 40; Beschluß über den Einspruch gegen die Gültigkeit der Stadtverordnetenwahlen 30; Beschlüsse, betreffend Einsprüche gegen die Richtigkeit der für die Bürgervorsteherwahl aufgestellten Wählerliste 28; Klage 28; Beschlüsse in Verwaltungsstreitsachen, Anfechtung der Gültigkeit durch den Gemeindevorstand 28; Klage 28; Entscheidung des Verwaltungsgerichts 28.

Gemeindevorstand, Beschluß über die Ablehnung des Amts als Gemeindevorsteher 40; Klage gegen Beschlüsse der Gemeindevertretung, betreffend Einsprüche gegen die Richtigkeit der für die Bürgervorsteherwahl aufgestellten Wählerliste 28; Entscheidung über die Klage 28; Klage nicht aufschiebende Wirkung 28; Anfechtung der Gültigkeit der Beschlüsse der Gemeindevertretung in Verwaltungsstreitsachen 28; Einspruch gegen die Gültigkeit der Stadtverordnetenwahlen 30; Klage gegen den Beschluß der Gemeindevertretung 30.

Gemeindevorsteher in Landgemeinden, Rechte und Pflichten 40; Ablehnung des Amtes als solcher 40; Beschluß der Gemeindevertretung wegen des Gemeindevorstandes 40.

Gemeindewahlen, gesetzliche Vorschriften 2; instruktionelle Vorschriften 2.

Gemeindewege in Hannover, Anlegung 63; Gemeinde, Bestimmung hierüber 63.

Gemeindeschulen, Unterhaltung in den sächsischen Landesteilen 44.

Gendarmen, nicht servisberechtigte Militairs 19; Militärpersonen des aktiven Dienststandes 19; Diensteinkommen, Freilassung von Gemeindeabgaben 19; nicht in Reih' und Glied des Heeres 19; gehören zur bewaffneten Macht 19; desgl. zum Soldatenstande 19; sind den Sicherheitsbehörden zur Verfügung gestellt 19; nicht den Führern der Armee unterstellt 19.

Gendarmerie, Eigenschaft 19; Anstellung und Pensionierung der Offiziere 19; Freilassung ihres Diensteinkommens von Gemeindelasten 19; Mitglieder derselben nicht servisberechtigte Militärs 19; nicht Anspruch auf völlige Freilassung ihres Diensteinkommens von Gemeindeabgaben 19.

Genehmigung, polizeiliche, zu einer öffentlichen Lustbarkeit 52; Polizei-Verordnung 52; staatliche einer Versicherungsanstalt 72.

Generallandschulreglement für Schlesien, katholische Schulen 48; katholische Lehrer 48.

Genossenschaften zur Ent- und Bewässerung

von Grundstücken, Deich- und Sielverbände 55; —, Gewerbebetrieb durch die Gesellschaft selbst 21; Erwerbsgesellschaften 21; Mitglieder 21; Unterscheidung von Aktiengesellschaften 28.

Geräusch, ungewöhnliche Erregung, gewerbliche Anlagen 66.

Gerichtspersonen, Ausschließung 48.

Gerichtsvollzieher, Subalternbeamte mit dem Range der Gerichtsschreibergehülfen 25; Eigenschaft öffentlicher Beamter 25; unmittelbarer Staatsdiener 25; besoldete Beamte 25; Bezüge derselben 25; Besoldung 25; Diensteinkommen 25; Mindesteinkommen 25; Parteigebühren 25; Besteuerung 25.

Gesamteinkommen, Besteuerung, Anspruch der Wohnsitzgemeinde 13; aus Gewerbe- pp. Betrieb außerhalb des Gemeindebezirks 14.

Geschäftsleitung einer offenen Handelsgesellschaft 21.

Gesellschaft, Bergbau treibende, Ausgaben an Löhnen und Gehältern 22.

Gesellschafter, persönlich haftender einer offenen Handelsgesellschaft 24; Einkommen 24; Betrieb der Handelsgewerbe 24; Eintragung in das Handelsregister 24; Einlage 24; von der Vertretung und Geschäftsführung ausgeschlossen 24; Verlust der Gesellschaft 24; Haftung den Gesellschaftsgläubigern gegenüber 25; Zurückerhaltung der Einlage 25.

Gesetz, Anwendbarkeit in weiterem Umfang, als bei dem klaren Wortlaut des Gesetzes abgegrenzt ist 13.

Gesetzgeber, Absicht der Anwendbarkeit des Gesetzes 13; Abgrenzung des Umfanges der Anwendbarkeit durch klaren Wortlaut 13.

Gesetzliche Vorschriften für das Wahlverfahren 2; Befolgung 2; Nichtbeachtung 2.

Gesindestreitsachen, polizeiliche Anordnungen 51; Rechtmäßigkeit der letzteren 51; Polizei 51; Richter, Entscheidung 51, 52.

Gesindeverträge, Polizei 51; Auflösen 51.

Gewählte, Einspruch gegen die Gültigkeit der Stadtverordnetenwahlen 30; Klage gegen den Beschluß der Gemeindevertretung 30.

Gewässer, Ableitung, gesundheitsgefährliche Ausdünstungen 66; im gemeinen Eigentum des Staats, Aufhebung des Jagdrechts auf denselben 54.

Gewerbe, das 63; Gebäude genutzt von demselben 34.

Gewerbebetrieb des Fiskus, Besteuerung 38; des Kommanditisten 24; —, zeitliche Behinderung des Konzessionsinhabers zur Ausübung desselben 64; zeitlich eingestellter, Wiederaufnahme 64; des persönlich haftenden Gesellschafters einer offenen Handelsgesellschaft 24; Einkommen 24; durch Erwerbsgesellschaften 21; Aktiengesellschaften 21; Genossenschaften 21; Steuerpflicht der Mitglieder bezw. Teilhaber 21; über mehrere Gemeinden und Gutsbezirke, Gemeindesteuerberechnung 23; erfordert eine gewisse Stetigkeit 35; erkennbare Absicht fortgesetzter Betriebsthätigkeit 35; im Auslande durch preußische Gewerbetreibende 14; —, Einkommen, Gemeindebesteuerung 24; Teil des Gesamteinkommens außerhalb des Gemeindebezirks 14; in den Vorgärten 70; Rücksicht auf den Straßenverkehr 70; Verhinderung des Gewerbebetriebes in Vorgärten durch die Polizeibehörde 70.

Gewerbetreibende, preußische, Gewerbebetrieb im Auslande 14; Wahlberechtigung zur Wahl von Kreistagsabgeordneten 4; —r, Zahlung von Gratifikationen bezw. Remunerationen an seine Beamten und Arbeiter 7, Abzugsfähigkeit bei Berechnung der Kreisabgaben 7; Aufwendungen, notwendige 7.

Gewerbliche Anlagen 65; Verbot wegen Verbreitung schädlicher Dünste, starken Rauches, Erregung ungewöhnlichen Geräusches, Gefahren, Nachteile oder Belästigungen für das Publikum 66; Unternehmung, Begriff 35; Gewinn 35; Abgabepflicht 35; Filiale 35; Sitz 35; Agentur 35; Unternehmung, Verkaufsstätte 35; Werkstätte 35; Betriebsstätte 35.

Gewerkschaft 9; Eigentümer von Kuxen 9; —en, Kreisabgaben 9.

Gewerkverein, Kranken- und Begräbniskasse, Mitgliederverzeichnis, Einreichung 68; Landrat als Aufsichtsbehörde 68.

Gewinn einer gewerblichen Unternehmung 35; und Verlust, Beteiligung 21.

Gewinnanteil, Rechtsanspruch 21; eines Teilhabers bei dem Betriebe eines Handelsgewerbes 21; Kommunalsteuerfreiheit 21.

Gitterartige Einfriedigung der Vorgärten 70.

Grabdenkmalsgebühr, Verjährung 20.

Grabdenkmäler, Errichtung auf einem nicht

kommunalen Kirchhofe, städtische Kommunalabgabe 19; Auflage für Benutzung einer öffentlichen Einrichtung 19; gehört zur Klasse der Gebühren 20.

Graben, Bezeichnung für Straße 71.

Grabstellenbeiträge, Einkommen aus Grundbesitz 11; Erhebung von der politischen Gemeinde 11; Gemeindeabgaben 11; Taxe 11.

Grabstellengeld, Neueinführung 11; Abänderung 11; Beschluß 11; Genehmigung der staatlichen Aufsichtsbehörde 11; eigentliche Nutzungen des Kirchhofs 11; —er, Kreisabgaben 11; welche die Kirche beziehen, Gebühr, kirchliche Abgabe 11; Entstehung 11; die von der politischen Gemeinde erhobenen Gemeindeabgaben 11; Taxe 11; Einkommen aus Grundbesitz 11.

Grasnutzung, Kirchhof 11.

Gratifikationen, von Erwerbsgesellschaften an ihre Beamten und Arbeiter gezahlt, Berechnung der Kreisabgaben 7; Bestehen einer rechtlichen Verpflichtung 7; ohne Rechtspflicht gezahlte, Besteuerung 7.

Grenze des Wahlbezirks, Veränderung 30.

Gewinnung von Mineralien, Verleihungsurkunde 9.

Großgrundbesitz, keine Vertretung 3; —er, Zahl derselben, Faktor für die Zahl der Kreistagsabgeordneten 4; Teilnahme eines solchen an der Wahl zum Kreistage 5.

Grubenfeld; Vorhandensein des Mineralschatzes 12; Nachweis 12.

Grubenwerk, Begriff 9; Erträge 9; Einschätzung 9.

Gründung einer neuen Kolonie durch den Gutsherrn 42; Beschulung der Kolonisten 42.

Grund und Boden, fremder, Aufhebung der Jagdausübung hierauf 54.

Grundbesitz, Einnahme 10; Einkommen 10; Einkommen aus demselben, Grabstellengelder 11; selbstbewirtschafteter, Einkommen 34; Ermittelung des letzteren 34; auf demselben haftende öffentlich-rechtliche Lasten 43; —er, größerer Wahlverband derselben zu Ergänzungswahlen zum Kreistage 2; größere, Wahlverband, Verteilung der Kreistagsabgeordneten 3; größere, Wahlverband derselben und der Amtsverbände in Westfalen 6.

Grundbuch, Eintragung in dasselbe bedürfen nicht die auf dem Besitz haftenden öffentlich-rechtlichen Lasten 43.

Grundeigentum, Einkommen, Gemeindebesteuerung 24.

Grundeigentümer, Kosten der Herstellung einer städtischen Straße auf Grund des Bebauungsplanes 16; angrenzender, Verpflichtung zur Erstattung der Kosten für die Freilegung, erste Einrichtung, Pflasterung und Entwässerung einer Straße 17.

Grunderwerb, zu zahlende Entschädigung, Prozeß 18; Prozeßkosten 18; Erstattung derselben 18.

Grunderwerbskosten einer neuen Straße, Beiträge der Adjazenten 15; Einforderung 15; Kommunallasten 15; verausgabte durch die Gemeinde, Nachweis 17.

Grundfläche, Jagdverpachtung auf mehrere derselben an Einzelpersonen 53.

Grundherr, nicht gesetzlicher Vertreter der gutsherrlichen Anwohner 44; Schulkosten in Folge Gründung einer neuen Kolonie 42.

Grundkapital einer Aktiengesellschaft, Veränderung der Höhe 14; Berechnung des Steuerobjekts 14.

Grundstück in Hannover, Zugehörigkeit zu einer Gemeinde in Bezug auf öffentliche Verhältnisse 8; Unterhaltung oder Umgestaltung, so daß öffentliche Interessen nicht gefährdet werden 51; —e einer offenen Handelsgesellschaft, gemeinschaftlicher Jagdbezirk 53; eigene Ausübung der Jagd 53; Ent- und Bewässerung in Hannover 56; Ent- und Bewässerung, Deich- und Sielverbände 55; Beleuchtung 51; kommunalfrei geworden, des aufgelösten Gutsbezirks 42; Gemeindeland 42; gehören zum Gemeindebezirk 42; kommunalfreie, Gewerbebetrieb 23; Berechnung der Gemeindeeinkommensteuer 23; verpachtete, Berechnung des Einkommens 34; Unterhaltungskosten der Gebäude 34; verpachtete, Ermittelung des Einkommens aus denselben 34; kommunalfreie in Hannover, Zugehörigkeit 8, außerhalb des Stadtbezirks, Beitrag zu den Kosten der Straßenherstellung innerhalb des Stadtbezirks 17.

Grundstücksfläche zum Straßenteil machen durch den Anlieger, Zustimmung der Polizeibehörde 70.

Grundstücksqualität des unbeweglichen Vermögens 9.

Gültigkeit der Beschlüsse der Gemeindevertretung in Verwaltungsstreitsachen durch den Gemeindevorstand 28; Klage 28; Entscheidung 28; Mangel derselben, eines Ortsstatuts über Erhebung neuer Branntweinabgabe 18; Bedingung für die Gültigkeit 18; der Stadtverordnetenwahlen, Einspruch 30, des Gemeindevorstandes 30, des Gewählten 30, des stimmberechtigten Bürgers 30; Beschluß der Gemeindevertretung 30; Klage 30; von Wahlen zur Handelskammer 73, Einspruch 73, Entscheidung des Bezirks-Ausschusses 73.

Gütererzeugung durch Maschinen 35.

Gütergemeinschaft, eheliche im Fürstentum Münster 34; vertragsmäßiger Ausschluß derselben 34.

Güterschuppen, Anschließung an das öffentliche Wegenetz 59; Zubehör der Eisenbahn-Anlage 59.

Gutsanwohner, gutsherrliche, einer in einen Stadtbezirk eingeschulten Domäne, Beitragspflicht 43.

Gutsbesitzer, denselben zum Landstraßenbau verpflichtende Observanz 57; Verpflichtung zur Unterhaltung der gemeinen Schulen in sächsischen Landesteilen 44.

Gutsbezirk, Tragung der Kosten der Ortspolizeiverwaltung 32; fiskalischer, Vertretung 45; Gutsvorsteher 45; selbständiger, Auflösung 42, Besitzer dann nicht mehr Gutsherr des Schulortes 42; Auflösung, Fortgewährung des Schul-Brennholzes 43; —e 40; selbständige, Besteuerung des Teils des Gesammteinkommens 23; Gemeindebesteuerung 22; Berechnung des Reineinkommens 22; Kommunalsteuergesetz 22; Bergbau treibende Gesellschaft 22; Ausgaben an Löhnen und Gehältern 22; Verteilung des Einkommens 22; Angelegenheiten 33; tragen in der Regel die Polizeilasten 33; gesetzliche Vorschriften für das Mahnverfahren 2; instruktionelle Vorschriften 2; und Gemeinden im Schulverband 46; Verteilung der Schullasten 46.

Gutsdiener, Ordnungsstrafe durch den Landrat 39; Klagerecht 39.

Gutsherr des Schulortes 42; Gründer einer neuen Kolonie 42; Beschulung der Kolonisten 42; Fortgewährung des Schulbrennholzes nach Auflösung des Gutsbezirks 43; —en des Schulorts von Hausvaterbeiträgen frei 45.

Gutsvorsteher, Vertreter des fiskalischen Gutsbezirks 45.

H.

Halle, vom Eisenbahnfiskus zur Schankwirtschaft verpachtete, Besteuerung des Fiskus 38.

Handel mit Rindvieh, Häuten und Fellen, Legitimationskarte 65.

Handelsgesellschaft, Existenz 38; Firmenbezeichnung 38.

Handelsgewerbe, Betrieb, Vermögenseinlage 21; Beteiligung am Gewinn und Verlust 21; Gewinnanteil kommunalsteuerfrei 21;

Handelsgewerbebetrieb des persönlich haftenden Gesellschafters einer offenen Handelsgesellschaft 24; Einkommen 24.

Handelskammern 72, engere Wahlen 72; Wahl von Mitgliedern 72; Wähler 72; Einspruch gegen die Wahl 72.

Handelsregister, Eintragung des persönlich haftenden Gesellschafters einer offenen Handelsgesellschaft 24.

Handelsgesellschaft, offene, Unterscheidung von Aktiengesellschaften 28; Geschäftsleitung 21; Teilhaber 21; Kopfteil vom Reingewinn 21; Versteuerung des Anteils jedes Teilhabers 21; Gemeindebesteuerung 21; Mitteilhaber 21; Kreisbesteuerung 21; persönlich haftender Gesellschafter 24; Einkommen der letzteren ist Einkommen aus Gewerbebetrieb 24; Gewerbebetrieb 24; Eintragung des Gesellschafters in das Handelsregister 24; Einlage des Gesellschafters 24; Grundstücke, gemeinschaftlicher Jagdbezirk 53; eigene Ausübung der Jagd 53; Klage gegen dieselbe 53.

Handlung, unerlaubte, Baubeginn vor erteilter Bauerlaubnis 17.

Hand- und Spanndienste zur Anlegung von Buhnen, Anordnung des Amtsvorstehers eine wegepolizeiliche 58; beim Wegebau, Umfang 59.

Hannover, Anlegung von Gemeindewegen 63; öffentliche Wege, Erklärung zu Landstraßen 63; Entschädigung des Eigentümers eines vom selbständigen Jagdbezirk umschlossenen, diesem angeschlossenen Grundstückes 53; Verteilung der Erträge der gemeinschaftlichen Jagdnutzung 53, Klage 53; evangelischer Schulbezirk 46; Schulhausbau 46, Streit 46, Beteiligte 46; Klagerecht des Magistrats 46; Amtsversammlungen, Grundlagen 7; Korporation 7; Amtsbezirk mit korporativen Rechten 8; Bestimmungsrecht der Amtsbezirke und Amtsversammlungen 8; Amtsbezirk daselbst, juristische Personen 7; Aufbringen der Kreisabgaben 8; Abgabenverteilungsmaßstab 8; Accise vom Branntwein 18; Landrat, Kommunalaufsicht 39; örtliche Polizei-Verwaltung 39; Feststellung und Zwangsetatisierung der Kosten für kommunale Einrichtungen 39; Entwässerung und Bewässerung von Grundstücken 56; Stauanlagen 56; kommunale Zugehörigkeit kommunalfreier Grundstücke 8.

Hannoversche Wegegesetzgebung 63.

Hannoversches Wegerecht 63.

Hauptverfahren, Beschluß auf Eröffnung desselben gleich Einleitung der gerichtlichen Voruntersuchung 6; Ruhen des Wahlrechts in Folge des Beschlusses 6.

Haus in Hannover, Zugehörigkeit zu einer Gemeinde in Bezug auf öffentliche Verhältnisse 8.

Hauseigentümer, Beginn eines Baues ohne erteilte Bauerlaubnis, Vorteile desselben 17; Straßenherstellungskosten, Gemeindelasten 16.

Haushaltungen, Versorgung mit Wasser durch ein Wasserwerk 35.

Haushaltsetat, städtischer, Kosten für Verstärkung der Nachtwachen und Erweiterung der Straßenbeleuchtung 39.

Hausieren, Begriff 36.

Hausierbetrieb 36.

Hausväterbeiträge, Befreiung des Gutsherrn des Schulorts 45; der aktiven Militärpersonen (Offiziere) für die Volksschule 43; Kommunallasten 43.

Hausverkauf, Verlust der Konzession zum Betriebe der Gast- und Schankwirthschaft 64; durch Verzicht auf die Konzession 64.

Häuseranbau, gesteigerter Verkehr, Wegebaupflicht der Eigentümer der neu gebauten Häuser 60.

Häute, Handel und Aufsuchen von Bestellungen 65.

Hebamme, Nachprüfung, Zurücknahme des Prüfungszeugnisses 64.

Hebammenanstalten 64.

Hebeberechtigung, staatlich verliehene, Quelle des in Form von Gebühren zufließenden Einkommens 10; Brücken- und Chausseegeld 10.

Heberecht einer juristischen Person 11.

Heberolle, Auslegung, Beginn der Einspruchsfrist 33.

Hebevorrichtungen eines Wasserwerks 35.

Hebung, Rückstand einer zur Hebung gestellten Forderung 17.

Hebungsrecht des Staats, Ausübung 10; Übertragung an Korporationen oder Private 10.

Heilkunde, gewerbliche Ausübung, Maß der Anforderungen der öffentlichen Ordnung 65; Recht der Polizeibehörde 65.

Heizungsgeld für die zweite Schulstelle 44.

Heranziehung zu Schulabgaben 42; zu Schulleistungen 42; der Unternehmer von Fabriken pp. mit Präzipualbeiträgen zur Unterhaltung der Landstraßen 8, Kreistagsbeschluß 8, Legitimation zur Klage 8; zu den Gemeindeabgaben, Feststellung der Abgaben auf Grund künftiger Ereignisse oder Rechtsakte 15.

Herbeiholung eines neuen Lehrers, Kosten 44.

Herkommen gehört nicht zu den Provinzialgesetzen oder zu besonderen Wegeordnungen 57.

Herstellung der den Gegenstand des Unternehmens bildenden Waare oder Leistung in der Anlage 36; gartenmäßige der Vorgärten 70.

Hessen-Nassau, Wahlverband für Kreistagswahlen 6; Wählbarkeit hierfür 6.

Historische Straße 71.

Hochbauverwaltung, Regierungsbaumeister 37.

Hochöfen 36.

Hochreservoir eines Wasserwerks 35.

Hof, Bezeichnung für Straße 71.

Hofräume, Beleuchtung 51.

Höfe außerhalb der Gemeindebezirke, persönliche Beitragspflicht zu öffentlichen Abgaben 46; Einrichtung 70; Verwendung 70; zu Einbauten 70; Zuständigkeit der Landpolizeibehörde 70.

Holzungen, Pläne für den Betrieb 41; Kosten 41.

Homöopath, Bezeichnung 65.

Hülfsbedürftige im armenrechtlichen Sinne 69.

Hülfsbedürftigkeit des Unterstützten, Armenverband 69; eines Mitgliedes einer Ortskrankenkasse 69; Verlust 69.

Hülfskassen, eingeschriebene 67; Kassenstatut 67; Ausschließung 67; Ordnungsstrafe 67; freie, Aufsichtsrecht 68; eingeschriebene, Androhung und Festsetzung von Geldstrafen und Zwangsmitteln 67, Anfechtung 67; Rechtsmittel 67.

Hüttenhof, umschlossener, Fläche desselben mit Schlackenhalden bedeckt 36.

Hüttenplatz, verschiedene Anlagen auf demselben 36.

J.

Jagd 52; —, Ruhen auf der Enklave in Kurhessen 54.

Jagdausübung, eigene, des Fiskus auf öffentlichen Flüssen 54; auf Enklaven, Beteiligte 54; Waldbesitzer, Enklavenbesitzer und Gemeindebehörde 54; auf der Enklave einer Nachbargemeinde 54; in Kurhessen 54.

Jagdbezirk 52, gemeinschaftlicher, Grundstücke einer offenen Handelsgesellschaft 53; selbstständiger, Entschädigung der Eigentümer von dem Jagdbezirk umschlossenen Grundstücks in Hannover 53; gemeinschaftlicher, Hineinziehung des öffentlichen Stromes in denselben 54; Ausschluß von Waldenklaven durch den Landrat 54; gemeinschaftlicher, Stromstrecke, Teil desselben 54.

Jagdnutzung, gemeinschaftliche, Verteilung der Erträge durch den Jagdvorstand 53; Klage 53.

Jagdpolizeibehörde, Ausschluß von Waldenklaven aus dem gemeinschaftlichen Jagdbezirke 54; nicht beteiligt bei Ausübung der Jagd auf einer Enklave 54; kein Klagerecht 54.

Jagdrecht, Aufhebung auf fremdem Grund und Boden 54; auf die im gemeinen Eigentum des Staats befindlichen Gewässer 54; eigene Ausübung auf den Grundstücken einer offenen Handelsgesellschaft 53.

Jagdrevier, eigenes, Jagdausübung in Kurhessen 54.

Jagdscheine 52.

Jagdscheinversagung wegen verübten Forst- und Jagdfrevels 52; Nachsucher Unwahrheit gesagt bei gerichtlicher Vernehmung 52.

Jagdverpachtung 52; auf den Pachthöfen einer Universität 53; Landrat, Einschreiten hiergegen 53, gegen den Pächter und die Verpächterin 53; auf derselben Grundfläche an mehrere Personen 53; auf mehrere Grundflächen an Einzelpersonen 53.

Jagdvorstand, Verteilung der Erträge der gemeinschaftlichen Jagdnutzung 53; Klage 53.

Immobilien für den Betrieb eines Straßenbahnunternehmens 14; —, Veräußerung, Abgabe, Währschaftsgeld 20, Verjährung 20.

Inanspruchnahme eines der mehreren angeblich Verpflichteten, Aufhebung einer wegepolizeilichen Verfügung 58.

Individuen, Mehrheit, Klagerecht 3; Verstattung zur Erhebung der Klage im Verwaltungsstreitverfahren 3; Partei 3.

Innung 66; für das gleiche Gewerbe in dem Innungsbezirke bereits bestehende 66; Versagung der Genehmigung 66; —, neue, Errichtung 66; Zweckmäßigkeit der Versagung 66; Bestehen einer gleichen Innung 66; Aufsicht der Gemeindebehörde 66; Aufnahme und Ausschließung von Genossen 66; Wahl der Vorstände und deren Pflichten 66.

Innungsämter, Wahl 66.

Innungsbezirk, in demselben für das gleiche Gewerbe bereits bestehende Innung 66.

Innungsvorstand, Wahl 66.

Inseln verlieren Eigenschaft als Flußbetten 56.

Instandsetzungskosten eines ehemaligen Feld- oder Kommunikationsweges, Tragung derselben 16.

Instruktion für das Wahlverfahren 2, Beobachtung 2, Wahlresultat 2.

Instruktionelle Vorschriften für das Wahlverfahren 2, Befolgung 2, Nichtbeachtung 2, Wahlresultat 2.

Instrumentalmusik, Abhaltung, ortspolizeiliche Erlaubnis 63, 64.

Interessen, öffentliche, Beeinträchtigung und Gefährdung 51.

Juristische Personen, Amtsbezirke in Hannover 7; Personen, wahlberechtigt zur Wahl von Kreistagsabgeordneten 4.

Jus generale 45; commune 45; singulare 45.

K.

Kalkbrüche, Betriebsstätten 38.

Kapital, Faktor bei Betriebsstätten 35; zur Unternehmung vereinigtes, gewerbliche Anlagen, Teile desselben 36.

Kassenführung der freien Hülfskassen, Aufsicht 68.

Kassenmitglied einer eingeschriebenen Hülfskasse, Ordnungsstrafen 67; Unterstützungsanspruch 67; Verlassen der Krankenanstalt ohne zwingenden Grund 69.

Kassenstatut einer eingeschriebenen Hülfskasse 67; Ordnungsstrafe gegen die Kassenmitglieder 67.

Kinder, Verlust der preußischen Staatsangehörigkeit 48.

Kirche, Angelegenheiten 42; Bezug der Grabstellengelder 11, Abgabe 11, kirchliche Gebühr 11.

Kirchenanlage, gesteigerter Verkehr, Wegebaupflicht 60; Wegebaupflicht der Kirchengemeinde 60.

Kirchenbediente, Kirchendiener 31; Kirchenkassenrendant 31; Gemeindesteuerfreiheit 31; Nichtwählbarkeit zu Stadtverordneten 31.

Kirchendiener, weltliche Kirchenbediente 31; Personen, welche zum Dienste der Kirche in mechanischen Verrichtungen oder weltlichen Angelegenheiten bestimmt sind 31; Kirchenkassenrendant 31; Gemeindesteuerfreiheit 31; Nichtwählbarkeit zu Stadtverordneten 31.

Kircheneinkünfte aus Stellgeldern für Begräbnisplätze auf den Kirchhöfen 10, Abgaben 10, Gebühr 10.

Kirchengebäude, Steuerfreiheit von gemeinen Lasten 9; Einkommen aus denselben 9; Besteuerung 10; im Fürstentum Hessen, bauliche Unterhaltung 45; Bauflucht der Eingepfarrten 45.

Kirchengemeinde, nicht kreissteuerfrei 9.

Kirchen- und Schulgemeinde, Streitsache wegen Wiederaufbaues des Küster- und Schulhauses und der Wirtschaftsgebäude 47; Zahlung des Patronatsbeitrages 47.

Kirchengemeindevertretung, Grabstellengeld 11.

Kirchengesellschaften, Einkommen aus kirchlichen Gebäuden 9; Besteuerung 10.

Kirchenkasse, Begräbnisplatzstellgelder 10, Abgaben 10, Gebühr 10, Privatbegräbnis 10.

Kirchenkassenrendant, Kirchendiener (Kirchenbedienter) 31; Gemeindesteuerfreiheit 31; Nichtwählbarkeit zu Stadtverordneten 31.

Kirchenpatron, sowie Kirchen- und Schulgemeinde und beigeladene Regierung 47.

Kirchenvorstand, Beschluß, Grabstellengeld 11.

Kirchhof, Nutzungen, Grabstellengeld 11; Grasnutzung 11.

Kirchhöfe, Stellgelder für Begräbnisplätze auf denselben 10.

Kirchliche Bedürfnisse, Beitragspflicht der Rittergüter 44.

Kirchspielsgerichte im Kreise Hadeln, Handhabung der Landstraßen-Baupolizei 63.

Kirchstuhlgebühren 11.

Kläger und Beigeladener, Wirkung der Beiladung 5.

Klage gegen die Beschlüsse des Provinziallandtages bezüglich der Wahlen der Provinziallandtags-Abgeordneten 1; gegen Beschlüsse der Gemeindevertretung, betreffend Einsprüche gegen die Richtigkeit der für die Bürgervorsteherwahl aufgestellten Wählerliste 28; nicht aufschiebende Wirkung 28, Entscheidung 28; gegen die Entscheidungen der Aufsichtsbehörden über die Innungen 66; im Verwaltungsstreitverfahren einer Mehrheit von Individuen 3; beim Bezirks-Ausschuß wegen des Beschlusses des Kreisausschusses über Anträge auf Berichtigung des Verzeichnisses der drei Wahlverbände 4; im Verwaltungs-Streitverfahren wegen Geltendmachung von Präzipualbeiträgen zur Unterhaltung der Landstraßen 8; Legitimation des Kreisausschusses oder der Kreistagskommission zur Klage 8; Klage auf Anerkennung eines Weges als eines öffentlichen 63; Berechtigung zur Klage 63; auf Gewährung der Dotierung für den Kreistierarzt seitens des Kreises 12; zur Geltendmachung der erlöschenden Verjährung 20; auf Rückerstattung angeblich verjährter aber gleichwohl bezahlter städtischer Gemeindeabgaben 20; Frist 20; Abweisung 20; im Verwaltungsstreitverfahren wegen Nachzahlung von Schulbeiträgen 43; auf Grund der nützlichen Verwendung neben der öffentlichrechtlichen Verpflichtung 43; wegen Ausübung der Jagd auf den Grundstücken einer offenen Handelsgesellschaft 53, Parteien 53; wegen der Verteilung der Erträge der gemeinschaftlichen Jagdnutzung durch den Jagdvorstand 53.

Klageabweisung, Klagefrist behufs Rückerstattung verjährter, jedoch bezahlter Gemeindeabgaben 20.

Klageberechtigung zur Beseitigung eines Ein-

griffs in subjektive Rechte des Klageprätendenten 3.
Klageerhebung im Verwaltungsstreitverfahren, Recht 3; Untersuchung des Rechts 3.
Klagefrist behufs Rückerstattung verjährter, jedoch bezahlter Gemeindeabgaben 20.
Klagefundament der erlöschenden Verjährung, Geltendmachung 20.
Klageprätendent, Eingriff in die subjektiven Rechte desselben 3, Klageberechtigung 3.
Klagerecht gegen die Beschlüsse des Provinziallandtags bezüglich der Wahlen der Provinziallandtags-Abgeordneten 1; des Kreistages bezüglich der Wahlen zum Provinziallandtage 2; einer Mehrheit von Individuen 2; des Magistrats bezüglich eines Schulhausbaues in Hannover 46; Beteiligte 46; im Verwaltungsstreitverfahren 3; Untersuchung desselben 3; der Beteiligten gegen den Beschluß des Kreistages wegen Verteilung der Kreistagsabgeordneten 3; zur Sicherung der vollen Zahl der Kreistagsabgeordneten seitens eines zum Wahlverbande der Landgemeinden Zugehörigen 3; der Gutsdiener wegen Festsetzung einer Ordnungsstrafe durch den Landrat 39; erloschenes, kann nicht von neuem zur Entstehung gebracht werden 20.
Kohlenbergwerke, Betriebsstätten 38.
Koksöfen 36.
Kolleg, Zahl 31.
Kollegien, vollbesetzte 30; beschlußfähige 30.
Kolonie, neue, Begründung durch den Gutsherrn 42; Beschulung der Kolonisten 42; Grundherr, Schulkosten 42; —**n**, 71.
Kolonisten einer neuen Kolonie, Beschulung 42; Errichtung einer neuen Schule 42.
Kommanditist, Gewerbebetrieb 24.
Kommanditgesellschaft, Mitglieder 21; Vermögenseinlage der Mitglieder 21; Gemeindesteuerpflicht der letzteren 21; Kreisbesteuerung 21; —**en** auf Aktien, wahlberechtigt zur Wahl von Kreistagsabgeordneten 4.
Kommissionen für Zwecke der allgemeinen Landesverwaltung, Wahlen zu denselben 2; Einspruch gegen die Wahl 2; Entscheidung des Kreistags über den Einspruch 2; für Kreiszwecke, Wahlen für dieselben 2, Einspruch hiergegen 2, Entscheidung über den Einspruch 2.
Kommunalabgabe, städtische, für Errichtung von Grabmälern auf einem nicht kommunalen Kirchhofe 19; Auflage für Benutzung einer öffentlichen Einrichtung 19; gehört zur Klasse der Gebühren 20; —**n**, Einspruch gegen die Heranziehung, kann in Westfalen auch beim Amtmann angebracht werden 33; Abschreibung auf Substanzverringerung bei Bergwerken 12.
Kommunalangelegenheit, Kreistagswahl 4.
Kommunalauflagen, Heranziehung d. Staatsdiener in den neuen Landesteilen 37.
Kommunalaufsicht in Hannover durch den Landrat 39.
Kommunalbeamte, städtische, Verhältnisse 26.
Kommunalbesteuerung einer Lebensversicherungsgesellschaft 21; der Teilhaber einer offenen Handelsgesellschaft 21; der Beamten, notwendiges Domizil 39.
Kommunale Zugehörigkeit kommunalfreier Grundstücke in Hannover 7.
Kommunalfrei gewordene Grundstücke des aufgelösten Gutsbezirks 42, als Landgemeinde konstituiert 42, Gemeindeland 42, gehören zum Gemeindebezirk 42; —**e** Grundstücke in Hannover, kommunale Zugehörigkeit 8.
Kommunallasten, Beiträge zu den Kosten der Freilegung (Grunderwerbskosten) einer neuen Straße 15.
Kommunalsteuerfreiheit der Volksschullehrer 15; der Elementarschullehrer 15; eines zur Probedienstleistung beurlaubten oder kommandierten Militäranwärters mit Zivilversorgungsschein 25; des Anteils eines Beteiligten bei dem Betriebe des Handelsgewerbes 21.
Kommunalsteuergesetz Gemeindebezirke 22, Gutsbezirke 22.
Kommunal-Verwaltungsbezirke, Angelegenheiten 1.
Kommune, Einführung und Erhebung einer Abgabe vom Branntwein 18; Ortsstatut 18; Mangel der Gültigkeit 18.
Kommunikation, Bezeichnung für Straße 71.
Kommunikationsweg, Umwandlung in eine städtische Straße 16, Kosten der angrenzenden Eigentümer 16; Charakter einer städtischen Straße 16; Brücke im Zuge desselben, Instandsetzung 61, Zuständigkeit 61; —**e**, private Anschließung an öffentliche Wege 62.
Konsens zu einem Neubaue, weil eine neue Ansiedelung vorliegt 72.

Konsistorium, Fürstlich-Hessisches, Ausschreiben und Regulativ vom 28. Februar 1766, landesherrliche Verordnung 45; bauliche Unterhaltung von Kirchen-, Pfarr- und Schulgebäude 45.

Konsumtionsabgabe vom Branntwein 18.

Korporationen, Uebertragung des Hebungsrechts des Staats an dieselben 10; öffentlich-rechtliche, Nichtteilnahme an der Vertretung oder deren Wahl 8; Pflichten 8.

Korporationsrechte, kommunale Verbände mit denselben, Aufbau 7.

Kosten der Ortspolizeiverwaltung, Tragung 32; durch den Amtsverband 32; durch die Gemeinde oder den Gutsbezirk 32; für die Untersuchung eines baufälligen Gebäudes 47; Festsetzung derselben durch die Schulaufsichtsbehörde 47; für die Freilegung, erste Einrichtung, Pflasterung und Entwässerung einer Straße 17; für die Ausarbeitung der Pläne zum Betriebe der Holzungen 41, für die Taxationsrevisionen 41, für Revision dieser Revisionen 41, für Feststellung des Betriebsplanes 41; für Herbeiholung des neuen Lehrers 44; der Eigentümer für die Herstellung einer Straße 16, Bauten während der Anlegung derselben 16, Errichtung von Gebäuden vor Anlegung derselben 16; für Herstellung einer städtischen Straße auf Grund eines Bebauungsplanes 16, Ortsstatut 16, Grundstückseigentümer 16; für Verstärkung der Nachtwachen und Erweiterung der Straßenbeleuchtung, polizeiliche Anordnung 39, Feststellung 39, städtischer Haushaltsetat 39; des Nachtwachtwesens 51; polizeiliche, der Bewachung 51.

Konzession zum Betriebe der Gast- und Schankwirtschaft, Verlust durch Hausverkauf 64; Verzicht 64

Konzessionserlöschen in Folge Betriebseinstellung 64.

Konzessionsinhaber, zeitweilige Behinderung zum Gewerbebetriebe in dem Lokale 64.

Konzessionsverlust, Hausverkauf 64.

Krankenanstalt, Verlassen derselben durch ein Kassenmitglied ohne genügenden Grund 69.

Krankenkasse, Fürsorge für einen Verletzten, von der Berufsgenossenschaft überwiesen 67; Nachweis der dem Verletzten gewährten Leistungen 67.

Kranken- und Begräbniskasse eines Gewerbevereins, Forderung des Mitgliederverzeichnisses seitens der Aufsichtsbehörde 68.

Krankenversicherung der Arbeiter 67.

Krankheit, neue 68; fortgesetzte 68; Beendigung 68; Eintritt der neuen Krankheit 69.

Kreis, neue Wahl der Kreistagsabgeordneten 4; Verzeichniß der zu den drei Wahlverbänden gehörigen Personen 4, Anträge auf Berichtigung des Verzeichnisses 4, Beschluß des Kreisausschusses 4, Klage beim Bezirks-Ausschusse 4; Besteuerung der Einnahmen aus einer Zollgerechtigkeit 10; Besoldung der Kreisbeamten 11; Dotierung des Kreistierarztes aus Kreismitteln 12, keine gesetzliche Verpflichtung hierzu 12.

Kreisabgaben 6; Abzugsfähigkeit der von Erwerbsgesellschaften oder Gewerbetreibenden an ihre Beamten und Arbeiter gezahlten Gratifikationen 7; erforderliche Aufwendung seitens eines Gewerbetreibenden zur Erzielung eines Gewinnes 7; Verteilung und Aufbringung derselben in Hannover 8; Abgabenverteilungs-Maßstab daselbst 8; der Eigentümer von Kuxen älteren Rechts 9; der Besitzer von Liegenschaften 9; der Gewerkschaften 9; der Bergwerkseigentümer 9; Einschätzung der Forensen 9; der Kirchengesellschaften aus dem Einkommen aus Grundstücken 10; der politischen Gemeinden 9; der Kirchengemeinden 9; Besitzer von Kuxen älteren Rechts 9; auf Einkommen aus Grabstellengeldern 11; Aktien- oder Pflichtrüben und Ueberrüben einer Aktienzuckerfabrik 11.

Kreisangehörige, Klagerecht gegen den Beschluß des Kreistages wegen Verteilung der Kreistagsabgeordneten 3.

Kreisausschuß, Legitimation bei Geltendmachung von Präzipualbeiträgen zur Unterhaltung von Landstraßen 8, Klage im Verwaltungs-Streitverfahren 8; Zusammensetzung 6; bei der Wahl zum Kreistage, Organ der Kreiskorporation 4; Vertretung seiner Beschlüsse 4; Beschluß über Anträge auf Berichtigung des Verzeichnisses der drei Wahlverbände für Kreistagsabgeordnete 4, Klage gegen den Beschluß beim Bezirksausschusse gegen den Kreisausschuß 4; Wahlen zu demselben 2, Einspruch 2, Entscheidung über den Einspruch 2; Beschlußfassung über den Antrag auf Beschaffung von Vorflut 74; Zuständigkeit in Entwässerungsangelegenheiten, auf Grundstücke mehrerer Regierungsbezirke bezüglich 74.

Kreisausschußmitglieder, Wählbarkeit in Westfalen 6.

Kreisbeamten, Besoldung 11; Pflicht der Kreise 11.

Kreise, Vereinigung zum Wahlbezirke behufs Wahl von Abgeordneten zum Provinziallandtage 2; Angelegenheiten 2; Wahlangelegenheiten 2; gesetzliche Vorschriften für das Wahlverfahren 2, instruktionelle Vorschriften 2.

Kreiskorporation, Kreisausschuß und Kreistag Organe derselben bei der Kreistagswahl 4; Vertretung ihrer Beschlüsse 4.

Kreislasten, Besitzer von Kuxen älteren Rechts 9.

Kreistag, Stimmengleichheit bei Wahlen 1; bei Kreistagsverhandlungen 1; Wahlen 1; Beschlüsse 1; Diskussionen 1; Anfechtungsrecht der Mitglieder desselben bezüglich der Kreistagsbeschlüsse 1; Wahlen der Provinziallandtags-Abgeordneten 1; Wahlversammlung aus den Mitgliedern desselben 1; Klagerecht bezüglich der Wahl der Provinziallandtags-Abgeordneten 1; Beschlußfähigkeit 1; Klagerecht 2; bezüglich der Wahlen der Provinziallandtags-Abgeordneten 2; Streitigkeiten über die von ihm vorgenommenen Wahlen 2; Stellung nicht als Partei 2; Wahlen zum Kreisausschusse 2; zu Kommissionen für Zwecke der allgemeinen Landesverwaltung 2; zu Kommissionen für Kreiszwecke 2, Einspruch hiergegen 2, Entscheidung über den Einspruch 2; nicht gewöhnliche Kreisversammlung, sondern konstituierte Wahlversammlung 2; Wahl der Abgeordneten der Landkreise zu Provinziallandtagsabgeordneten 2; Wahl von Provinziallandtagsabgeordneten seitens der zum Wahlbezirke gehörigen Landkreise 2; Ergänzungswahlen zu demselben 2, im Wahlverbande der Landgemeinden 2, im Wahlverbande der größeren Grundbesitzer 2, Zeitdauer zwischen den beiden Wahltagen 2; Beschluß wegen Verteilung der Kreistagsabgeordneten 3, Klage der Beteiligten gegen den Beschluß 3; Beschluß über die Ungültigkeit der Wahl eines Wahlmannes 5; bei der Wahl zu demselben Organ der Kreiskorporation 4; Vertretung seiner Beschlüsse 4; Recht zur Beanstandung der Kreistagsabgeordneten- und Wahlmänner-Wahlen 5; Prüfung der Legitimation seiner Mitglieder 6; Einberufung eines Kreistagsmitgliedes 6; Beschluß wegen Heranziehung der Unternehmer von Fabriken mit Präzipualbeiträgen zur Unterhaltung der Landstraßen wegen erheblicher Abnutzung derselben 8; Kreiskommission hierzu 8, Klage im Verwaltungs-Streitverfahren 8; Einstellung einer freiwillig übernommenen Leistung 12; Verweigerung der Dotierung des Kreistierarztes 12, Klage bei dem ordentlichen Richter 12, Zwangsetatisierung ausgeschlossen 12.

Kreistagsabgeordnete, Verteilung durch den Kreistag 3, Beschluß des Kreistags 3, Klage der Beteiligten gegen den Beschluß 3; Sicherung der vollen Wahl derselben seitens des Wahlverbandes der Landgemeinden 3; Zugehörigkeit zu dem Wahlverbande, Klagerecht 3; Verteilung auf die 3 Wahlverbände zur Wahl derselben 3; Wahl, Verzeichnis der Wahlberechtigten 3; Stimmenmehrheit 4; neue Wahl, Verzeichnis der zu den drei Wahlverbänden gehörigen Personen 4, Anträge auf Berichtigung des Verzeichnisses 4, Beschluß des Kreisausschusses 4, Klage beim Bezirksausschusse 4; Wählbarkeit in Westfalen 6; Wahlberechtigung der zur Zahlung von Kreisabgaben verpflichteten Grundbesitzer, mit Einschluß der juristischen Personen, Aktiengesellschaften, Kommanditgesellschaften auf Aktien, Gewerbetreibenden und Bergwerksbesitzer 4; —r in Westfalen, kein besoldetes, der Aufsicht des Landrats unterstelltes Amt 6; nicht wählbar während der Dauer einer gerichtlichen Untersuchung 5; Rechtsungültigkeit der Wahl desselben 5; Ruhen des Wahlrechts eines Wahlmannes zur Wahl desselben während der Dauer einer gerichtlichen Untersuchung 5.

Kreistagsabgeordnetenwahl, Ausschluß eines Wahlmannes durch den Wahlvorstand 5; Ungültigkeit der Wahl 5; Ruhen des Wahlrechts in Folge eingeleiteter gerichtlicher Untersuchung gegen einen Wahlmann 5; —**en**, Recht zur Beanstandung derselben und der Wahlmänner 5, Recht des Kreistages 5.

Kreistagsbeschlüsse, Anfechtungsrecht 1.

Kreistagsbestimmungen hinsichtlich der Diskussionen 1; der Beschlüsse 1; der Wahlen 1.

Kreistagsmitglied, Einberufung durch den Kreistag 6; Wählbarkeit 6; Ungültigkeit der Wahl desselben, Neuwahl 6; **—er**, Legitimationsprüfung durch den Kreistag 6; Wahlversammlung zur Wahl von Provinziallandtags-Abgeordneten 1; Anwesenheit zur Beschlußfähigkeit des Kreistags 1; Anfechtungsrecht derselben bezüglich der Kreistagsbeschlüsse 1.

Kreistagsverhandlungen, Wahlen 1; Diskussionen 1; Beschlüsse 1; Stimmengleichheit 1; gewöhnliche, Bestimmungen 1.

Kreistagswahl, Kommunalangelegenheit 4, Kreisausschuß als Organ der Kreiskorporation 4, Kreistag desgleichen 4; Teilnahme eines Großgrundbesitzers 5; **—en**, Wahlverband in Hessen-Nassau und Westfalen 6; in Westfalen, im Verbande der Städte 6; Besitz des Bürgerrechts bezw. des Gemeinderechts 6; Wählbarkeit der Einwohner 6.

Kreistierarzt, nicht Kreisbeamter 11; Staatsbeamter 12; Dotierung aus Kreismitteln 12; Anstellung 12; Dotierung durch den Kreis 12; Verweigerung derselben, Klage bei dem ordentlichen Richter 12, nicht Zwangsetatisirung 12.

Kreiszwecke, Kommissionen für dieselben 2, Wahlen hierzu 2, Einspruch gegen die Wahlen 2, Entscheidung über den Einspruch 2.

Kündigung eines Amtes 27.

Küster, Vergrößerung der Landdotation desselben, Erweiterung der Wirtschaftsgebäude des Küster- und Schulhauses 48.

Küster- und Schulhaus, baufälliges, Untersuchung, Kosten 47; Festsetzung durch die Schulaufsichtsbehörde 47; Wiederaufbau 47; Streitsache 47; Patronatsbeitrag 47.

Kurhessen, Jagdausübung 54; eigenes Jagdrevier 54; Ruhen der Jagd auf einer Enklave 54.

Kuxe des älteren Rechts, kein Grundeigentum 9; gehören zu den Gerechtigkeiten, welche für sich bestehen 9; Eigentümer 9; älteren Rechts, Besitz derselben begründet nicht eine forensale Beitragspflicht zu Kreislasten 9.

L.

Laderampe, Anschließung an das öffentliche Wegenetz 59; Zubehör der Eisenbahnanlage 59.

Ladestraßen, Zubehör der Eisenbahnanlage 59.

Lagerschuppen des Eisenbahnfiskus, Steuerzahlung 37; verpachtete des Eisenbahnfiskus, nicht selbständige gewerbliche Unternehmungen 37; für sich bestehende gewerbliche Anlage 38.

Landdotation des Küsters, Vergrößerung 48; Erweiterung der Wirtschaftsgebäude 48.

Landes-Einwohner in Hannover, Angehörigkeit zu einer Gemeinde in Bezug auf die öffentlichen Verhältnisse 8.

Landesteile, neue, Heranziehung der Staatsdiener zu den Kommunalauflagen 37.

Landesverwaltung, allgemeine, Wahl von Kommissionen für Zwecke derselben 2; Einspruch gegen die Wahl 2; Entscheidung über den Einspruch 2.

Landesverweisung 49.

Landgemeinde, angrenzende, Betrieb einer Gasanstalt 36; Neuanbauer 39; Mitbenutzung der Anrechte 39; Einkaufsgeld 39; **—n** 40; Wahlverband derselben für Kreistagswahlen 3; Zugehörigkeit zum Wahlverbande 3; Einkaufsgeld für die Teilnahme an Gemeindenutzungen 39; Befugnis zum Beschluß 39; Einspruch, das Wahlverfahren bei Gemeindeverordnetenwahlen 32; gesetzliche Vorschriften für das Wahlverfahren 2, instruktionelle Vorschriften 2; Rechte und Pflichten der Gemeindevorsteher und der Schöppen 40; und Gutsbezirke, Angelegenheiten 33; Wahlverband derselben zu Ergänzungswahlen zum Kreistage 2; Wahlverband, Kreistagsabgeordnete 4; Wahlverband, Verteilung der Kreistagsabgeordneten 3.

Landgendarmerie, preußische, Zusammenhang mit dem Reichsheere und stehenden Heere 19.

Landkreise, Abgeordnete derselben, Wahl als Provinziallandtags-Abgeordnete 2.

Landrat, Einschreiten gegen die Verpachtung der Jagd auf Pachthöfen der Universität 53, gegen die Pächter 53, gegen die Verpächterin 53; Festsetzung der Nachbarhülfe beim Wegebau 58; Jagdpolizeibehörde 54; Ausschluß von Waldenklaven aus dem gemeinschaftlichen Jagdbezirke 54; in Hannover, Kommunal-Aufsicht 39; örtliche Polizeiverwaltung 39; Feststellung und Zwangsetatisierung der **Kosten** für kommunale Einrichtungen 39; nicht zuständig, zur Ausführung der Straßenreinigung an Stelle der Ortspolizeibehörde gegen die Gemeinde unmittelbar einzuschreiten 61; Ordnungsstrafe gegen einen Gutsdiener 39; Organ der Chausseepolizei 71; Zuständigkeit zur Handhabung der örtlichen Baupolizei bei Bauten an Chausseen 71.

Landstraße, Begriff 56; Eigenschaft 57; Feststellung der Eigenschaft 57; ein Weg für den im Lande sich bewegenden Hauptverkehr 57; Bestimmung derselben für den öffentlichen Verkehr durch den Staat 57; Schutz durch Buhnen, wegepolizeiliche Anordnung der Amtsvorsteher 58; **—n**, Heranziehung der Unternehmer von Fabriken rc. mit Präzipualbeiträgen zur Unterhaltung derselben 8, Abnutzung derselben 8, Legitimation zur Klage im Verwaltungs-Streitverfahren 8; Erklärung öffentlicher Wege zu denselben in Hannover 63; Unterhaltung durch die Wegeverbände 63; vom Fiskus zu unterhaltende, Amtsvorsteher Aufsicht 57; fiskalische Baupflicht 57.

Landstraßenbau, Observanz, welche den Gutsbesitzer hierzu verpflichtet 57; Verpflichtung der Einwohner zur Arbeitshülfe, Anordnung des Regierungspräsidenten 58.

Landstraßen-Baupolizei in Hannover, Kirchspielsgerichte im Kreise Hadeln 63.

Landstraßeneigenschaft, Begründung 57.

Landwirtschaft, Gebäude, genutzt für dieselbe 34.

Landwirtschaftliche Be- u. Entwässerungs-Anlagen in Hannover 56.

Lasten, öffentlich-rechtliche, auf dem Grundbesitz haftend, bedürfen nicht der Eintragung in das Grundbuch 43.

Lebensversicherungsgesellschaft, Steuerobjekt 21; Dividende 21; Quote des Reingewinns 21; Steuerfreiheit 21; Gemeindeeinkommensteuer 21; sozietätsähnliches Verhältnis mit dem Versicherten 21.

Lebenszeit, Anstellung eines Beamten 26.

Legitimation der Mitkläger, Prüfung 3; des Kreis-Ausschusses oder der Kreistags-Kommission zur Klageanstellung wegen Leistung von Präzipualbeiträgen zur Unterhaltung der Landstraßen 8; des Wählers, Prüfung durch den Wahlvorstand 31.

Legitimationskarte zum Waarenaufkaufe 65; zum Aufsuchen von Bestellungen 65; zum Handel mit Rindvieh, Häuten und Fellen 65.

Legitimationsprüfung der Kreistagsmitglieder 6.

Lehmgrube in einer Landgemeinde, Mitbenutzung seitens eines Neuanbauers 39.

Lehrer an Volksschulen, Kommunalsteuerbefreiung 15; katholische, Unterricht an katholischen Schulen, Generallandschul-Reglement für Schlesien 48; neuer, Herbeiholung, Kosten 44.

Lehrergehalt der zweiten Schulstelle, Aufbringung 44.

Leistung, Einstellung durch den Kreistag 12; freiwillig übernommene, Einstellung durch den Kreistag 12; von Hand- und Spanndiensten zur Buhnenanlegung behufs Sicherung der Landstraße gegen Beschädigung durch einen vorbeiströmenden Fluß, Anordnung des Amtsvorstehers 58, wegepolizeiliche Anordnung 58; **—en** für Volksschulen 42; der Krankenkassen, Unterstützungen 67; Entschädigungsansprüche gegen Dritte 67.

Lex specialis (privilegium) 45.

Liegenschaften, Besitzer, Veranlagung zur Grund- und Gebäudesteuer 9; Wahlverband der größeren ländlichen Grundbesitzer 9; Kreisabgaben 9.

Litisdenunziant und Litisdenunziat 61; Regreßansprüche 61.

Löhne, Ausgabe seitens des Eisenbahnfiskus 38; und Gehälter, Ausgaben 22.

Lokal, zeitige Behinderung des Konzessionsinhabers zum Gewerbebetriebe in demselben 64.

Lustbarkeiten von Privaten, oder Vereinen als öffentliche 52; Tanzgeld 52; Zutritt 52; Eintrittsgeld 52; Mitglieder 52; Gäste 52.

M.

Machtbefugnis des Staats, Vermögen mit Auflagen zu belasten 10.

Magistrat in Hannover, Klagerecht bezüglich eines Schulhausbaues 46.

Magistratsmitglieder, Disziplinarstrafen seitens der Bürgermeister 27.

Mangel der Gültigkeit eines Ortsstatuts über Erhebung einer Branntwein-Abgabe 18; wesentlicher, des Wahlverfahrens, unvollständige Besetzung des Wahlvorstandes 30.

Maßstab für Verteilung der Schullasten 46; Observanzen und Verträge 46.
Medaillen, Verkauf, Einschreiten der Polizei 50.
Mehrheit der Stimmen der Wähler, Entscheidung 4.
Merkmal der Oeffentlichkeit einer Lustbarkeit 52.
Metzgerei als stehendes Gewerbe 65.
Mietshäuser, Beleuchtung der Flure und Treppen 51.
Militäranwärter, beurlaubter, mit Zivilversorgungsschein, Probedienstleistung 25; Diensteinkommen 25; Kommunalsteuerfreiheit 25; servisberechtigte Militärperson des aktiven Dienststandes 25; Militäreinkommen 25.
Militärpersonen, aktive Offiziere, Wohnsitz 43; Mitunterhaltung der Ortsschule (öffentlichen Volksschule) 43; Bezahlung von Hausväterbeiträgen 43, Ortsschule ist Pflichtschule 43.
Minderung der Substanz bei Bergwerksunternehmungen 12, Abschreibung 12.
Mineralien, Verleihungsurkunde zur Gewinnung derselben 9; Aufsuchung und Gewinnung im Verleihungsfelde 12; zu Tage geförderte Substanzteile 12; Erlös aus denselben 12.
Mineralschatz im Grubenfelde, Nachweis des Werths desselben 12.
Mitbenutzung der Anrechte einer Landgemeinde 39, Neuanbauer 39, Einkaufsgeld 39.
Mitglied einer Molkereigenossenschaft, Gemeindebesteuerung 21; einer Ortskrankenkasse, Hülfsbedürftigkeit 69, Verlust 69; Aufnahme in die Krankenanstalt 69; —**er** der Stadtgemeinde, Rechte und Pflichten derselben nach dem Ortsstatut 17, Eigentümer von außerhalb des Stadtbezirks belegenen Grundstücken sind nicht Mitglieder 17; der Wahlversammlung für Provinziallandtagsabgeordneten-Wahlen, Einspruchsrecht 1; des Kreistags, Wahlversammlung für die Wahl der Provinziallandtags-Abgeordneten 1; einer Kommanditgesellschaft, Vermögenseinlage 21, Gemeindesteuerpflicht 21; des Stadtausschusses, Stadtverordnete hierzu nicht wählbar 27.
Mitgliederverzeichnis der Kranken- und Begräbniskasse eines Gewerkvereins, Einreichung 68; Aufsichtsbehörde 68.
Mitkläger, Prüfung der Legitimation derselben 3.
Mittelpunkt, fester örtlicher der Arbeitsthätigkeit, Betriebsstätte 38.
Mittelschule, 15.
Mitteilung der Parteierklärung in dem Verhandlungstermine 3.
Mitunterhaltung der Ortsschule (öffentlichen Volksschule) seitens der Offiziere (aktiven Militärpersonen) 43.
Mobilien für den Betrieb eines Straßenbahnunternehmens 14.
Molkereigenossenschaft, Mitglied 21; Gemeindeeinkommensteuer der Mitglieder 21; eingetragene 21, beschränkt sich auf den Mitgliederkreis 21.
Moventien für den Betrieb eines Straßenbahn-Unternehmens 14.
Mühlen, außerhalb der Gemeindebezirke, persönliche Beitragspflicht zu öffentlichen Abgaben 46.
Münster, Fürstentum, eheliche Gütergemeinschaft 34, vertragsmäßiger Ausschluß derselben 34.
Münznachbildungen, Polizei 50.

N.

Nachbargemeinde, Enklave Eigentum derselben, Jagdausübung 54.
Nachbargrenze, Anbringung von Oeffnungen, Fenstern 69, Zumauerung 69.
Nachbarhülfe, Leistung dem Wegebaupflichtigen 58, Festsetzung 58; Erzwingung durch die Wegepolizeibehörde 58, in Ostpreußen 58.
Nachprüfung, nicht bestandene, einer Hebamme, Zurücknahme des Prüfungszeugnisses 64.
Nachteile für das Publikum, gewerbliche Anlagen 66.
Nachtwachen verstärken, Feststellung 39, polizeiliche Anordnung 39, Kosten 39.
Nachtwachtwesen, Kosten 51.
Nachweis der Gemeinde über die verausgabten Grunderwerbskosten 17.
Nachzahlung von Schulbeiträgen 43; von den gutsherrlichen Anwohnern 43; Zulässigkeit der Klage im Verwaltungsstreitverfahren 43.
Naturereignisse, Bildung eines neuen Flußbettes 69.
Neuanbauer in einer Landgemeinde 39; Mitbenutzung der Anrechte 39; Einkaufsgeld 39.

Neuangelegte Straße, Ausdruck 71.
Neuanlegung öffentlicher Wege, Erschwerung des Eisenbahnbetriebes, Entschädigungsansprüche 62; einer Straße ist Herstellung derselben an einer Stelle, wo noch keine war 71; Begriff 71.
Neubau eines Schul- und Küsterhauses, Genehmigung, Notwendigkeit seitens der Schulaufsichtsbehörde und kirchlichen Behörde 47; Erfüllung einer der Korporation obliegenden öffentlich-rechtlichen Verpflichtung 47; der Wirtschaftsgebäude des Küster- und Schulhauses im Umfange der alten Gebäude, kirchliche Verpflichtete 48; Vergrößerung der Landdotation des Küsters 48; Versagung des Baukonsenses, weil neue Ansiedlung beabsichtigt wird 72.
Neubauten berühren nicht die Grenzen des Wahlbezirks 30; der Schulen in Hannover, Anordnung der Schulaufsichtsbehörde 46, Verwaltungsstreitverfahren 46, Aktiv- und Passivlegitimation 46.
Neu- und Reparaturbauten im Schulinteresse 48.
Neue Anforderung für Volksschulen 42; Belastung 42; Krankheit 68; Innung, Errichtung, Versagung der Genehmigung 66, Zweckmäßigkeit der Versagung 66, Revisionsrichter, Prüfung 66, Bestehen einer gleichen Innung 66; Straße, Freilegungskosten (Grunderwerbskosten) 15, Einforderung 15; Straße, Ausdruck 71.
Neueinführung einer Branntweinabgabe 18, Vermeidung 18, Versagung 18; von Grabstellengeld, Beschluß des Kirchenvorstandes (Gemeindekirchenraths) und der Gemeindevertretung 11, Genehmigung der staatlichen Aufsichtsbehörde 11.
Neuwahl wegen Ungültigkeit der Wahl eines Wahlmannes 5; Kreistagsbeschluß 5; in Folge Ungültigkeit der Wahl eines Kreistagsmitgliedes 6; —en zu Stadtverordneten zur Erhöhung der Zahl derselben 29; Verbindung derselben mit den Ergänzungswahlen, Verfahren 29.
Nichtbeachtung der instruktionellen Vorschriften für das Wahlverfahren 2, Wahlresultat 2.
Nichterscheinen der Wahlberechtigten im Wahltermine zur Wahl von Kreistagsabgeordneten 3.
Nichtflößbarkeit eines Flusses 62.
Nichtveröffentlichung eines Beschlusses auf Einziehung eines öffentlichen Weges 62; Anfechtbarkeit 62.
Nichtvorhandensein der Wahlberechtigung 3.
Nichtwählbarkeit der Kirchenkassenrendanten zu Stadtverordneten 31.
Normen, geschriebene, der lokalen Autonomie, gehören nicht zu den Provinzialgesetzen oder besonderen Wegeordnungen 57.
Notarien, reines Stücklohn 37.
Notwendigkeit wegepolizeilicher Anordnungen, Verwaltungsrichter 59.
Numerierungen, neue, der Häuser berühren die Grenzen des Wahlbezirks nicht 30.
Nützliche Verwendung, Nachforderung von Schulbeiträgen 43, Zulässigkeit der Klage im Verwaltungsstreitverfahren 43.

O.

Observanz gehört nicht zu den Provinzialgesetzen oder besonderen Wegeordnungen 57; den Gutsbesitzer zum Landstraßenbau verpflichtende, vor dem Inkrafttreten des Ostpreußischen Provinzialrechts 57; Nachweis 57; Maßstab für Verteilung der Schullasten 46.
Öffentliche Lustbarkeiten von Privaten und Vereinen 52, Zutritt 52, Eintrittsgeld 52, Mitglieder 52, Gäste 52, Tanzgeld 52; Tanzlustbarkeiten, polizeiliche Genehmigung 52, Polizeiverordnung 52; Ströme, Unterhaltung der Brücken 62; —r Weg zu einem Wohnplatze 60, Baulast 60.
Öffentlichkeit einer Lustbarkeit, Merkmal 52; eines Weges, Entstehen 56; eines Stromes 61.
Öffentlich-rechtliche Lasten auf dem Grundbesitz, Eintragung in das Grundbuch 43.
Öffnungen in den Außenwänden an der Nachbargrenze, Anbringung 69, Zumauerung 69.
Offene Handelsgesellschaft, Grundstücke, Jagdausübung 53; Streit hierüber 53; Klage gegen dieselbe 53; persönlich haftender Gesellschafter 24, Einkommen des letztern 24, Gewerbebetrieb desselben 24, Einlage desselben 24, Eintragung desselben in das Handelsregister 24.
Offiziere, Garnisonort Wohnsitz 43; Mitunterhaltung der Ortschule (öffentlichen Volksschule) 43; Bezahlung von Hausväterbeiträgen 43; Ortsschule ist Pflichtschule 43.

Okkupation des Wassers, Wasserwerke 36.
Oldenburg, Staat, Privateisenbahnunternehmung 22.
Ordinäre Befestigungen der Ufer, Buhnenanlagen 59.
Ordnung, öffentliche, Verstoß, Jagdgesetz 52. Einschreiten der Polizei 50; Anforderungen auf dem Gebiete der gewerblichen Ausübung der Heilkunde 65, Polizeibehörde 65.
Ordnungsstrafen gegen Kassenmitglieder einer eingeschriebenen Hülfskasse 67; seitens des Landrats gegen einen Gutsdiener 39, Klagerecht 39.
Organe der Kreiskorporation, Kreisausschuß und Kreistag bei der Wahl zu dem letztern 4; Vertretung ihrer Beschlüsse 4.
Ort, Aufenthalt eines Abgabepflichtigen nebst Familie über drei Monate, Besteuerung des gewerblichen Einkommens 24.
Ortsarmenverband aus Stadtgemeinde und anderen Gemeinden, Rechtssubjekt 40; Rechtsanspruch an die Stadtgemeinde 40, Beteiligung der letzteren 40.
Ortskrankenkassen, obliegende Leistungen, Unterstützungen 67.
Ortspolizeibehörden, Verordnungsrecht 66; Schutz der zur Erholung des Publikums bestimmten Wege und Plätze 66.
Ortspolizeiverwaltung, Tragung der Kosten derselben 32; durch den Amtsverband 32; durch die Gemeinde oder den Gutsbezirk 32.
Ortsschule (öffentliche Volksschule), Mitunterhaltung seitens der aktiven Militärpersonen (Offiziere) 43; Pflichtschule 43.
Ortsstatut betreffs Erhebung einer Branntweinabgabe, Mangel der Gültigkeit 18; Herstellung von städtischen Straßen 16; Kosten der Grundeigentümer 16; der Adjazenten 16; Bauten an einer in der Anlage begriffenen Straße 16.
Ostpreußisches Provinzialrecht, Landstraßenbau, Observanz 57.
Ostpreußen, Nachbarhülfe (Arbeitshülfe) beim Landstraßenbau 58.

P.

Pacht, Einkommen, Gemeindebesteuerung 24.
Pachtzins, Besteuerung des Fiskus 38.
Partei, Mehrheit von Individuen als solche im Verwaltungsstreitverfahren 3; Kreistag nicht Stellung als solche bei Einspruch gegen die von demselben vorgenommenen Wahlen 2; —**en** im Verwaltungsstreitverfahren bezüglich Anordnungen der Schulaufsichtsbehörde wegen Neubauten und Reparaturbauten von Schulen 46.
Parteierklärung, Einreichung vor dem Verhandlungstermin 3; Mitteilung in dem Termin 3; Zufertigung des Duplikats 3.
Passives Wahlrecht, Ruhen desselben während der Dauer einer Untersuchung 5.
Patronatsbeitrag, Zahlung zum Wiederaufbau des Küster- und Schulhauses und der Wirtschaftsgebäude 47, Streitsache 47.
Person, juristische, Heberecht 11; juristische, Erforderniß der Wahlberechtigung 28; —**en**, juristische, steuerpflichtig 28; wahlberechtigt 28; krankenversicherungspflichtige in einem Betriebe 68, Annahme 68; physische, Einschätzung 13, Besteuerung als Forensen in einer preußischen Gemeinde 13.
Personenstand, Angelegenheiten 42.
Pfarrgebäude im Fürstentum Hessen, bauliche Unterhaltung 45; Baupflicht der Eingepfarrten 45.
Pflasterung einer Straße, Verpflichtung zur Erstattung der Kosten 17; vollständig durchgeführte, nicht notwendiges Erfordernis für das Vorhandensein einer Straße 71.
Pflicht des Besitzers zur Herstellung und Unterhaltung der Vorgärten 70, polizeilicher Zwang 70; —**en**, amtliche, Verletzung, Dienstentlassung 27; staatsbürgerliche, Verletzung, Jagdgesetz 52; und Rechte der Gemeindevorsteher und Schöppen 40.
Pflichtrüben, Gegenleistung an die Aktionäre für Lieferung 11; Kreisabgabenbesteuerung 11.
Pläne für den Betrieb der Holzungen 40, 41, Kosten für die erste Ausarbeitung und der Taxationsrevisionen 41.
Plätze zur Erholung für das Publikum, Schutz 66, Ortspolizeibehörden 66; Beleuchtung 51.
Polizei, Einwirkung bei Gesindeverträgen 51, Gesindestreitsachen 51, Auflösung der Gesindeverträge 51; Beginn, Fortsetzung, Beendigung eines Dienstverhältnisses 51; vermittelnde Thätigkeit derselben bei Gesindestreitsachen 51, 52; Verkauf geldähnlicher Fabrikate, als Spielmarken, Medaillen 50; Münznachbildungen 50.
Polizeibehörde, Grenze der Anforderungen der öffenlichen Ordnung auf dem Gebiete der gewerblichen Ausübung der Heilkunde

65; nicht gebunden durch Strafurteil 50; Zustimmung, wenn ein Anlieger einen Grundstücksteil zur Straßenfläche machen will 70; Zwang zur Herstellung und Unterhaltung der Vorgärten 70; Zuständigkeit bei Vorgärten 70; Einbauten in Höfen 70; Verhinderung des Gewerbebetriebes in Vorgärten 70.

Polizeikosten, Pflicht zur Tragung 51.

Polizeilasten, in der Regel von den Gemeinden oder Gutsbezirken zu tragen 33.

Polizeiliche Angelegenheiten 50; Anordnung, die Nachtwachen zu verstärken 39; die Straßenbeleuchtung zu erweitern 39, Kosten 39; Verfügungen 50, Zwangsmittel 50, Zustellung 50.

Polizeiverordnung, Genehmigung einer öffentlichen Lustbarkeit 52.

Polizeiverwaltung, örtliche, in Hannover 39.

Polizeiverwaltungskosten, Absteckung von Wegen auf den für den Verkehr benutzten Eisdecken der Seeen 32.

Polizeivorschriften für einen Teil des Gemeindebezirks 66.

Popularrecht, verallgemeinertes, unterlassene Veröffentlichung bezüglich Einziehung eines öffentlichen Weges 62.

Präzipualbeiträge zur Unterhaltung der Landstraße, Heranziehung 8; Kreistagsbeschluß 8; Legitimation zur Klage 8.

Privatbegräbnis, Begräbnisplatz-Stellgelder 10; Stellgelder für Begräbnisplätze auf den Kirchhöfen 10.

Private, öffentliche Lustbarkeiten 52, Zutritt 52, Eintrittsgeld 52, Tanzgeld 52, Gäste 52; Uebertragung des Hebungsrechts des Staats an dieselben 10.

Privateisenbahnunternehmung des Oldenburgischen Staats 22.

Privateigentum an dem vom Wasser überströmten Bette eines Privatflusses 56.

Privatflüsse, schiffbar gemachte 62; Flößbarmachung 62; Benutzung als Privatstraßen 62; Unterhaltung der Brücken 62; Uferbesitzer an denselben, Räumung 55; Verschaffung von Vorflut 55.

Privatrecht durch Verjährung auf Benutzung eines Weges zum Verkehr 62.

Privatrechtlicher Anspruch (neben den öffentlich-rechtlichen Momenten), Klage im Verwaltungsstreitverfahren 43.

Privatrechtliches Fundament, Ansprüche, Verwaltungsstreitverfahren 67.

Privatweg, zum öffentlichen machen 60; Erwerb desselben 60; Enteignung 60; Freigabe 60; —e, Eigentümer, Beleuchtung 51.

Privatwirtschaft des Staats, erworbene Einnahmen aus Forsten, Bergwerken und Eisenbahnen 10.

Probedienstleistung eines Militäranwärters 25.

Prorogatio fori necessaria 40.

Protokoll, mündliche Eröffnung durch dasselbe, Zustellung einer polizeilichen Verfügung 50.

Provinzen, kommunale Verbände höherer Ordnung, Aufbau durch das bestehende Recht 7.

Provinziallandtag, Beschlüsse desselben hinsichtlich der Wahl der Provinziallandtags-Abgeordneten, Klagerecht 1.

Provinziallandtagsabgeordnete, Wahlbezirk der zu demselben gehörigen Landkreise 2; Vereinigung der Landkreise zum Wahlbezirke 2; Klagerecht des Kreistages 2; Wahlen des Kreistages 1; Wahlversammlung aus den Mitgliedern des Kreistags 1; Wahlen derselben, Klagerecht 1; Wahlen 1, 2; als Abgeordnete der Landkreise 2; Bildung von Wahlbezirken 2; Wahlen 1; Einspruchsrecht gegen die Wahl 1; Beschlüsse des Provinziallandtags bezüglich der Wahlen der Provinziallandtags-Abgeordneten 1.

Provinziallandtags-Abgeordnetenwahlen, Diskussionen 1; Beschlüsse 1; Stimmengleichheit 1; Einspruchsrecht 1; Wahlreglement 1; Einspruchsrecht der Mitglieder der Wahlversammlung 1.

Provinzialordnung, Einspruchsrecht gegen stattgehabtes Wahlverfahren 1.

Provinzialrecht, ostpreußisches, Observanz wegen des Landstraßenbaues 57.

Provinzialverbände, Angelegenheiten 1; Wahlangelegenheiten 1.

Provisorische Einforderung der Beiträge zu den Kosten der Freilegung einer neuen Straße 15.

Prozeß über zu zahlende Entschädigung für Grunderwerb 18; Prozeßkosten 18; Erstattung der Prozeßkosten 18.

Prüfung der Legitimation der Kreistagsmitglieder 6; der Legitimation der Mitkläger seitens des Verwaltungsrichters 3; der Legitimation des Wählers und ob er in der Liste steht, durch den Wahlvorstand 31.

Prüfungszeugnis einer Hebamme, Zurücknahme wegen nicht bestandener Nachprüfung 64.

Publikum, gewerbliche Anlagen, Belästigungen 66; Nachteile 66; Gefahren 66; Plätze und Wege zur Erholung für dasselbe, Schutz 66, Ortspolizeibehörde 66.

Puddelwerke 36.

Q.

Quelle, wirtschaftliche und rechtliche, des Einkommens, welches in Form von Gebühren zufließt 10, Hebeberechtigung 10.

Quellen-Fassungen, Wasserwerk 35.

R.

Rauch, starker, Verbreitung, gewerbliche Anlagen 66.

Räumung eines Flusses in Folge Verkrautung oder Versandung 56; durch die Adjazenten 56; auf Verlangen der Wasserpolizeibehörde 56; der Privatflüsse durch die Uferbesitzer 55.

Räumungspflicht, zur Beschaffung der notwendigen Vorflut, Umfang 56; aus Gründen des öffentlichen Rechts 55; kontraktliche Verabredungen 55.

Recht, aus dem öffentlichen, zum Wegebau Verpflichteten, Inanspruchnahme 58; zur Beanstandung der Wahlen der Kreistagsabgeordneten und der Wähler steht allein dem Kreistage zu 5; zur Klageerhebung im Verwaltungsstreitverfahren 3, Untersuchung desselben 3; —e und Pflichten der Gemeindevorsteher und der Schöppen 40; korporative, Amtsbezirke in Hannover 8; subjektive, eines Klageprätendenten 3; Eingriff 3; Klageberechtigung 3.

Rechtsanspruch auf Gewinnanteil 21.

Rechtsanwälte, reines Stücklohn 37.

Rechtsmittel, Einlegung durch den Beigeladenen bei Wegeeinziehung 63.

Rechtspflicht, ohne dieselbe gezahlte Gratifikationen, Besteuerung 7.

Rechtssubjekt, durch die Aktiengesellschaften ins Leben gerufen, Selbstständigkeit 28.

Rechtsungültigkeit der Wahl eines Kreistagsabgeordneten 5.

Rechtszustand, ordentlicher, Durchbrechung, Jagdgesetz 52.

Reduktion des Aktienkapitals, Berechnung des Steuerobjekts 14; Abschreibungen 14; Reingewinn 14.

Regierung, Vorsitzender und Vertreter ist der Regierungspräsident 47 Beigeladene, Vollmacht vom Regierungspräsidenten, Ausschluß des letzteren von der Verhandlung und Entscheidung 47; Beigeladene, Streitsache zwischen Kirchenpatron und Kirchen- und Schulgemeinde wegen Wiederaufbaues des Küster- und Schulhauses 47, der Wirtschaftsgebäude 47, Zahlung des Patronatsbeitrags 47.

Regierungsbaumeister, Königliche, in der Staatsbauverwaltung, unmittelbare Staatsbeamte 37; feste Remuneration 37; Gemeindeabgaben 37.

Regierungspräsident, Verordnungsrecht 66; Anordnung der Arbeitshülfe beim Landstraßenbau 58; Festsetzung der Straßenhülfe beim Wegebau 58; Vollmacht für die beigeladene Regierung vollzogen, Ausschluß desselben von der Teilnahme am Richterspruch 47; Vorsitzender der Regierung und Vertreter 47.

Regulativ des Fürstlich-Hessischen Konsistoriums vom 28. Februar 1766, landesherrliche Verordnung 45; bauliche Unterhaltung der Kirchen-, Pfarr- und Schulgebäude 45.

Reineinkommen, steuerpflichtiges einer Versicherungsgesellschaft, Berechnung 21, 23; einer Versicherungsgesellschaft 23; Bruttoeinnahmen aus Rückversicherungsverträgen 23; beim Eisenbahnbetrieb 22; steuerpflichtiges aus vermieteten Gebäuden 33; Feststellung 33; aus Bergbau-Unternehmungen, Einschätzungsgrundsätze 12.

Reingewinn (Quote), an die Versicherten 21; Lebensversicherungs-Gesellschaft 21; bei Aktiengesellschaften in Folge Veränderung des Aktienkapitals 14.

Reinigung der Straßen, Art 61; der Straßen gehört nicht zur Wegebaulast 61; polizeimäßige der Chausseestrecken von Schnee und Eismassen 61; Verpflichtung 61; der Straße von Schlick durch den Wegeunterhaltungspflichtigen 59; der Wege 51.

Religion, vermischte Dörfer, Gebäude einer evangelischen Schule 48.

Remuneration, feste, der Regierungsbaumeister 37; der Beamten und Arbeiter von Erwerbsgesellschaften, Abzugsfähigkeit bei Berechnung der Kreisabgaben 17; Bestehen einer rechtlichen Verpflichtung 7.
Reparaturbauten im Schulinteresse 48; an Schulen in Hannover, Anordnung der Schulaufsichtsbehörde 46; Verwaltungsstreitverfahren 46; Aktiv- und Passiv-Legitimation 46.
Resultat des Wahlakts beruht auf den Willenserklärungen der einzelnen Wähler 2.
Revision, Anschließung 74; Zurücknahme der Revision, Wirkung 74; —**en** der Pläne für den Betrieb der Holzungen, Kosten 41.
Rückerstattung verjährter, jedoch bezahlter städtischer Gemeindeabgaben, Klage 20, Klagefrist 20, Klageabweisung 20.
Rückstand einer zur Hebung gestellten Forderung 17.
Rückständige Steuern 18.
Rückversicherungen, Einnahmen aus denselben 24.
Rückversicherungsgeschäfte, Geldbeträge 23; Vermögen einer Versicherungsgesellschaft 23; gewerbliches Einkommen der letzteren 23.
Rückversicherungsverträge der Versicherungsgesellschaften, Bruttoeinnahmen 23.
Ruhen des Wahlrechts zur Wahl eines Kreistagsabgeordneten bezw. eines Wahlmannes 5, in Folge Einleitung einer gerichtlichen Untersuchung 5; der Jagd auf einer Enklave in Kurhessen 54.
Ruhestand, dauernder, Versetzung in denselben 27.
Richter, Berechtigung zur Anwendbarerklärung des Gesetzes 13.
Richtigkeit der für die Bürgervorsteherwahl aufgestellten Wählerliste, Einspruch 28; Beschluß der Gemeindevertretung 28.
Rindvieh, Handel und Aufsuchen von Bestellungen, Legitimationskarte 65.
Rittergut in den sächsischen Landesteilen, Bau und Unterhaltung des Schul- und Küsterhauses 44; Kosten für Herbeiholung eines neuen Lehrers 44; Aufbringung der Schulbedürfnisse 44, des Lehrergehalts für die zweite Schulstelle 44, des Heizungsgeldes für die zweite Schulstelle 44.
Rittergüter, Beitragspflicht zur Unterhaltung der gemeinen Schulen 44; für alle kirchlichen Bedürfnisse 44; Schullast 44; kirchliche Last 44; Steuerfreiheit 45; Exemtionsprivileg 45.
Rittergutsbesitzer, Verpflichtung zu Unterhaltung der gemeinen Schulen in der Provinz Sachsen 44.
Rohrnetz eines Wasserwerks 35; einer Gasanstalt 37; nicht Betriebsstätte 37.
Rollen mit selbstthätigen Stauvorrichtungen, Wasserwerk 35.

S.

Sächsische Landesteile, Unterhaltung der gemeinen Schule durch die Gutsbesitzer 44; Befreiung von den Schullasten 44; Beitragsverhältnis 44.
Schankgewerbebetrieb in Vorgärten 1; polizeiliche Verbietung desselben 70.
Schankkonzession, Verlust durch Hausverkauf 64; Verzicht 64.
Schienenwalzwerk, Betriebsstätte 38.
Schienenweg, Eigenschaft als Weg 60.
Schiffbar (künstlich) gemachte Ströme 62; Privatflüsse 62; —**e** Ströme von Natur 62.
Schiffbarkeit eines Stromes 61.
Schiffbarmachung eines Flusses 62.
Schlackenhalden, mit denselben bedeckte Fläche eines umschlossenen Hüttenhofes 36.
Schlick, Reinigung der Straße von demselben durch den Unterhaltungspflichtigen 59.
Schließung des Fachvereins, Androhung 72.
Schnee, polizeimäßige Reinigung der Chausseestrecken von demselben 61; Forträumen, nicht Beseitigung von Verkehrshindernissen 61.
Schöppen, Rechte und Pflichten 40.
Schulabgaben, Heranziehung 42.
Schulaufsichtsbehörde, Anordnung von Neu- und Reparaturbauten in Hannover 46; Verwaltungsstreitverfahren 46; Aktiv- und Passivlegitimation 46; Beschlüsse über Art und Umfang des Schulbaues 47; Verteilung der Kosten unter die Verpflichteten 47; Anordnung von Schulbauten, Schulvorstand hieran bei Prüfung der Notwendigkeit und Art der Ausführung nicht unbedingt gebunden 47; Beschluß über Verteilung der Baulast 47; Aufgabe derselben 47; Streitigkeiten 47; Bestimmungen über künftige Unterhaltungskosten 47; Festsetzung der Kosten für die Untersuchung eines baufälligen Schul- und Küsterhauses 47; Bestätigung der Bedingungen betreffs Ein-

schulung einer Domäne in einen Stadtbezirk 43; bestätigte Schuleinrichtungsverhandlung 43.
Schulbau, Art und Umfang, Beschluß der Schulaufsichtsbehörde 47.
Schulbaulast, Verteilung, Beschluß der Schulaufsichtsbehörde 47; Aufgabe der Letzteren 47; Streitigkeiten 47.
Schulbaukosten, Verteilung unter die Verpflichteten, Beschluß der Schulaufsichtsbehörde 47.
Schulbauten 46; Notwendigkeit und Art der Ausführung, Schulvorstand an die Anordnungen der Schulaufsichtsbehörde nicht unbedingt gebunden 47.
Schulbedürfnisse, Aufbringung 44.
Schulbeiträge, Nachforderung seitens einer Stadtgemeinde 43; Klage im Verwaltungsstreitverfahren 43, Zulässigkeit derselben 43.
Schulbrennholz, Fortgewährung seitens der Gutsherrn nach Auflösung des Gutsbezirks 43.
Schule, Angelegenheiten 42; am Orte der Mutterkirche, Aufwendungen, Last der bürgerlichen Gemeinde 46; gemeine, Unterhaltungspflicht der Rittergutsbesitzer und Gutsbesitzer in den sächsischen Landesteilen 44; Rektor an der Spitze und organische Verbindung von vier Mittelschulklassen mit fünf Elementarklassen nicht eigentliche Volksschule 15; evangelische, Herstellung von Schulgebäuden in Dörfern vermischter Religion 48; —n, der allgemeinen Schulpflicht dienende 44; gesetzlicher Zwang zur Benutzung derselben 44; Unterhaltung seitens der Gemeinden, Schulverbände 44; welche der allgemeinen Schulpflicht dienen 42; Abgaben 42; Leistungen 42; katholische, General-Landschul-Reglement für Schlesien 48.
Schuleinrichtungsverhandlung, bestätigte, von der Schulaufsichtsbehörde 43.
Schulgebäude im Fürstentum Hessen, bauliche Unterhaltung 45; Baupflicht der Eingepfarrten 45.
Schulhausbau in einem evangelischen Schulbezirk in Hannover 46; Streit 46; Beteiligte 46; Klagerecht des Magistrats 46.
Schul- und Küsterhaus, Neubau, Erfüllung einer öffentlich-rechtlichen Verpflichtung seitens einer Korporation 47.
Schulinteresse, ausgeführte Neu- und Reparaturbauten 48.
Schullasten, Befreiung in den sächsischen Landesteilen 44; Beitragsverhältnis 44; Rittergut, Befreiung 44; Exemtion von denselben 45; zwischen den im Schulverband stehenden Gemeinden und Gutsbezirk 46; Verteilung 46; Maßstab für Verteilung 46; Observanzen und Verträge 46.
Schulleistungen, Heranziehung 42; freiwillig und widerruflich übernommene, Einstellung 42.
Schulordnung, preußische, Geltungsgebiet, Schulvorstand 46; Gemeinde, Wahrnehmung ihrer Gerechtsame 46; Klagelegitimation der in Anspruch genommenen 47.
Schulort, Gutsherr desselben 42; Gutsherr von Hausväterbeiträgen frei 45.
Schulpflicht, allgemeine, derselben dienende Schulen 42, 44; Elementarschulen 44; gesetzlicher Zwang zur Benutzung derselben 44; Unterhaltung seitens der Gemeinden, Schulverbände 44.
Schulstelle, zweite, Lehrergehalt und Heizungsgeld 44.
Schulunterhaltungskosten, Last der bürgerlichen Gemeinde 46; künftige, Schulaufsichtsbehörde nicht berechtigt, Bestimmungen hierüber zu treffen 47.
Schulunterhaltungslast der bürgerlichen Gemeinde 46.
Schulunterhaltungspflichtige, Erfüllung von Leistungen 42.
Schulverband der Gemeinden und Gutsbezirke, Verteilung der Schullasten 46.
Schulverbände, Unterhaltung der der allgemeinen Schulpflicht dienenden Schulen 44.
Schulverfassung, öffentlich-rechtliche Lasten auf dem Grundbesitz 43.
Schul- und Stiftungsvermögen, Verwaltung 46.
Schulvorstand, im Geltungsbereiche der preußischen Schulordnung, Vertretung der Schule in Rechtsangelegenheiten und Verwaltung des Vermögens 46; Verwaltung des Schul- und Stiftungsvermögens 46; Beschlußfassung über Bauten 47; Anordnung von Schulbauten seitens der Schulaufsichtsbehörde 47; bei Prüfung der Notwendigkeit und Art der Ausführung nicht hieran gebunden 47; im Geltungsbereiche der preußischen Schulordnung, Vertretung der zur Unterhaltung der Elementarschulen verpflichteten bürgerlichen Gemeinden 46.

Servisberechtigte Militärperson des aktiven Dienststandes 19, 25.
Sicherheit, öffentliche Gefährdung, Jagdgesetz 52; öffentliche Gefährdung, Begriff 52; Durchbrechung des ordentlichen Rechtszustandes 52.
Sitz einer gewerblichen Unternehmung 35.
Sitzgemeinde, Gemeindesteuer 23.
Sozietätsähnliches Verhältnis der Lebensversicherungsgesellschaft mit dem Versicherten 21.
Spaltung des Anspruches der Gemeinde an den Straßenanlieger 18; Anmeldung der Teilforderung bei der Subhastation 18.
Spielmarken, Verkauf, Einschreiten der Polizei 50.
Staat, Bestimmung einer Landstraße für den öffentlichen Verkehr 57; Einkommen aus Eisenbahnbetrieb 22; Stationen 22; Betriebsstätten 22; Gemeindebesteuerung 22; Hebungsrecht 10, Ausübung 10, Uebertragung an Korporationen und Private 10; Kosten desselben bezüglich der Betriebspläne für Holzungen 41; Machtbefugnis desselben, Vermögen mit Auflagen zu belasten 10.
Staatliche Verwaltungsbezirke, Angelegenheiten 1.
Staatsangehörigkeit 48; preußische, Verlust durch Verzug nach russisch Polen ohne Erlaubnis 49; Verlust seitens der Kinder 49.
Staatsbauverwaltung, Königl. Regierungsbaumeister in derselben beschäftigte 37, Remuneration 37, unmittelbare Staatsbeamte 37.
Staatsbeamte, unmittelbare, Regierungsbaumeister in der Staatsbauverwaltung 37; feste Remuneration 37; Gemeindeabgaben 37.
Staatsbehörden, außerordentliche und einstweilige Gehülfen in deren Bureaus 37, Gemeindeabgaben 37.
Staatsdiener, Heranziehung zu Kommunalauflagen in den neuen Landesteilen 37; unmittelbarer, Gerichtsvollzieher 25.
Staatseinkommensteuer, Einschätzungsgrundsätze derselben, Geltung beim Reineinkommen aus einem Bergbau-Unternehmen 12.
Staatseinnahmen, erworbene im Wege der Privatwirtschaft 10; aus Forsten, Bergwerken und Eisenbahnen 10.
Staatszuschüsse, Einstellung 42.
Stadt, Angelegenheiten 12, 26, 27; Gemeindeabgaben 12; Beleuchtung, Gasanstalt 37.
Stadtausschußmitglieder, zu denselben Stadtverordnete nicht wählbar 27.
Stadtausschuß, Vorsitzender, Anfechtung eines endgültigen Beschlusses 40; Verfolgung eines Rechtsanspruches gegen die Stadtgemeinde, wenn dieselbe zusammen mit anderen Gemeinden einen Ortsarmenverband bildet 40; Beteiligung der Stadtgemeinde 40.
Stadtbezirk, Eigentümer von nicht zu demselben gehörigen Grundstücken, Beitrag zu den Straßenherstellungskosten 17; Einschulung einer Domäne in denselben, Vereinbarung der Bedingungen 43, Bestätigung der Schulaufsichtsbehörde 43.
Stadtgemeinde, Nachforderung von Schulbeiträgen 43, Zulässigkeit der Klage im Verwaltungsstreitverfahren 43; Anlegung einer neuen Straße, Verpflichtung der Grundeigentümer zur Erstattung der Kosten 17; Mitglieder, Rechte und Pflichten nach dem Ortsstatut 17; zusammen mit anderen Gemeinden Ortsarmenverband 40; dasselbe Rechtssubjekt 40; Rechtsanspruch an dieselbe 40; Beteiligung 40.
Stadtkreise der Rheinprovinz, Bürgermeister allein Gemeindevorstand 27.
Stadtmauer, Abbruch, Entstehen einer neuen Straße 71; Nichterlöschen der Eigenschaft als Straße 71.
Stadtverordnete nicht zu Mitgliedern des Stadtausschusses wählbar 27; Erhöhung der Zahl derselben, Stadtverordneten-Neuwahlen zur Durchführung 29; Verbindung der Neuwahlen mit den Ergänzungswahlen, Verfahren 29.
Stadtverordneten-Neuwahlen, zur Durchführung einer Erhöhung der Zahl der Stadtverordneten in Verbindung mit den regelmäßigen Ergänzungswahlen, Verfahren 29.
Stadtverordnetenversammlung, Auflösung 29; Abänderung der festgesetzten örtlichen Wahlbezirke 29; Beschlußfähigkeit 32, gesetzliche Mitgliederzahl oder statutarische Mitglieder 32.
Stadtverordnetenwahl, Stellvertreter der Beisitzer 31; —**en**, Einspruch jedes stimmfähigen Bürgers gegen das Wahlverfahren 32; Einspruch gegen die Gültigkeit durch den Gemeindevorstand 30; durch die Ge-

wählten 30; durch die stimmberechtigten Bürger 30; Beschluß der Gemeindevertretung 30, Klage 30; Einspruch gegen die Gültigkeit seitens des wahlberechtigten Gemeindemitgliedes 29, Klage der letzteren 29.

Städte, Verband derselben in Westfalen, Wählbarkeit der Einwohner zum Wahlverband für Kreistagswahlen 6; Wahlverband für Kreistagswahlen in Westfalen 6; Wahlverband, Verteilung der Kreistagsabgeordneten 3.

Städtische Kommunalbeamte, Verhältnisse 26, Anstellung 26; Gemeindeabgaben 12;

Station einer Eisenbahnverwaltung 22; —**en** des Eisenbahnbetriebes 22; Ausgaben für Gehälter und Löhne 22.

Stauanlagen in Hannover 56.

Stellgelder für Begräbnißplätze auf den Kirchhöfen 10; Kircheneinkünfte 10; Abgaben 10; Gebühr 10.

Stellvertreter der Beisitzer bei der Stadtverordnetenwahl 31.

Stetigkeit für den Gewerbebetrieb erforderlich 35; einer Betriebsstätte 35.

Steuerberechtigung der Gemeinde, Stück des staatlichen Steuerrechtes 13.

Steuererhebung nach dem Abgabenverteilungs-Maßstab 8.

Steuerfreiheit einer Eisenbahnstation 22; einer Lebensversicherungsgesellschaft hinsichtlich der Dividende an die Versicherten 21; der Kirchengebäude von gemeinen Lasten 9.

Steuerjahr, Aufenthalt des Abgabepflichtigen nebst Familie 24; Besteuerung des auswärtigen gewerblichen Einkommens 24.

Steuern, Begriff 10; Auflagen 10; Unterscheidung von Gebühren 10; Gemeinsamkeit von Steuern und Gebühren 10; fällig, wenn sie zur Hebung gestellt werden 18; rückständig, wenn die Zahlung verlangt aber nicht erfolgt ist 18.

Steuerobjekt einer Lebensversicherungsanstalt 21; das Theilhaben an einem Handelsgewerbebetriebe 21; Berechnung bei Veränderung der Höhe des Grundkapitals einer Aktiengesellschaft 14.

Steuerpflicht, Execution 45; der Aktiengesellschaften und juristischen Personen 28.

Steuerveranlagung bei Bergwerken 13; Substanzverringerung 13.

Stillschweigende Widmung eines Weges für den öffentlichen Verkehr 57.

Stimmberechtigte Bürger, Einspruch gegen die Gültigkeit der Stadtverordnetenwahlen 30; Klage gegen den Beschluß der Gemeindevertretung 30.

Stimmen, Zahl derselben, Abgabe durch den Wähler 4; Entscheidung durch die Mehrheit 4.

Stimmengleichheit bei Kreistagsverhandlungen 1; bei Wahlen seitens des Kreistages 1.

Stolgebühr, Entstehung 11.

Strafanstaltsgeistlicher, Gemeindeabgabenfreiheit 25.

Strafrichter, nicht gebunden durch Strafurteil 50.

Strafurteil bindet weder Strafrichter noch die Polizeibehörde 50.

Straße, Begriff 71; Neuanlegung Begriff 71; historische 71; Anlage, Verpflichtung der Grundeigentümer zur Erstattung der Kosten 17; Ausgang nach derselben 17; neue, Anlegung durch die Gemeinde, nicht Geschäftsführung für den Anlieger 18; Verwaltung einer städtischen Angelegenheit 18; städtische, Umwandlung eines Feld- oder Kommunikationsweges in eine solche 16; Herstellung auf Grund des Bebauungsplanes, Kosten der Grundeigentümer 16; neue, in der Anlage begriffene, Bauten an derselben 16; angelegt nach Errichtung der Gebäude 16; neue, Beiträge der angrenzenden Eigentümer zu den Kosten der Freilegung (Grunderwerbskosten) 15, Einforderung 15; Nichterlöschen der Eigenschaft als solche 71, durch Abbruch der Stadtmauer 71, durch Entstehen einer neuen Straße 71; nicht vollständig durchgeführte Pflasterung notwendiges Erfordernis hierfür 71; in unmittelbarer Verbindung mit dem Straßennetz 71; wenn sie unbestritten dem öffentlichen Verkehr dient 70; —**n**, Betriebsstätten für das Straßengewerbe 35.

Straßenanlage, Kosten 16.

Straßenanlegungskosten, Zahlung von dem Eigentümer eines in der Subhastation erworbenen Grundstücks 17; Abwälzung von der Gemeinde auf die angrenzenden Eigentümer 17; Aufbringung 17; müssen aufgewendet sein, wenn der Anlieger zur Erstattung derselben herangezogen werden soll

16; dieselben müssen nach Anlegung der Straße entstanden sein 16.
Straßenanlieger, Anspruch an denselben, Spaltung durch die Gemeinde 18; Anmeldung einer Teilforderung der Gemeinde an denselben bei der Subhastation 18.
Straßenbahnaktiengesellschaft, Veränderung der Höhe des Grundkapitals 14; Berechnung des Steuerobjekts 14.
Straßenbahnunternehmen, Aktienkapital 14; Immobilien, Mobilien und Moventien 14.
Straßenbaukosten, Gemeindelasten 17; Aufbringung 17.
Straßenbeleuchtung, Erweiterung 39; Kosten 39; polizeiliche Anordnung 39.
Straßendurchbrüche berühren nicht die Grenze des Wahlbezirks 30.
Straßengewerbe, Straßen Betriebsstätten für dasselbe 35.
Straßenherstellungskosten, Beiträge von Eigentümern, welche außerhalb des Stadtbezirks Grundstücke besitzen 17; Gemeindelasten 16; Ortsstatut 16; angrenzende Hausbesitzer 16; Bauten errichtet während der Anlegung der Straße 16; dergl. vor der Anlegung derselben 16; Ersatz der aufgewendeten Kosten 16.
Straßenlaternen einer Gasanstalt nicht Betriebsstätte 37.
Straßennetz, Straße an dasselbe angeschlossen 71.
Straßenreinigung nicht Wegebaulast 61; Art 61; Einschreiten des Landrats an Stelle der Ortspolizeibehörde 61.
Straßenteil, Grundstücksfläche durch den Anlieger zu solchem zu machen, Zustimmung der Polizeibehörde 70.
Straßenverkehr, Gewerbebetrieb in den Vorgärten 70; Rücksicht auf denselben bezüglich des Gewerbebetriebs in Vorgärten 70.
Streichung des Namens eines Großgrundbesitzers 2c. im Verzeichniß der zum Wahlverbande gehörigen Großgrundbesitzer 2c. 4.
Streit über Jagdausübung auf den Grundstücken einer offenen Handelsgesellschaft 53, Klage 53; über einen Schulhausbau in Hannover 46; Beteiligte 46; Klagerecht des Magistrats 46.
Streitigkeiten über die Verteilung der Baulast, Beschluß der Schulaufsichtsbehörde 47; Aufgabe der Aufsichtsbehörde 47; über die vom Kreistag vorgenommenen Wahlen zum Provinziallandtage 2; Stellung nicht als Partei 2.
Streitsache zwischen Kirchenpatron sowie Kirchen- und Schulgemeinde und beigeladene Regierung wegen Wiederaufbaues des Küster- und Schulhause und der Wirtschaftsgebäude und Zahlung des Patronatsbeitrages 47.
Streitverfahren 74; instruktionelle Verfügungen 74.
Strom, Ausreißen, Uferbefestigungen 69; öffentlicher, Mitausübung der Jagd auf demselben 54; Hineinziehung in den gemeinschaftlichen Jagdbezirk 54; Oeffentlichkeit 61; Schiffbarkeit 61; öffentlicher, Unterhaltung der Brücken 62; von Natur schiffbar 62; künstlich schiffbar gemachter 62; öffentliche Buhnenanlagen in demselben vom Fiskus 59.
Stromgebiet, Verfolgung des Wildes 54.
Stromstrecke, Teil des Gemeindebezirks 54; gelten als Grund und Boden 54; Teil des gemeinschaftlichen Jagdbezirks 54.
Stubensteuer 39.
Stücklohn, reiner 37; Rechtsanwälte und Notarien 47.
Subhastation eines Grundstückes, Eigentümer 17; Straßenanlegungskosten 17; Anmeldung einer Teilforderung der Gemeinde an den Straßenanlieger für Straßenanlagekosten 18.
Subhastationstermin, Anmeldung einer Abgabe 17.
Subjektive Rechte eines Klageprätendenten, Eingriff 3; Klageberechtigung 3.
Substanz, Minderung bei Bergwerksunternehmungen 12; Abschreibung 12; Werth des unterirdisch lagernden Minerals 13.
Substanzteile des Bergwerks, zu Tage geförderte Mineralien 12; Erlös aus demselben 12.
Substanzverringerung bei Bergwerken, Abschreibungen 12; Darlegung in quali et quanto seitens des Zensiten 12; jährliche bei Bergwerken, Abschreibung bei der Steuerveranlagung 13.

T.

Tanzgeld bei öffentlichen Lustbarkeiten 52.
Taxe, obrigkeitlich festgestellte, zur Erhebung von Grabstellenbeiträgen 11.

Taxrevisionen, außerordentliche, bezüglich des Betriebes der Holzungen 41.
Teile des zu der Unternehmung vereinigten Kapitals, gewerbliche Anlagen 36; des stehenden Betriebskapitals 36.
Teilforderung einer Gemeinde an den Straßenanlieger für Straßenanlage 18; Anmeldung bei der Subhastation 18.
Teilhaber einer öffentlichen Handelsgesellschaft, Versteuerung des Anteils 21.
Teilnahme eines Großgrundbesitzers an der Wahl zum Kreistage 5.
Transportanstalt der Bahn, Anschließung an das öffentliche Wegenetz 59; Zubehör der Eisenbahnanlage 59.
Transportgewerbe, Wasserwerke 36.
Trennung der Ergänzungs- und Ersatzwahlen 32.
Treppen der Mietshäuser, Beleuchtung 51.
Triebwerke, Vorflut 56.

U.

Überrüben, Gegenleistung an die Aktionäre für Lieferung 11; Kreisabgabenbesteuerung 11.
Übersichten über die Mitglieder der Kranken- und Begräbniskasse eines Gewerkvereins, Einreichung 68.
Überströmung, dauernde, eines Ufergrundstücks, nicht mehr Uferland 55; wird Teil des Flußbettes 55.
Übertragung eines Gemeindeamtes 26.
Ufer des Flusses, Beginn 55; Ausdehnung 55; verfallene, Befestigung 69; Wiederherstellung 69; zerstörte 69.
Uferbefestigungen gegen Ausreißen des Stromes 69.
Uferbesitzer, Begriff 55; Uferbefestigungen gegen Ausreißen des Stromes 69; an Privatflüssen, Räumung des Flusses 55; Verschaffung von Vorflut 55.
Ufergrundstück, dauernd von dem Flusse überströmt, hört auf Uferland zu sein 55; wird Teil des Flußbettes 55.
Uferschutzwerke, Anlegung und Unterhaltung von dem Wegebaupflichtigen 59.
Umfang der Räumungspflicht zur Beschaffung der notwendigen Vorflut 56; der Hand- und Spanndienste beim Wegebau 59.
Unerlaubte Handlung, Baubeginn vor erteilter Bauerlaubnis 17.
Ungesetzlichkeit der Wählerliste 28.
Ungültigkeit der Wahl eines Kreistagsmitgliedes, Neuwahl 6; der Wahl eines Wahlmannes, Kreistagsbeschluß 5; der Wahl eines Kreistagsabgeordneten bezw. eines Wahlmannes während der Dauer einer gerichtlichen Untersuchung 5; der Wahl eines Kreistagsabgeordneten in Folge des Ausschlusses eines Wahlmannes an der Teilnahme 5; des Wahlgeschäfts, unvollständige Besetzung des Wahlvorstandes 31.
Ungültigkeitserklärung von Stadtverordnetenwahlen 29; Klagerecht des wahlberechtigten Gemeindemitgliedes 29; Einspruch des letzteren vor der Klage 29.
Universität, Verpachtung der Jagd auf den Pachthöfen 53; Ausübung der Jagd durch einen angestellten Jäger 53; Landrat, Einschreiten gegen Pächter und Verpächterin 53.
Unregelmäßigkeit, erhebliche, beim Wahlverfahren, unvollständige Besetzung des Wahlvorstandes 30.
Unterhaltung der Wege über die Eisenbahn (Bahnübergänge) 62; eines Weges, Eigenschaft desselben als eines öffentlichen 57; des Schul- und Küsterhauses 44; der gemeinen Schulen in den sächsischen Landesteilen 44; der Landstraßen, Heranziehung der Unternehmer von Fabriken mit Präzipualbeiträgen 8, Kreistagsbeschluß 8, Legitimation zur Klage im Verwaltungsstreitverfahren 8; der Elementarschulen, Vertretung der hierzu verpflichteten bürgerlichen Gemeinden 46; bauliche, der Kirchen-, Pfarr- und Schulgebäude im Fürstentum Hessen 45; Baupflicht der Eingepfarrten 45; der Gebäude 34; der der allgemeinen Schulpflicht dienenden Schulen 44.
Unterhaltungskosten von Gebäuden, Veranschlagung 34.
Unternehmer von Fabriken pp., Heranziehung mit Präzipualbeiträgen zur Unterhaltung der Landstraßen 8, Kreistagsbeschluß 8, Legitimation zur Klage 8.
Unternehmung, gewerbliche, Begriff 35; Gewinn 35; Abgabepflicht 35; Filialen 35; Sitz 35; Agentur 35; Verkaufsstätte 35; Werkstätte 35; Betriebsstätte 35; Gegenstand desselben bildende Waare oder Leistung, Herstellung in der Anlage 36; Hervorbringung der Hülfsstoffe 36; Vorzubereitung der Waaren 36; zu derselben vereinigtes Kapital, gewerbliche Anlagen, Teile

desselben 36; Teil des stehenden Betriebskapitals 36.

Unterschied zwischen gesetzlichen und instruktionellen Vorschriften für das Wahlverfahren 2.

Unterstützung durch den Armenverband, Hülfsbedürftigkeit der Unterstützten 69; —**en** der Krankenkassen 67, Entschädigungsansprüche gegen Dritte 67.

Unterstützungsanspruch eines Mitgliedes einer eingeschriebenen Hülfskasse 67.

Unterstützungsverband zur Unterstützung reisender und arbeitsloser Mitglieder 72; Versicherungsanstalt 72; Nachsuchung der staatlichen Zulassung 72; Schließung 72.

Untersuchung, gerichtliche, während der Dauer derselben Ruhen des aktiven und passiven Wahlrechts 5; eines baufälligen Gebäudes, nicht Baukosten 47; Kassen, welche für die Ausarbeitung des Bauobjekts pp. bedingt werden 47; Festsetzung derselben 47.

Unterthan, preußischer, Erwerb oder Verlust der Rechte 48; Gründung eines Domizils im Inlande 48; Aufschlagung eines beständigen Wohnsitzes 48.

Unwahrheit gesagt bei gerichtlicher Vernehmung, Jagdscheinversagung 52.

V.

Verabredungen, kontraktliche über die Räumungspflicht, begründen nur privatrechtliche Befugnisse und Verpflichtungen unter den Kontrahenten 55.

Veränderung der Höhe des Grundkapitals einer Aktiengesellschaft 14; Berechnung des Steuerobjekts 14; der Grenze der Wahlbezirke 30.

Veranlagung, bloße, noch nicht Bestimmung 28.

Veranschlagungen der Unterhaltungskosten von Gebäuden, bei denselben hat eine nach bautechnischen Gesichtspunkten zu bewirkende sachverständige Schätzung des Kostenbetrages stattzufinden 34.

Verbände, kommunale, mit Korporationsrechten, Aufbau derselben 7; kommunale, höherer Ordnung, Aufbau durch das bestehende Recht 7.

Verbietung, polizeiliche, des Gewerbebetriebes in Vorgärten 70.

Verbindung, persönliche oder dingliche mit dem Gemeindebezirk, Voraussetzung der Heranziehung zu Gemeindelasten 17; der Bahnhofsgebäude mit dem Netze der öffentlichen Wege, gemeine öffentliche Wege 60; der Stadtverordneten-Neuwahlen zur Erhöhung der Zahl der Stadtverordneten mit den Ergänzungswahlen 29.

Verbot gewerblicher Anlagen 66.

Verdoppelung des Betriebskapitals, Bankgeschäft 14.

Vereinbarung der Bedingungen wegen Einschulung einer Domäne in einen Stadtbezirk 43; Bestätigung der Schulaufsichtsbehörde 43.

Vereine, öffentliche Lustbarkeiten 52; Zutritt 52; Eintrittsgeld 52; Tanzgeld 52; Mitglieder 52; Gäste 52.

Vereinigung der Landkreise zum Wahlbezirke für Provinziallandtagsabgeordnete 2.

Verfolgung des Wildes im Stromgebiet 54.

Verfügung, wegepolizeiliche, Aufhebung 58, Inanspruchnahme nur eines der mehreren angeblich Verpflichteten 58; —**en**, polizeiliche 50, Zustellung 50; instruktionelle, über das Streitverfahren 74.

Verhältnisse der städtischen Kommunalbeamten 26; besondere, Wahlablehnung 40.

Verhandlung, mündliche, Antrag, Beschlußverfahren 74.

Verhandlungstermin, Einreichung der Parteierklärung vor demselben 3, Mitteilung der Erklärung in demselben 3, Vertagung des Termins 3.

Verhinderung, polizeiliche, des Gewerbebetriebes in Vorgärten 70.

Verjährung, Begriff 33; Privatrecht auf Benutzung eines Weges zum Verkehr 62; Erwerbung von Rechten an öffentlichen Wegen 63, an dem bürgerlichen Verkehr entzogenen Sachen 63; der Grabdenkmalsgebühr 20; erlöschende, Klagefundament, Geltendmachung 20, Klage 20.

Verjährungsfrist 33.

Verjährte, jedoch bezahlte städtische Gemeindeabgaben, Rückerstattung 20, Klage 20, Klagefrist 20, Klageabweisung 20.

Verkauf von geldähnlichen Fabrikaten 50, Spielmarken 50, Medaillen 50, Einschreiten der Polizei 50.

Verkaufsstätte einer gewerblichen Unternehmung 35.

Verkehr, dem bürgerlichen entzogene Sachen, öffentliche Wege 63, Erwerbung von Rechten an denselben durch Verjährung 63; wachsender öffentlicher, Vermehrung der Wegeunterhaltungslast des Eisenbahnunternehmers 60; öffentlicher, Widmung eines Weges für denselben 56; auf Privatgrundstücken, Beleuchtung 51.

Verkrautung eines Flusses, Räumung 56, durch die Adjazenten 56, Wasserpolizeibehörde 56.

Verlassen einer Krankenanstalt durch ein Kassenmitglied ohne zwingenden Grund 69.

Verlegung eines Weges, Einspruch 62, Privatrecht auf Benutzung des Weges zum Verkehr durch Verjährung 62.

Verleihungsfeld, Aufsuchung und Gewinnung des verliehenen Minerals 12.

Verleihungsurkunde zur Gewinnung von Mineralien 9.

Verletzter, Fürsorge für denselben, Ueberweisung an die Krankenkasse seitens der Berufsgenossenschaft 67.

Verletzung staatsbürgerlicher Pflichten, Jagdgesetz 52; amtlicher Pflichten, Dienstentlassung 27.

Verliehenes Bergwerkseigentum, unbewegliche Sache 9.

Verlust der Rechte als preußischer Unterthan 48; Verlegung des Wohnsitzes in das Ausland 49; der preußischen Staatsangehörigkeit durch Verzug nach Polen ohne Erlaubniß 49; Verlust seitens der Kinder 49; des Titels und der Pension bei Entlassung aus dem Dienste 27; —e durch höhere Abschreibungen 14.

Vermehrung der Wegeunterhaltungslast der Eisenbahnunternehmer durch den wachsenden öffentlichen Verkehr 60.

Vermietungssteuer 39.

Verminderung des Aktienkapitals 14, Abschreibungen 14, Reingewinn 14.

Vermögen, unbewegliches, Grundstücksqualität 9; mit Auflagen zu belasten, Machtbefugnis des Staats 10; einer Versicherungsgesellschaft 23.

Vermögenseinlage gegen Anteil am Gewinn und Verlust 21; Beteiligung der Mitglieder einer Kommanditgesellschaft 21.

Verordnungsrecht der Behörden 66; der Ortspolizeibehörden 66; Schutz der zur Erholung des Publikums bestimmten Wege und Plätze 66.

Verpachtung der Jagd auf den Pachthöfen einer Universität 53; Landrat, Einschreiten hiergegen 53, gegen die Pächter 53, gegen die Verpächterin 53.

Verpflichtung der angrenzenden Grundeigentümer zur Erstattung der Kosten für die Freilegung, erste Einrichtung, Pflasterung und Entwässerung 17; des angrenzenden Grundeigentümers zur Erstattung der Kosten für die Anlegung einer Straße 17; zu Leistungen bezw. Abgaben für Volksschulen 42; zum Wegebau, Inanspruchnahme der aus dem öffentlichen Rechte Verpflichteten 58; muß unmittelbar auf dem Gesetze beruhen 58; der Einwohner zur Arbeitshülfe beim Landstraßenbau 58; zur polizeimäßigen Reinigung der Chausseestrecken 61.

Verringerung der Substanz bei Bergwerken 13, Berechnung 13.

Versagung der Genehmigung zur Errichtung einer neuen Innung 66; Zweckmäßigkeit 66, Prüfung des Verwaltungsrichters 66, des Baukonsenses, weil neue Ansiedlung vorliegt 72.

Versandung eines Flusses, Räumung durch die Adjazenten 56; Wasserpolizeibehörde 56.

Versetzung in den dauernden Ruhestand 27.

Versicherte, Dividende 21; Lebensversicherungsgesellschaft 21; —r bei einer Krankenkasse, Entschädigungsanspruch gegen Dritte 67; sozietätsähnliches Verhältnis mit der Lebensversicherungsgesellschaft 21.

Versicherung, Begriff 72; —en 72.

Versicherungsanstalt, Fachverein der Buchbinder 72; Unterstützungsverband zur Unterstützung reisender und arbeitsloser Mitglieder 72; Nachsuchung der staatlichen Genehmigung 72; Pflichten 72.

Versicherungsgesellschaft, Berechnung des Reineinkommens 23; Bruttoeinnahmen aus Rückversicherungsverträgen 23; Vermögen 23; gewerbliches Einkommen 23; Besteuerung 23.

Versorgung der Haushaltungen mit Wasser durch ein Wasserwerk 35.

Verstattung einer Mehrheit von Individuen zur Klage im Verwaltungsstreitverfahren 3.

Versteuerung der Anteile der Teilhaber einer offenen Handelsgesellschaft 21.

Verstoß gegen die öffentliche Ordnung, Jagdgesetz 52.

Verteilung der Kreisabgaben in Hannover 8; Abgabenverteilungs-Maßstab 8; der Kreistagsabgeordneten auf die 3 Wahlverbände der größeren Grundbesitzer, Landgemeinden und Städte 3; der Kreistagsabgeordneten durch den Kreistag 3, Klagerecht der Beteiligten 3; der Baulast, Beschluß der Schulaufsichtsbehörde 47, Aufgabe der Aufsichtsbehörde 47, Streitigkeiten 47; der Schullasten, Maßstab 44; Observanzen und Verträge 46; des Einkommens auf mehrere Gemeinde- und Gutsbezirke 22.

Verträge, Maßstab für Verteilung der Schullasten 46.

Vertretung der zur Unterhaltung der Elementarschulen verpflichteten bürgerlichen Gemeinden 46.

Verwaltung des Schul- und Stiftungsvermögens, Schulvorstand 46; einer städtischen Angelegenheit, Anlegung einer neuen Straße durch die Gemeinde 18.

Verwaltungsbehörde, höhere, Königl. Eisenbahndirektion 37.

Verwaltungsbezirke, kommunale, Angelegenheiten 1; staatliche, Angelegenheiten 1.

Verwaltungsgericht, Entscheidung über die Gesetzmäßigkeit der Beschlüsse der Gemeindevertretung bezüglich der Wählerliste 28; —e, Zuständigkeit, eine ausschließliche 20; Entscheidung derselben eine endgültige 20.

Verwaltungsprozeß 74.

Verwaltungsrichter, Zweckmäßigkeit der Versagung der Genehmigung zur Errichtung einer neuen Innung 66; Verpflichtung zur Unterhaltung der Bahnübergänge 62; Prüfung der Legitimation der Mitkläger 3; freie Beurtheilung, ob selbständige gewerbliche Anlage 38; Angemessenheit und Notwendigkeit wegepolizeilicher Anordnungen 59.

Verwaltungsstellen der freien Hülfskassen, Aufsichtsrecht 68.

Verwaltungsstreitsachen Beschlüsse der Gemeindevertretung, Anfechtung der Gültigkeit der letzteren durch den Gemeindevorstand 28, Klage 28, Entscheidung 28.

Verwaltungsstreitverfahren, Klagerecht 3, Untersuchung dieses Rechts 3; Beiladung 5, Wirkung 5; bezüglich Anordnungen der Schulaufsichtsbehörde wegen Neubauten und Reparaturbauten von Schulen 46; Parteien 46; Ansprüche aus privatrechtlichem Fundament 67; bei Wegeeinziehung 63; Verstattung einer Mehrheit von Individuen zur Klage in demselben 3; Klage wegen Geltendmachung von Präzipualbeiträgen zur Unterhaltung der Landstraßen 8, Legitimation des Kreisausschusses oder der Kreistagskommission zur Klage 8; Klage auf Nachzahlung von Schulbeiträgen 43, auf Grund der nützlichen Verwendung neben der öffentlich-rechtlichen Verpflichtung 43; Entschädigungsanspruch wegen gesetzlicher Eigentumsbeschränkung 69.

Verweise an Magistratsmitglieder 27.

Verwendung der Vorgärten 70.

Verzeichnis der zu den 3 Wahlverbänden bei Kreistagsabgeordnetenwahlen gehörigen Personen 4, Anträge auf Berichtigung desselben 4, Beschluß des Kreisausschusses 4, Klage beim Bezirks-Ausschusse 4; der Wahlberechtigten im Wahlverbande der Großgrundbesitzer pp., Streichung eines Namens 4, keine Rechtsverletzung 4; der Wahlberechtigten zur Wahl von Kreistagsabgeordneten 3.

Verzicht auf die Konzession zum Betriebe der Gast- und Schankwirtschaft 64.

Verzug nach Polen ohne Erlaubnis, Verlust der preußischen Staatsangehörigkeit 48.

Viertel des Gesammteinkommens, Anspruch auf die Besteuerung desselben seitens der Wohnsitzgemeinde 13.

Villenkolonie, Anlegung ohne Annahme eines Bebauungsplanes 50, 51; Wege, Benutzung 51; Beleuchtung 51; Bewachung 51.

Volksschule, öffentliche, Mitunterhaltung seitens der aktiven Militärpersonen (Offiziere) 43, Hausväterbeiträge derselben 43; eigentliche, Charakter derselben 15; Ziele 15; —n, Anforderungen für solche 42; Belastungen 42; Abgaben 42; Leistungen 42; Zuschuß 42; Begriff 14, 15; Errichtung und Unterhaltung 14, 15; Benutzung 14, 15; Lehrer an denselben 14, 15; eigentliche, Lehrer an denselben 15; Kommunalsteuerfreiheit 15.

Volksschullehrer, Kommunalsteuerfreiheit 15; Kommunalsteuerbefreiung in der Wohnsitzgemeinde 39.

Vorbehalt, Gemeindesteuerveranlagung mit demselben 15.

Vorbedingung der Steuerheranziehung ist die Bekanntmachung der Steuer 16.

Vorflut, Antrag auf Beschaffung 74; Kreisausschuß, Beschlußverfahren 74; Antrag auf mündliche Verhandlung 74; notwendige Beschaffung, Umfang der Räumungspflicht 56.

Vorflutverschaffung für Privatflüsse seitens der Uferbesitzer 55.

Vorgärten, älteren und neueren Ursprungs 70; Beziehung zur Straße bezw. zu den Baugrundstücken 70; gartenmäßige Herstellung 70; gittermäßige Einfriedigung 70; nicht Teile der Straße 70; vor und nach Erlaß des Baufluchtengesetzes 70; Anlage, Einrichtung, Verwendung, Benutzung, Bebauung, Unterhaltung 70; Gewerbebetrieb in denselben 70, Verhinderung desselben 70; Zubehör der Bauwerke 70; Polizeiverordnung 70.

Vorgartenland, bürgersteigartig abpflastern 70; Preisgabe für das Publikum 70; abtreten an die Stadtgemeinde 70; zur Straße ziehen 70; Eigentumsübertragung 70.

Vorhandensein einer Betriebsstätte 38.

Vorschriften, gesetzliche für das Wahlverfahren 2; instruktionelle 2; Befolgung 2; Nichtbeachtung 2; bei Wahlen seitens des Kreistags 1; bei Kreistagsverhandlungen 1.

Vorwerke außerhalb der Gemeindebezirke, persönliche Beitragspflicht zu öffentlichen Abgaben 46.

W.

Waare, Erzeugung, Wasserwerke 36.

Waarenaufkauf, Legitimationskarte 65.

Wählbarkeit, passive, Bestreitung derselben, Wahlablehnung 40; der Kreisausschußmitglieder in Westfalen 6; desgleichen der Kreistagsabgeordneten 6; zum Kreistagsmitgliede 6.

Wähler, Begriff 4; gleich Wahlberechtigter 4; Zahl der abzugebenden Stimmen 4; Entscheidung durch die Mehrheit 4; Willenserklärungen der einzelnen, Wahlresultat 2; Beschlüsse derselben bei der Wahlhandlung 1; Zulassung desselben durch den Wahlvorstand 31; Prüfung der Legitimation desselben und ob er in der Wahlliste steht 31; zur Handelskammer 73.

Wählerliste, Ungesetzlichkeit 28; Gestalt derselben, Beschlüsse der Gemeindevertretung hierüber 28; für die Bürgervorsteherwahl, Einspruch gegen die Richtigkeit 28, Beschluß der Gemeindevertretung 28, Klage 28.

Währschaftsgeld, Begriff 20; Abgabe für Veräußerung von Immobilien 20; Verjährung 20.

Wahl des Innungsvorstandes 66; zu den Innungsämtern 66; eines Bürgervorstehers 28, Anfechtung derselben 28; der Kreistagsabgeordneten, Wahlberechtigung der Grundbesitzer, juristischen Personen, Aktiengesellschaften und Kommanditgesellschaften auf Aktien, Gewerbetreibenden und Bergwerksbesitzer 4; von Kreistagsabgeordneten, Verzeichnis der Wahlberechtigten 3; Stimmenmehrheit 4; eines Kreistagsmitgliedes, Neuwahl in Folge Ungültigkeit derselben 6; eines Kreistagsabgeordneten, Rechtsungültigkeit der Wahl 5; eines Kreistagsabgeordneten bezw. Wahlmannes, Ruhen des Wahlrechts in Folge eingeleiteter gerichtlicher Untersuchung 5, während der Dauer einer gerichtlichen Untersuchung 5; zum Kreistage, Kommunalangelegenheit 4; Kreisausschuß und Kreistag hierbei Organ der Kreiskorporation 4; von Provinziallandtags-Abgeordneten 1; Diskussionen 1; Beschlüsse 1; Stimmengleichheit 1; Einspruchsrecht 1; eines Wahlmannes, Ungültigkeit 5, Kreistagsbeschluß 5; Neuwahl 5; neue, der Kreistagsabgeordneten, Verzeichniß der zu den 3 Wahlverbänden gehörigen Personen 4, Anträge auf Berichtigung des Verzeichnisses 4, Beschluß des Kreisausschusses 4, Klage beim Bezirksausschuß 4.

Wahlablehnung, wegen entfernten Wohnsitzes 40, wegen besonderer Verhältnisse 40, wegen Bestreitung der passiven Wählbarkeit 40.

Wahlakt, Resultat, beruht auf den Willenserklärungen der einzelnen Wähler 2; langdauernder Wechsel der Personen des Vorstandes 31, Wahrung der Förmlichkeiten 31.

Wahlangelegenheiten der Kreise 2; der Provinzialverbände 1.

Wahlausfall, Wahrscheinlichkeitsberechnung 31.

Wahlberechtigte zur Wahl von Kreistagsabgeordneten 4, zur Zahlung von Kreisabgaben verpflichtete Grundbesitzer mit Einschluß der juristischen Personen, Aktiengesellschaften und Kommanditgesellschaften auf Aktien 4; Erscheinen im Wahltermine

4, Wahl der Vertreter 4; Nichterscheinen im Wahltermine 3, Nichtvorhandensein der Wahlberechtigung 3, Verzeichnis derselben zur Wahl von Kreistagsabgeordneten 3.

Wahlberechtigung der juristischen Person, Erfordernis 28, der Aktiengesellschaften und juristischen Personen 28; Nichtvorhandensein 3.

Wahlbezirk, Vereinigung der Landkreise zur Wahl von Abgeordneten der Landkreise zu Provinziallandtagsabgeordneten 2; Verschwinden durch Feuersbrunst 30; Abänderung vor der Ergänzungswahl 30, Vornahme der Wahl 30; der Landkreise zur Wahl von Provinziallandtagsabgeordneten 2, Bildung desselben 2; —e, Veränderung der Grenze derselben 30; festgesetzte örtliche, Abänderung nur im Falle der Auflösung der Stadtverordneten-Versammlung 29.

Wahlen des Kreistages zum Kreisausschusse 2, zu Kommissionen für Zwecke der allgemeinen Landesverwaltung 2, zu Kommissionen für Kreiszwecke 2, Einspruch hiergegen 2, seitens des Kreistages, Streitigkeiten hierüber 2, Stellung des Kreistages nicht als Partei 2; der Kreistagsabgeordneten und der Wahlmänner, Beanstandungsrecht des Kreistags 5; der Provinziallandtagsabgeordneten, Klagerecht 1; der Provinziallandtagsabgeordneten, Kreistag 1, Wahlversammlung aus den Mitgliedern des Kreistags 1; der Provinziallandtagsabgeordneten, Wahlreglement 1; der Provinziallandtagsabgeordneten 1, Einspruchsrecht hiergegen 1, Beschlüsse des Provinziallandtags 1, Klage gegen die Beschlüsse des Provinziallandtags 1; von Provinziallandtagsabgeordneten 1, 2; als Abgeordnete der Landkreise 2; zum Provinziallandtage, Klagerecht des Kreistages 2; engere zur Handelskammer 72, Einspruch hiergegen 72, Entscheidung über die Gültigkeit der Wahl seitens des Bezirksausschusses 72; zur regelmäßigen Ergänzung der Stadtverordneten-Versammlung, mit denselben dürfen nicht in demselben Wahlakte und in unmittelbaren Anschluß daran Ersatzwahlen vorgenommen werden 31.

Wahlgeschäft, Ungültigkeit, unvollständige Besetzung des Wahlvorstandes 31.

Wahlhandlung, Beschlüsse der Wähler 1, Anwesenheit einer bestimmten Zahl von Wählern 1; unter einem ungesetzlicher Weise gebildeten Wahlvorstand 30, 31.

Wahllokal, Diskussionen in demselben 1.

Wahlmann, Ausschluß von der Wahl eines Kreistagsabgeordneten durch den Wahlvorstand 5; Ungültigkeit der Wahl 5; für die Kreistagsabgeordnetenwahlen, Ruhen des Wahlrechts während einer gerichtlichen Untersuchung 5; Nichtwählbarkeit desselben 5; Neuwahl wegen Ungültigkeit der früheren Wahl 5, Kreistagsbeschluß 5.

Wahlmänner, Wahlverband derselben für Kreistagswahlen in Hessen-Nassau und Westfalen 6.

Wahlmännerwahlen für Kreistagsabgeordnetenwahlen, Recht des Kreistags zur Beanstandung 5.

Wahlrecht, Ruhen desselben nach dem Beschlusse auf Eröffnung des Hauptverfahrens im Untersuchungsverfahren 6; zur Wahl eines Kreistagsabgeordneten bezw. eines Wahlmannes, Ruhen desselben 5; wegen Einleitung einer gerichtlichen Untersuchung 5.

Wahlreglement für die Wahlen der Provinziallandtags-Abgeordneten 1.

Wahlresultat bei Beobachtung instruktioneller Vorschriften für das Wahlverfahren 2.

Wahltag des Wahlverbandes der Landgemeinden für Ergänzungswahlen zum Kreistage 2; der größeren Grundbesitzer 2; Zeitraum zwischen den beiden Wahltagen 2.

Wahltermin eines Wahlverbandes zur Kreistagsabgeordnetenwahl 3; Nichterscheinen der Wahlberechtigten 3; Nichtvorhandensein der Wahlberechtigung 3; Bildung des Wahlvorstandes 1; Diskussionen in demselben 1; Beschlüsse in demselben 1.

Wahlverband der Landgemeinden für Ergänzungswahlen zum Kreistage 2; desgleichen der größeren Grundbesitzer 2; der Landgemeinden, sowie der größeren Grundbesitzer für Ergänzungswahlen zum Kreistage, Zeitraum zwischen den beiden Wahltagen 2; der größeren Grundbesitzer, der Landgemeinden und der Städte, Verteilung der Kreistagsabgeordneten 3; Wahltermin 3; Nichterscheinen der Wahlberechtigten 3; Nichtvorhandensein der Wahlberechtigung 3; der Landgemeinden für Kreistagswahlen, Sicherung der vollen Zahl der Kreistagsabgeordneten 3; der Landgemeinden für

Kreistagswahlen, Zugehörigkeit 3; der größeren Grundbesitzer, der Besitzer in den Landgemeinden und der selbstständigen Gutsbezirke und der Landgemeinden, Verzeichnis 4, Anträge auf Berichtigung des Verzeichnisses 4, Beschluß des Kreisausschusses 4, Klage beim Bezirks-Ausschusse 4; für Kreistagswahlen in Hessen-Nassau und Westfalen 6; der Städte 6; der größeren Grundbesitzer und Amtsverbände 6; der Städte in Westfalen, Besitz des Bürgerrechts bezw. Gemeinderechts seitens der Wähler für Kreistagswahlen 6; der Großgrundbesitzer pp., Verzeichnis, Streichung des Namens eines Großgrundbesitzers pp. 4.

Wahlverfahren, Unterschied zwischen gesetzlichen und instruktionellen Vorschriften 2; Instruktion für dasselbe 2; Einspruchsrecht nach der Provinzialordnung 1; Einspruchsrecht der Mitglieder der Wahlversammlung 1; für Stadtverordnetenwahlen, Einspruch jedes stimmfähigen Bürgers 32; desgl. in Landgemeinden 32; wesentlicher Mangel desselben, unvollständige Besetzung des Wahlvorstandes 30.

Wahlversammlung, Mitgliedschaft ist eine unerläßliche Voraussetzung zum Einspruche gegen das Wahlverfahren 5; nicht Klagerecht 2, Aufhören der Funktion derselben 2; für Provinziallandtagsabgeordnetenwahlen 1; Mitglied 1; Einspruchsrecht der Mitglieder 1; aus den Mitgliedern des Kreistages, Wahl der Provinziallandtags-Abgeordneten 1, Verfahren 1.

Wahlvorstand, nicht berechtigt einen Wahlmann von der Wahl eines Kreistags-Abgeordneten auszuschließen 5; Ungültigkeit der Wahl 5; für Provinziallandtagswahlen, Diskussionen 1; Beschlüsse 1; Bildung im Wahltermin 1; Diskussionen 1; Beschlüsse 1; unvollständige Besetzung, Ungültigkeit des Wahlgeschäfts 31, Zulassung des Wählers 31, Prüfung ob der Wähler in der Wahlliste steht 31, Prüfung der Legitimation 31; ungesetzlicher Weise gebildet, Wahlhandlung unter demselben 30; vollständige Besetzung 30.

Wahrscheinlichkeitsberechnung über den Ausfall der Wahl 31.

Waldbesitzer, Beteiligter bei Jagdausübung auf einer Enklave 54.

Waldeigentümer, Ausübung der Jagd auf einer von seinem Walde umschlossenen, in einer Nachbargemeinde befindlichen Enklave 54.

Waldenklaven, Ausschluß aus dem gemeinschaftlichen Jagdbezirke durch den Landrat als Jagdpolizeibehörde 54.

Walzwerke 36.

Warnungen an Magistratsmitglieder 27; Bürgermeister 27.

Warteplätze Zubehör der Eisenbahnanlage 59.

Wasser 55; Okkupation, Wasserwerke 36; welches das Bett eines Privatflusses überströmt, Eigentum an dem Bette 56.

Wasseranlagen, Vorflut 56.

Wasserangelegenheiten 55.

Wasserbauverwaltung, Regierungsbaumeister 37.

Wassergewinnanlagen, Wasserwerke 35.

Wasserleitungen zu Stauanlagen in Hannover 56.

Wasserpolizeibehörde, Anordnung der Räumung eines Flusses durch die Adjazenten in Folge der Versandung und Verkrautung 56.

Wasserwerke, Erzeugung der Waare 36; Okkupation des Wassers 36; Transportgewerbe 36; Sitz und Leitung 35; Thätigkeit auf Ueberwachung und Besichtigung der Anlagen in der Landgemeinde 35; Betriebsstätte über mehrere Gemeinden sich erstreckend 35; zur Versorgung der Haushaltungen mit Wasser 35; Rohrnetz 35; Hochreservoir 35; Hebevorrichtung 35; Quellenfassungen 35; Brunnenstuben 35; Wassergewinn-Anlagen 35.

Weg, Bezeichnung für Straße 71; Verlegung bezw. Einziehung, Einspruch 62; Privatrecht auf Benutzung desselben zum Verkehr durch Verjährung 62; öffentlicher, zu einem Wohnplatz 60; Baulast 60; öffentlicher, Einziehung, Beschluß der Wegepolizeibehörde 62, Nichtveröffentlichung des Beschlusses 62, Anfechtbarkeit 62; öffentlicher, Anforderungen 57; Eigenschaften 57; Verbindung zweier Städte 57; Lokalverkehr 57; als allgemeines Kommunikationsmittel 57; öffentlicher, Schaffung 60; zu einer neuen Ansiedlung 60; Baulast 60; wird zu einem öffentlichen 60; wenn er kraft Privatrechts dem Verkehr nicht entzogen werden kann 60; durch Widmung unter ausdrücklicher oder stillschweigender Zustimmung der Wegepolizei 60; Entstehung der Öffentlichkeit 56; —e 56; Angelegenheiten 56; einer Villenkolonie 51; öffentliche, Beleuchtung 51; Reinigung 51; öffentliche, gehören zu den dem bürgerlichen Verkehr entzogenen Sachen 63; Erwerbung von Rechten durch Verjährung 63; öffentliche, in Hannover, Erklärung zu Landstraßen 63; (Privat-), Beleuchtung 51; unentbehrliche zur Verbindung der Bahnhofsgebäude mit dem Netze der öffentlichen Wege 60; zum Anschluß der Eisenbahnanlagen an das öffentliche Wegenetz 59; Aufsicht 59, Unterhaltung 59; und Plätze, Erholung für das Publikum, Schutz 66; Verordnungsrecht 66; über die Eisenbahn, Unterhaltung 62; Verwaltungsrichter 62; Absteckung auf den für den Verkehr benutzten Eisdecken der Seeen, Kosten der Polizei-Verwaltung 32, 33; verbesserte in Folge von Eisenbahnanlagen 59; umgelegte desgl. 59; neu angelegte desgl. 59; welche der Eisenbahnunternehmer schafft, um die Transportanstalt der Bahn, die Bahnhofsgebäude, Güterschuppen, Laderampe an das öffentliche Wegenetz anzuschließen 59.

Wegeänderung in Folge Anlage und Inbetriebsetzung von Eisenbahnen 59.

Wegebau, Umfang der Hand- und Spanndienste 59; hierzu Verpflichtete aus dem öffentlichen Rechte, Inanspruchnahme 58; Verpflichtung muß unmittelbar auf dem Gesetze beruhen 58; Leistung der Nachbarhülfe 58.

Wegebaupflicht für andere Wege, welche nicht unter das Fluchtliniengesetz fallen 16; **—ige**, Zufuhrwege zu Bahnhöfen 59; **—r**, Nachbarhülfe 58, Festsetzung der letzteren durch den Regierungspräsidenten, den Landrat, den Bezirks-Ausschuß 58; Erzwingung durch die Wegepolizeibehörde 58; Herstellung eines Weges über eine Eisdecke 33.

Wegebeleuchtung, Wegeunterhaltung 51.

Wegecharakter eines Zugangsweges zu einem Bahnhof 60; eines Schienenweges 60.

Wegeergänzung in Folge Anlage und Inbetriebsetzung von Eisenbahnen 59.

Wegeeinziehung, Extrahent, Einlegung von Rechtsmitteln als Beigeladener 63; Verwaltungsstreitverfahren 63.

Wegegesetzgebung, Hannoversche 63.

Wegepolizeibehörde, Einziehung eines öffentlichen Weges 62, Beschluß 62, Veröffentlichung 62, unterbliebene Veröffentlichung 62, Popularrecht 62; Erzwingung der Nachbarhülfe beim Wegebau 58, Befugnis nur gegen die aus dem öffentlichen Rechte Verpflichteten 58.

Wegepolizeiliche Anordnungen, Angemessenheit und Notwendigkeit, Verwaltungsrichter 59; Verfügung, Aufhebung, Inanspruchnahme nur eines der mehreren angeblich Verpflichteten 58.

Wegerecht, Hannoversches 63.

Wegeunterhaltung und Wegebeleuchtung 51.

Wegeunterhaltungspflichtiger, Anlegung und Unterhaltung von Uferschutzwerken 59; Reinigung der Straße von Schlick 59, Leistung, was für die Bedürfnisse des öffentlichen Verkehrs notwendig ist 59.

Wegeverbände, Unterhaltung der Landstraßen in Hannover 63.

Wegeverlegung, Widerspruch 63.

Wegezoll, Hebungsrecht 10, Uebertragung 10.

Werkstätte einer gewerblichen Unternehmung 35.

Westfalen, Kreistagsabgeordneter, der ein besoldetes, der Aufsicht des Landrats unterstelltes Amt bekleidet 6; Einwohner einer Stadt, Wählbarkeit für Kreistagswahlen 6; Besitz des Bürgerrechts bezw. Gemeinderechts 6; Wahlverband für Kreistagswahlen 6, Wählbarkeit hierfür 6, desgleichen der Kreisausschußmitglieder 6, der Kreistagsabgeordneten 6.

Wetterschächte 36.

Widerspruch gegen eine Wegeverlegung 63.

Widmung, stillschweigende, eines Weges für den öffentlichen Verkehr 57.

Wiederaufnahme des zeitlich eingestellten Gewerbebetriebes 64.

Wiederaufbau des Küster- und Schulhauses und der Wirtschaftsgebäude 47, Streitsache 47, Patronatsbeitrag 47; eines abgebrochenen oder durch Naturereignisse zerstörten Gebäudes 71.

Wiedereinführung der Branntweinabgabe 18.

Wild, Verfolgung im Stromgebiet 54.

Willenserklärungen der einzelnen Wähler, Wahlresultat 2.

Wirtschaftsgebäude des Küster- und Schulhauses, Neubau seitens der kirchlichen Verpflichteten 48, Landdotation des Küsters 48, Erweiterung derselben 48; zum Küster- und Schulhause, Wiederaufbau 47, Streitsache 47, Patronatsbeitrag 47.

Wohnhaus an der Straße, Eckhaus mit der Vorderseite derselben zugekehrt 17; Erbauung außerhalb des Dorfes (in der Feldmark), Antrag auf Baukonsens 71, 72; Schlüssigmachung der Ortspolizeibehörde über den Antrag 72, Versagung, weil neue Ansiedlung 72.
Wohnplatz, zugänglich durch einen öffentlichen Weg 60.
Wohnsitz, Aufschlagung eines beständigen, Erwerb der Rechte als preußischer Unterthan 48; der Offiziere (aktiven Militärpersonen), Garnisonort 43; mehrfacher, des Abgabepflichtigen, Gemeindesteuer 24; entfernter, Wahlablehnung 40.
Wohnsitzgemeinde eines Volksschullehrers, Steuerfreiheit 39; Gemeindebesteuerung des Einkommens 13, Anspruch auf ein Viertel des Gesammteinkommens 13.
Wohnsitzverlegung in das Ausland, Verlust der Rechte als preußischer Unterthan 49.
Wortlaut, klarer, des Gesetzes, Anwendbarkeit 13.

Z.

Zahl der Stadtverordneten, Erhöhung der Zahl derselben, Neuwahlen 29; Verbindung dieser Wahlen mit den Ergänzungswahlen 29.
Zahlungseinstellung eines Zuschusses für Volksschulen 42.
Zahnarzt, approbierter, Bezeichnung 65.
Zahntechniker, Schildanbringung, polizeiliche Genehmigung 64, 65; Bezeichnung als Dr. med., in Amerika approbierter Zahnarzt und Homöopath 65.
Zeitraum zwischen dem Wahltage des Wahlverbandes der Landgemeinden und dem der größeren Grundbesitzer für die Ergänzungswahlen zum Kreistage 2.
Zensit, Darlegung der Substanzverringerung in quali et quanto 12.
Ziegelthongrube, nicht angestochene Fläche 36; Teile des Grundstücks und der Betriebsstätte 36.
Ziele der Volksschule 15.
Zollgerechtigkeit 10; Einnahmequelle 10; Brücken und Chausseegeld 10; Besteuerung 11.
Zubehör der Bauwerke, Vorgärten 70.
Züchtlinge bilden keine Parochie 25.
Zufuhrwege zu Bahnhöfen, Anlage 59; von den Trägern der öffentlichen Wegebaulast 59; von den Unternehmern des Eisenbahnbaues und des Betriebes 59.
Zugangsweg zu einem Bahnhofe, Charakter als Weg 60; zu einem Bahnhofe an Stelle eines früheren nicht öffentlichen Feldweges 60; dienen als eine öffentliche Straße zur allgemeinen Benutzung 60; —e, private, Anschließung an öffentliche Wege 62.
Zugehörigkeit zu einer Gemeinde, jedes Landeseinwohners, jedes Hauses in Bezug auf öffentliche Verhältnisse 8; kommunale, kommunalfreier Grundstücke in Hannover 8; des Grundstücks zum Stadtbezirke, Voraussetzung zur Heranziehung zur Gemeindelast 17; zum Wahlverbande der Landgemeinden für Kreistagswahlen 3, Klagerecht 3.
Zumauerung von Oeffnungen und Fenstern in den Außenwänden an der Nachbargrenze 69.
Zurücknahme des Prüfungszeugnisses einer Hebamme wegen nicht bestandener Nachprüfung 64.
Zusammensetzung des Kreis-Ausschusses 6.
Zuschuß für Volksschulen 42, Zahlungseinstellung 42.
Zuständigkeit der Verwaltungsgerichte eine ausschließliche 20; der Amtsvorsteher bei Instandsetzung einer Brücke im Zuge eines Kommunikationsweges 61.
Zustellung polizeilicher Verfügungen 50; in Gestalt einer mündlichen Eröffnung zu Protokoll 50.
Zustimmung der Polizeibehörde, wenn der Anlieger eine Grundstücksfläche zum Straßenteil machen will 70.
Zutritt zu öffentlichen Lustbarkeiten 52.
Zwang, gesetzlicher, zum Besuche der der allgemeinen Schulpflicht dienenden Schulen 44; polizeilicher, zur Anlegung und Unterhaltung der Vorgärten 70.
Zwangsetatisierungen 11; wegen der unterlassenen Leistung der Dotierung für den Kreistierarzt seitens des Kreises nicht zulässig 12; in Hannover 39; Kosten für kommunale Einrichtungen 39, Feststellung der Kosten 39.
Zwangsmittel, polizeiliche 50; Androhung und Festsetzung 67; Durchsetzung 67; Anfechtung 67; Rechtsmittel 67.
Zwecke der allgemeinen Landesverwaltung, Wahl von Kommissionen für dieselben 2, Einspruch gegen die Wahlen 2, Entscheidung über den Einspruch 2.

FSC
www.fsc.org
MIX
Papier | Fördert
gute Waldnutzung
FSC® C083411

Kolibri 360 GmbH
Ferdinand-Jühlke-Straße 7
99095 Erfurt, Deutschland
produktsicherheit@kolibri360.de